KB075202

무엇을 놓친 걸까

DECODED: The Science Behind Why We Buy by Phil Barden
Copyright © 2013 by Phil Barden

All rights reserved.
Authorised translation from the English language edition published by John Wiley &
Sons Limited. Responsibility for the accuracy of the translation rests solely with Sa-I
Publishing and is not the responsibility of John Wiley & Sons Limited.
No part of this book may be reproduced in any form without the written permission
of the original copyright holder, John Wiley & Sons Limited.

This Korean edition was published by Sa-I Publishing in 2020 by arrangement with
John Wiley & Sons Ltd. UK through KCC(Korea Copyright Center Inc.), Seoul.

이 책은 (주)한국저작권센터(KCC)를 통한 저작권자와의 독점계약으로 사이에서 출간되었습니다.
저작권법에 의해 한국 내에서 보호를 받는 저작물이므로 무단전재와 복제를 금합니다.

무엇을 놓친 걸까

The science
behind
why we buy

필 바든
이현주 옮김

사람 심리에만 집착하고
뇌과학 따위는 무시할 때
마케팅이 놓치는 것들

사이

마케팅은 몽상의 세계일까,
과학의 세계일까?

나는 유니레버Unilever, 디아지오(Diageo, 세계 최대의 프리미엄 주류 회사), 티 모바일(T-Mobile, 독일 이동통신 기업 도이치 텔레콤의 영국 자회사) 등에서 사람들이 각 기업의 브랜드와 상품에 호의적이게 되도록 그들의 행동에 영향을 끼칠 수 있는 방법을 연구하면서 25년의 시간을 보냈다. 마케터들은 이 같은 목적을 달성하기 위해 고객에 대한 엄청난 양의 데이터를 축적하고 세심한 분석을 한다. 실제로 내가 몸담았던 곳과 같은 기업들은 여러 해에 걸친 집단적 경험을 정확히 담아내는 모델과 프로세스를 개발해 왔다. 이러한 모델의 진두지휘 하에 상품 개발과 혁신, 소비자 커뮤니케이션과 리서치에 수백만 달러의 투자가 이루어졌다. 그러나 사람들이 왜 지금처럼 행동하는지 그 진짜 이유는 여전히 수수께끼로 남아 있다. 그렇지 않았다면 널리 알려진 대로 신제품 실패율이 80-90퍼센트까지 치솟진 않을 것이고, 광고 예산도

100퍼센트 효율적이고 효과적으로 사용될 것이다.

하지만 마케팅 활동은 그렇지 않다. 내 마케팅 활동은 성공적일 때도 있고 그렇지 못할 때도 있었다. 그리고 나는 많은 마케터들과 마찬가지로 내 개인적인 경험을 기초로 소비자의 의사결정에 관해 나만의 사고모델을 수립했다. 나의 신념체계가 전혀 완벽하지 않음은 알고 있었지만 어느 누구도 더 나은 체계를 제시해 주지는 않았다. 예상하겠지만 다들 각자의 신념체계를 갖고 있었던 탓에 상당한 내부 토론(혹은 논쟁!)이 벌어지곤 했는데, 결국엔 개인적인 선호에 근거한 결정이 내려지거나 위계질서에 의해 결정되는 경우도 흔했다.

이는 더욱 일반적인 주장이자 모든 마케터들이 걱정하는 문제를 의미한다. 최근에 푸르네즈 마케팅 그룹Fournaise Marketing Group이 북미, 유럽, 아시아 태평양 지역의 최고경영자 1,200명을 상대로 실시한 조사에 따르면, 마케터들이 영업 실적과는 따로 노는 것처럼 잘못된 영역에 초점을 맞춘다고 생각하는 최고경영자가 80퍼센트에 달했다. 더욱 구체적으로 설명하면, 응답자의 75퍼센트가 마케터들이 "자신이 진짜 해야 할 일, 즉 상품과 서비스에 대한 수요를 양적으로 늘리는 임무를 너무 자주 잊는다."고 대답했다. 이 조사는 마케터들 스스로 수익에 더 많이 신경 써야 할 것이라고 결론 내렸다. 이는 결국 최고경영자의 신뢰를 얻고 이사회에서 더 큰 영향력을 발휘하고 싶다면 의욕 넘치는 비즈니스맨이 되어야 한다는 얘기다. 그렇지 않으면 65퍼센트의 최고경영자들이 〈몽상의 세계la-la land〉라 부르는 마케팅 세상에 영원히 남겨질 것이다.

소비자에 대한 이해를 바탕으로 매력적인 상품과 서비스 제안을 생각해 내는 일은 정말로 어려운 과제이지만, 어쨌든 마케터들은 기업 수익의 열쇠를 쥐고 있는 사람이다. 브랜드 관리인인 마케터들은 브랜드가 자신들이 우아하게 꾸미는 상품이나 서비스의 순수한 기능을 뛰어넘는, 일종의 무형의 특성을 지니고 있음을 숙지하고 있었다. 우리는 이것을 브랜드 자산brand equity이라 불러왔지만 정확히 밝히거나 설명하고 유형의 것으로 만들기가 늘 어려웠다. 따라서 최고경영자들이 마케팅을 〈거품처럼 실체가 없다〉고 생각하고 마케팅 담당 최고책임자보다는 재무 담당 최고책임자를 더 신뢰하는 경향은 전혀 놀랍지 않다. 마케터들이 몽상의 세계에서 빠져나와 신뢰를 얻으려면 브랜드 자산을 인식 가능하고 이해 가능한 것으로 만드는 동시에 마케팅이 왜 결코 〈하찮은 분야〉가 아닌지를 더 잘 설명할 수 있어야 한다. 그래야만 브랜드 제품은 다른 일용품 같은 대체 상품에 비해 더 높은 가격을 요구할 수 있다. 소비자들은 스타벅스 커피를 마시는데 2, 3파운드를 기꺼이 지불하려 한다. 그런데 그들은 스타벅스 커피 두 잔 값으로 슈퍼마켓에서 커피 한 통을 살 수 있음을 정확히 알고 있다. 하지만 그들은 슈퍼마켓을 가지 않고 스타벅스를 간다. 그렇다면 그들은 무언가 다른 것을 구매하고 있는 게 틀림없다. 실제 상품 위에 어떤 가치가 덧붙여진 게 분명한데 도대체 그것은 무엇일까? 사람들의 뇌는 그러한 가치를 어떻게 인식할까? 한마디로, 소비자는 어떻게 결정을 내릴까?

과학이 어떤 영역에 진입하면 늘 상당한 가치를 더해 주지만, 역설적이게도 마케팅에서 적용되는 사고모델은 아직도 무려 반세기 전인 1970년대식 사고에 기초하고 있다. 이 기간 동안 의사결정학decision science 분야의 지식은 급격히 발전해 왔다. 따라서 소비자의 의사결정 방식에 대해 생각하는 방식을 업데이트할 필요가 있다. 내 관점에서 봤을 때, 마케팅 집단은 지난 수년 동안 뇌 스캐닝 같은 새로운 측정 방식을 이용하여 얻은 과학적 결과를 시장조사 담당자들에게 쉽게 넘겨버리는 무의식적인 반응을 보여왔다. 그러나 정말로 우리 마케터들에게 더 많은 데이터가 필요하다고 생각하는가? 그리고 만약 새로운 방법론을 사용해도 비슷한 성과가 발생한다면 어떻게 하겠는가? 대부분의 방법론이 여전히 기존 모델과 측정 지표를 이용하고 있다는 사실이 입증되었다. 그러니 비슷한 결과가 나올 수밖에 없다. 반대로, 차이가 생기면 어떻게 해야 하는가? 그때는 무엇이 옳고 무엇이 틀렸는지, 어떻게 판단을 내려야 할지 알 수 있는가? 똑같은 질문을 계속해서 던지면서 소비자 의사결정에 대한 사고모델을 최신의 것으로 바꾸지 않는 한, 우리는 의사결정학이 제시하는 설득력 있는 인식을 이용할 수 없을 것이다. 그러려면 단순히 마케팅의 도구tool를 교체하는 것이 아니라 패러다임을 바꾸어야 한다.

그렇다면 나는 왜 이 책을 썼을까? 이유는 바로 4년 전 나의 신념체계가 심각하게 흔들렸기 때문이다. 당시 나는 티 모바일의 브랜드 개발 부사장으로서 브랜드 체계brand architecture와 포지셔닝에 변화를 불어넣는 일을 맡고 있었다. 그 과정에서 의사결정학에 기초한, 마케팅과 소비자 의사결정을 위한 완전히 새로운 사고모델을 직면하게 되었다. 그것은 신경과학과 행동경제학, 인지 및 사회심리학에 대한 최신의 집합적 학습에서 도출된 결론이었다. 나는 그 모델이 과거에 내게 혼란을 안긴 소비자 행동에 대해 제대로 설명해 주었기 때문에 대단히 흥미롭다고 생각했지만, 그와 동시에 소비자의 결정 방식에 대한 나의 아주 기본적인 가정이 부분적으로 틀렸음을 입증했기 때문에 신경이 쓰이기도 했다. 결국 나는 이때 처음으로 신념과 가정이 아니라 최신의 〈과학적 발견〉에 기초한 접근 방식의 힘을 경험할 수 있었다. 그 지식을 활용함으로써 사람들이 왜 그렇게 행동하는지 이해하는 데 필요한 더욱 소중한 용어를 얻을 수 있는 동시에 브랜드 전략, 포지셔닝뿐 아니라 혁신, 광고, 쌍방향 미디어interactive media 분야에서도 의미 있는 틀을 얻을 수 있었다.

이 접근 방식은 대단히 흥미롭고 색다를 뿐 아니라 티 모바일 브랜드에도 엄청난 재정적 성공을 안겨주었다. 또한 영국의 댄스Dance 광고 캠페인에 영감을 불어넣기도 했다. 치열한 경쟁이 벌어지는 시장에서 티 모바일의 성과는 다음과 같이 눈부실 정도였다.

- 146퍼센트의 투자 수익률
- 매출 49퍼센트 증가
- 시장 점유율 6퍼센트 상승
- 고객 유치 비용 절반으로 감소
- 구매 시 브랜드 고려율 3배 상승
- 소매점 고객수 2배 증가
- 기존 고객의 서비스 사용률 증가(시장보다 11퍼센트 더 많이 사용)
- 3,600만 건의 유튜브 조회수, 68개의 페이스북 그룹

  (출처: 티 모바일, IPA)

결과적으로 과학적 의사결정학에 기반한 이 방식은 가치 제안이나 소매점 설계, 고객 서비스 같은 여타의 모든 티 모바일 브랜드 터치 포인트(brand touch point, 상품이나 서비스가 고객과 만나는 지점)에도 적용되었다. 최근까지 티 모바일 영국 부사장을 지낸 리사 하디에 따르면, 이러한 변화의 병용 효과와 함께 동일한 커뮤니케이션 플랫폼에 기초한 후속 광고에 의해 티 모바일의 고객 이탈률은 절반으로 줄어들었다. 3년 전 영국 모바일 네트워크 시장에서 최악의 이탈률을 기록하던 티 모바일은 이제 최고 업체가 되어 사상 최저치의 고객 이탈률을 기록하고 있다. 이후 유럽 전역에서 티 모바일 브랜드는 이 방식을 채택했고 최고의 브랜드 재출시 사례로 수상한 경우를 포함하여 업계 전체로부터도 성과에 대해 더 많은 인정을 받았다.

이러한 결과에 고무된 나는 의사결정학의 연구 내용에 몰두하기 시작했다. 생각했던 대로, 내가 그 모든 세월 동안 이용해온 사고모델은 전혀 완벽하지 않았을 뿐 아니라 완전히 틀린 경우도 허다했다. 나는 새롭게 알게 된 내용과 그것이 브랜드 구축과 수익 창출 과정에서 갖는 가치에 점점 더 매료되었다. 이 경험은 정말로 심오하고 흥미진진했기 때문에 직업을 바꿀 생각까지 하게 만들었다. 결국 나는 티 모바일을 떠나 디코드Decode라는 컨설팅 회사에 합류하게 되었다. 디코드는 내가 티 모바일에서 경험한 큰 변화를 책임지고 주도한 컨설팅 기업으로, 나는 디코드 덕분에 지난 3년 동안 가파른 학습 곡선을 꾸준히 그려낼 수 있었다.

디코드는 의사결정학 분야의 학자들이 설립하여 이끌어가고 있는 회사다. 디코드는 최첨단을 지키기 위해 캘리포니아 공과대학 등〈신경경제학〉분야를 주도하고 있는 여러 대학들과 협력한다. 또한 그곳 컨설턴트들은 학계에서 교수나 박사로 여전히 활동하고 있다. 그들은 광고나 브랜드 관리 실무자들의 지원을 받아 여러 능력을 지닌 전문가들로 학제 간 팀을 구성하여 최신의 학문적 내용을 실용적이고 구체적으로 마케팅에 적용하는 일을 해내고 있다. 학문과 마케팅 현장을 이어주는 이러한 가교 역할이야말로 이 책이 다루고자 하는 내용이다.

이 책을 쓴 목적은 내가 의사결정학을 마케팅에 접목시키는 과정 중에 알게 된 내용과 소비자들이 왜 특정 상품을 구매하는지에 대해 알게 된 흥미로운 통찰력을 독자들과 공유하기 위함이다. 이제 우리에겐 하나의 틀과 언어, 그리고 점점 더 커지고 있는 지식의 체계가 있다. 그 덕분에 우리 마케터들은 브랜드와 제품 선택의 진짜 동인을 진지하게 알아낼 수 있다. 그리고 가장 중요하게는, 나는 이 책을 통해 얻은 소중한 지식을 독자들이 이용하고 그것을 일상의 마케팅 업무에 적용할 수 있게 해주고 싶다. 마지막으로, 앞에서 말한 것만큼 중요한 점은 의사결정학이 마케터가 중역실에 발을 내딛고 그 몽상의 세계를 벗어날 수 있는 방법을 제공한다는 사실이다.

나만큼이나 여러분도 이 여정을 즐기기 바란다.

* 저자의 한 마디: 이 책에는 다수의 연구 내용과 실험 내용이 인용되었다. 그 내용은 책 말미에 언급했다. 더욱 자세한 내용이나 이 책과 관련된 다른 주제들은 www.decodedbook.com에서 찾을 수 있다.

1

마음이 아닌
뇌가 좋아하는 것을
포착하라,
그게 더 확실하다!

마케팅의 목표는 사람들의 구매 결정에 영향을 미치는 것이다. 그렇다면 사람들로 하여금 그러한 결정을 내리게끔 만드는 것은 무엇일까? 의사결정학은 사람들의 의사결정의 기초가 되는 메커니즘과 규칙, 원칙을 밝혀내어 이 중대한 문제에 대한 해답을 제시하는 데 도움을 준다. 지난 몇 년 동안 의사결정학이 제시한 매력적이면서도 소중한 인식들은 빠른 속도로 발전해 왔다. 이 장에서는 최근에 의사결정학에서 얻은 심도 있는 지식들을 일부 다룰 예정인데, 충고하자면 지레 겁먹지 말기 바란다. 그런 지식을 이해하기 위해 반드시 전문가가 되어야 할 필요는 없기 때문이다. 우리는 사람들로 하여금 무언가를 구매하게 만드는 진짜 원동력은 무엇인지, 의사결정학의 지식을 마케팅에 도움이 되도록 극대화하는 방법은 무엇인지 살펴볼 것이다. 그리고 실제 마케팅 활동에 그러한 지식을 이용할 때 필요한 유용한 틀도 함께 소개할 것이다.

도대체 무엇을 놓친 걸까?

최근에 캐드버리(Cadbury, 초콜릿 제품을 주로 판매하는 영국의 다국적 제과업체)의 고릴라 광고만큼 창의성을 이유로 여러 차례 수상을 하거나 대중과 언론의 관심을 많이 받은 광고는 없었다. 이 회사의 매출액은 여러 해째 제자리걸음을 보이고 있었고 회사는 전년도에 불거진 심각한 품질 문제의 여파로 고전을 면치 못하고 있었다. 따라서 캐드버리의 목표는 새로운 광고로 영국 대중의 감성과 지성을 다시 사로잡는 것이었다. 캐드버리의 광고대행사가 광고를 통해 표현하고자 했던 것은 〈즐거움을 되찾아주자〉는 것이었다. 그 결과로 고릴라 광고가 탄생했다. 광고에서 고릴라는 무언가를 기다리는 듯한 표정으로 앉아 있다가 필 콜린스의 노래 「인 디 에어 투나잇In the air tonight」에 맞춰

그림 1-1 캐드버리의 고릴라 광고

드럼을 치기 시작한다. 소비자들뿐만 아니라 브랜드 마케팅 분야에 종사하는 사람들도 이 광고에 많은 관심과 흥미를 보였다. 이는 식품 회사 광고로는 아주 특이했는데, 특히 제품인 초콜릿이 아니라 고릴라가 주목을 받았기 때문이다. 광고에는 초콜릿이나 제품을 먹는 그 흔한 장면 한 번 나오지 않고 광고가 끝날 무렵에 초콜릿 포장지만 등장했을 뿐이다(그림 1-1).

고릴라 광고가 일으킨 대대적인 흥분에 고무된 캐드버리는 지체하지 않고 후속 광고를 주문했다. 이보다 더 간단한 일이 어디 있겠냐고 생각하겠지만, 후속 광고는 전략도 비슷하고 광고대행사, 감독, 광고목적, 미디어 예산 등 어느 하나 이전 광고와 달라진 게 없는데도 고객의 기대에 부응하지 못했다. 어떻게 이런 일이 가능할 수 있을까?

고객의 눈에 고릴라 광고는 성공작이었지만 후속 광고는 확실한 실패작이었다(후속 광고는 6부에서 다루고 있다). 도대체 그 이유는 무엇이었을까? 다들 일을 하면서 이와 비슷한 경험을 해봤을 것이다. 단숨에 떠서 오래도록 성공작으로 인정받는 광고가 있는가 하면 실패하는 광고도 있다. 그리고 그 성공과 실패의 근본적인 이유를 밝혀내는 일은 완전히 불가능하지는 않지만 자주 어려움을 안긴다.

핵심적인 성공 원칙이 불분명한 또 다른 분야로는 혁신과 신제품 개발을 꼽을 수 있다. 다들 알다시피 어떤 해든 새로 출시된 신제품의 대다수가 실패한다. 시장조사 결과에서는 괜찮다는 평가가 내려졌는데도 막상 제품 출시 후에는 실패로 끝난 경우를 경험하지 않은 마케터가 있기는 할까? 시장조사도 하고 사전 테스트도 거쳤는데 결국 예측은 틀린 것으로 드러나고 만다. 이러한 결과는 재정을 낭비했다는 점에서 기업에 큰 타격을 안길 뿐 아니라 마케터들에게는 여전히 해답을 찾지 못한 문제들이 있다는 점에서 당혹스러움과 괴로움을 안긴다. 도대체 무엇을 놓쳤을까? 무엇이 잘못됐을까? 그리고 일단 해보고 잘못되면 다시 하는 시행착오 식의 해결 방식을 따르는 잘못을 저지르지 않으려면 이러한 실패로부터 무엇을 배워야 할까? 우리의 사고와 진행 과정에서 무엇을 개선할 수 있을까? 이 불확실성은 다모클레스의 칼(sword of Damocles, 절박한 위험을 뜻함)처럼 마케팅 책임자의 머리 위에 대롱대롱 매달려 있는데 이러한 상황이 다음번 혁신에 반드시 도움이 되는 것도 아니다.

그리고 반대의 경우도 발생한다. 실패를 예견한 사전 시장조사 때문에 실제로 성공했을 법한 혁신이 소개조차 되지 않는 경우이다. 예를 들면 베일리스Baileys 술은 사전조사에서 소비자들에게 퇴짜를 맞았지만 어쨌든 출시된 뒤 엄청난 대박상품으로 판명났다. 비슷하게, 에너지 드링크인 레드불Red Bull은 출시 전 제품 테스트에서 역겹다, 구역질이 난다, 약 맛이 난다, 이 음료는 절대로 마시지 않을 것이다 등과 같은 평가가 대부분이었지만 오늘날 전 세계 어디서나 판매될 정도로 크나큰 성공을 거두었다.

예산은 줄어들고 마케팅에 들어가는 비용이 적절한 수준인지를 증명해야 할 필요성이 커지는 시기에는 마케팅 활동을 통해 효과적으로 브랜딩(branding, 브랜드의 이미지와 느낌, 아이덴티티를 수용자의 마음속에 심어주는 과정) 작업을 하는 것이 중요하다. 마케팅 활동의 일환인 커뮤니케이션은 소비자의 머릿속에 브랜드 이미지를 효과적으로 단단히 심어주어야 한다. 사전 테스트에서 브랜딩 점수가 기대 수준에 못 미치는 경우 "로고를 더 크게 만들라."와 같은 충고를 얼마나 자주 들었는가?(혹은 했는가?) 그러나 이러한 유형의 충고가 문제를 해결할 것 같지는 않다. 〈그림 1-2〉를 한 번 보자. 이 사진은 어떤 브랜드를 나타내는 것일까?

우리는 로고와 같은 직접적인 브랜드 정보가 없더라도 이것이 〈O2〉 사(영국의 휴대폰 전문 통신업체)임을 즉각적으로 알아챌 수 있다. 그렇다면 어떻게 알아챌 수 있는가? 누군가는 사진 속의 기포가 그 브랜드의 핵심적인 시각 이미지라고 주장할 수도 있다. 이 말은 사실이지만, 그렇다면 어떤 종류든 기포는 모두 O2 브랜드를 떠오르게 한다는 얘기인가? 아마 그렇지는 않을 것이다. 그렇다면 이 사진에서 O2 브랜드를 생각나게 만드는 것은 무엇일까? 도대체 성공적인

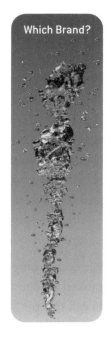

그림 1-2
브랜드가 표시되어 있지 않지만
사람들은 이것이 무엇인지 안다.

브랜딩의 기초가 되는 원칙은 무엇일까? 평균 이상의 브랜드 회상도 (brand recall, 소비자가 특정 브랜드를 기억에서 끄집어낼 수 있는 능력)를 성취하는 광고가 있는가 하면, 소비자가 광고를 보고 특정 브랜드를 연상하는 정도가 매우 낮은 광고도 있다. 이러한 차이가 발생하는 이유는 정확히 무엇일까?

마케터의 모든 노력에도 불구하고 전략이든 커뮤니케이션이든 시장조사든, 성공적인 마케팅에 이르는 직항로는 〈희미하게 불이 켜진 검은 상자 속을 비틀거리며 걷는 것〉과 비슷하다. 그리고 그 과정에서 여전히 많은 문제가 해결되지 않은 채로 남는다.

이러한 예들이 뭔가 시사하는 바가 있다면, 그것은 바로 사람들이 실제로 어떻게 결정을 내리는지, 그리고 브랜드와 상품을 선택할 때 사람들의 결정을 이끌어내는 것이 과연 무엇인지를 더 잘 이해해야 좋은 결과를 낼 수 있다는 것이다. 기쁜 소식을 하나 전하자면, 인간의 경제적 의사결정 과정에 체계적으로 접근하는 방식이 존재한다는 사실이다. 이 방식은 과학적으로 유효할 뿐 아니라 마케터들에게는 실용적이기도 하다.

드디어, 신경마케팅 시대에 돌입했다

독일의 신경경제학 교수인 페터 케닝과 그의 동료학자들은 의사결정의 신경학적 기반을 연구하면서 여러 쌍의 브랜드 사진을 피험자들에게 보여준 뒤 그들의 뇌 스캔 사진을 살펴보았다. 이 사진들 중에는 피험자가 좋아한다고 말한 브랜드가 포함된 경우도 있었고 포함되지 않은 경우도 있었다. 한 쌍의 사진들을 볼 때마다 피험자는 구매할 브랜드를 선택해야 했다. 이 실험에서는 두 가지 중요한 연구 결과가 도출되었다. 먼저, 피험자가 좋아하는 브랜드가 포함되었을 경우에 활성화된 뇌 영역은 좋아하지 않는 두 개의 브랜드를 보았을 때와는 달랐다. 좋아하는 브랜드가 포함되어 있는 경우에 피험자는 지체 없이 직관적으로 선택을 내렸고, 그에 따라 사색적 사고reflective thinking에 관여하는 뇌 영역에서는 두드러질 정도로 활성화가 줄어드는 결과가 나타났다. 페터 케닝을 비롯한 과학자들은 이 효과를 〈대뇌피질의 휴식cortical relief〉이라 불렀다. 대신 직관적인 의사결정에 관여하는 뇌 영역(특히 전두엽의 복내측 전전두엽 피질)은 활성화되었다. 달리 말하면, 강력한 브랜드는 뇌에서 실질적인 영향을 일으키며 이 영향은 소비자로 하여금 생각할 필요도 없이 직관적이면서 신속한 의사결정을 가능하게 만든다.

두 번째로, 대뇌피질의 휴식 현상은 응답자가 생각하는 최고 브랜드에 한해서만 발생한다. 두 번째로 좋아하는 브랜드조차도 직관적인 의사결정 과정을 유발하지 않는다. 과학자들은 이를 퍼스트 초이스 브랜드 효과first-choice brand effect라고 부른다. 따라서 마케터들이 우선적으로 목표로 삼을 한 가지는 자사의 브랜드가 타깃 소비자에게 의미 있는 브랜드 집합, 즉 고려 대상에 포함되는 것이다. 하지만 그것만으로는 충분하지 않다. 결국 이 연구 결과에 따르면, 자사의 브랜드를 최고의 브랜드라고 생각하는 소비자의 수를 최대화하는 것이 마케터들의 최상의 목표가 되어야 한다. 실제로 소비자가 사지 않고 〈살 뻔한〉 브랜드로는 아무런 수익도 올릴 수 없다.

하나의 과정으로서의 〈직관적인 의사결정intuitive decision making〉은 구매자로 하여금 진열대 앞에 서서 1,000분의 1초 만에 구매 결정을 내리는 게 가능하게끔 만든다. 그러나 이러한 과정이 단순히 브랜드와 상품 구매에만 관련되어 있는 것은 아니다. 그것은 일상생활의 특징이며 수학적 논리 문제와도 관련이 있다. 심리학자로는 최초로 노벨 경제학상을 수상한 대니얼 카너먼Daniel Kahneman 교수는 노벨상 수락 연설을 하면서 다음과 같은 단순한 질문을 던졌다.

"야구 배트와 야구공을 합쳐서 1달러 10센트입니다. 배트는 공보다

1달러가 더 비쌉니다. 그렇다면 공은 얼마일까요?"

정말 쉽지 않은가? 이 문제를 들은 사람들은 대부분 지체 없이 그리고 직관적으로 공의 가격이 10센트라고 답한다. 프린스턴이나 하버드같이 일류대학교에 다니는 대다수의 학생들도 예외는 아니었는데 실제로 맨 처음 실험은 이 두 대학 학생들을 상대로 이루어졌다. 거의 모든 사람들이 10센트라고 답을 하지만 그 답은 틀렸다. 사실 공은 5센트이다(이유: 1달러 5센트짜리 배트와 5센트짜리 공을 합치면 1달러 10센트가 되며 이때 배트는 공보다 1달러가 더 비싸다. 만약 공이 10센트이면 배트는 1달러 10센트, 따라서 공과 배트의 합은 1달러 20센트가 된다.). 뇌 속의 무언가가 대부분의 사람들로 하여금 이 간단해 보이는 문제에 직관적으로 오답을 내놓게 만들었다. 사람들은 계산을 하는 대신 배트가 1달러이면 공의 가격이 10센트가 된다는 〈직감〉에 의지한다. 이 직관은 1달러 10센트의 가격표가 1달러와 10센트의 두 부분으로 떼어진다는 사실에 근거한다. 뇌의 입장에서는 실제 계산이 훨씬 더 어려우며, 대부분의 사람들은 10센트가 정답처럼 느껴지기 때문에 신경 쓰지 않는다.

대니얼 카너먼은 이러한 예들을 이용하여 심리적 과정을 통해 사람들의 결정이 어떻게 영향을 받는지 연구한다. 카너먼의 연구는 심리학과 경제학 간의 간격을 메움으로써 세계를 체계적으로 통합하는 기회는 물론 〈심리학과 경제학의 결합〉이 제공하는, 소비자 의사결정 과정에 대한 완벽한 이해를 이용할 수 있는 기회를 마케터에게 제공한다.

경제학과 심리학은 아주 오랫동안 완전히 분리된 두 세계였다. 경제학자들은 인간이 〈객관적인 비용 대 효용 분석〉에 따라 결정을 내리는 이성적인 존재라는 기본적인 생각에서 출발한다. 반면 심리학자들은 의사결정의 심리적인 특징을 강조하는데 이 경우 가치와 효용 평가는 불합리해 보인다. 오늘날 신경경제학neuro-economics이나 신경마케팅neuro-marketing, 행동경제학 같은 용어를 구글에서 검색하면 수백만 개가 등장할 것이다. 이러한 변화를 일으킨 주요한 동인으로는 심리학자인 대니얼 카너먼 박사의 뛰어난 통찰력을 꼽을 수 있다.

인간이 내리는 경제적 결정은
머릿속 2가지에 달려 있다

《신경과학저널*Journal of Neuroscience*》이나 《소비자심리학저널*Journal of Consumer Psychology*》, 《실험심리학저널*Journal of Experimental Psychology*》, 《행동과뇌과학*Behaviour and Brain Sciences*》 같은 학술지에는 매년 문자 그대로 수천 건의 연구 보고서가 발표되고 있다. 의사결정학이라는 이 새로운 분야에서 쏟아져 나오는 데이터와 연구 결과는 정말로 많지만 그 모든 내용을 이해하고 그로 인해 얻은 지식을 마케팅 작업에 적용하려면 어떻게 해야 할까?

이 새로운 분야의 지식을 마케팅 세계에 접목시키려면 그것이 제공하는 가장 중요한 원칙과 규칙, 메커니즘을 이용할 수 있게 해주는 하나의 체계가 필요하다. 그 지식을 조직화하는 데 이용할 체계 또한 과학이 제공해 주며 카너먼의 노벨상 수상은 바로 그가 만들어 소개한 체계 덕분에 가능했다. 이 체계는 그가 평생 인간의 의사결정 과정을 연구하여 얻은 핵심적인 결과를 요약하여 집대성한 것이다. 노벨상 수상 이후 카너먼 모델은 추후에 신경과학 등 여러 분야에서 이루어진 다수의 연구들에 의해 입증되었다. 그 연구들은 사람들의 의사결정에 대한 카너먼의 시각을 입증한 동시에 확대시키기도 했다. 카너먼은 세계적인 베스트셀러가 된 『생각에 관한 생각*Thinking, Fast and Slow*』에 그 체계의 기초가 된 행동경제학의 최신 내용을 담았다.

카너먼은 인간의 뇌 속에는 두 가지 시스템이 있다고 말한다. 그가 수립한 체계의 핵심은 인간의 결정과 행동을 확정하는 바로 이 두 시스템의 〈차이〉에 있다. 그는 두 시스템을 각각 시스템 1과 시스템 2로 부르는데, 〈시스템 1〉은 지각과 직관을 통합한다. 시스템 1은 카너먼이 "결코 잠들지 않는다."라고 말할 정도로 늘 인간의 뇌 속에서 작동 중이다. 그리고 모든 정보를 매우 빠르고 동시에 처리하며, 힘 들이지 않고, 연상적이며, 천천히 학습한다. 이 시스템은 생각하는 일 없이 직관에 따라 자동으로 빠르게 움직이기 위해 만들어졌다. 여기서 자동성automaticity이 중요한데 그래야 효율성이 높아지고 에너지가 덜 들기 때문이다. 행동에 필요한 에너지를 얻기 힘들었던 시절에는 이러한 결정 방식이 살아남는 데 핵심적인 요소였다. 예를 들면 수렵채집 시절에는 크나큰 동물과 같은 위협적인 존재와 맞닥뜨렸을 경우 재빠르게 대처해야 하는데 이때는 생각할 틈도 없이 자동적으로 신속하게 반응을 하는 것이 생존에 훨씬 유리하다. 하지만 사색적 사고에는 에너지가 필요하다. 그래서 어떻게 보면 인간의 뇌는 생각을 위해서가 아니라 빠르고 자동화된 행동을 위해 만들어졌다고도 할 수 있다. 심장병 전문의가 심전도 기록을 보고 바로 해석한다든지, 체스의

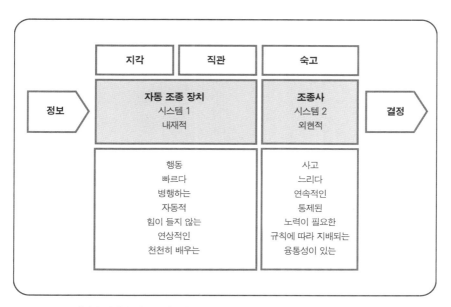

| 지각 | 직관 | 숙고 |

| 자동 조종 장치
시스템 1
내재적 | 조종사
시스템 2
외현적 |

정보 ▶

결정 ▶

| 행동
빠르다
병행하는
자동적
힘이 들지 않는
연상적인
천천히 배우는 | 사고
느리다
연속적인
통제된
노력이 필요한
규칙에 따라 지배되는
융통성이 있는 |

그림 1-3 인간의 결정과 행동을 좌우하는 우리 뇌 속 두 시스템을 보여주는 카너먼의 체계

고수가 다음번 수를 결정한다든지, 광고대행사 크리에이티브가 새로운 디자인을 제안하는 등 가장 고도로 숙련된 정신활동은 시스템 1을 기초로 한다. 반대로 〈시스템 2〉는 느리고, 단계별로 움직이고, 노력이 필요하기 때문에 많은 에너지를 쓰지만 유연하다는 이점이 있다. 이 시스템으로 인해 사람들은 생각에 기초한 신중한 결정을 내릴 수 있다. 한마디로, 시스템 2는 생각하기 위해 만들어졌다(그림 1-3).

가장 좋아하는 브랜드가 대뇌피질의 휴식을 유발한다는 사실을 밝혀준 앞서의 실험에 따르면, 사람들의 선호도가 높은 유력한 브랜드는 우리 머릿속 시스템 1에서 처리된다. 즉 고민이나 생각할 필요 없이 자동적으로 그 브랜드의 제품을 구매한다는 것이다. 실제로 이처럼 강한 브랜드의 특징은 시스템 1을 작동시키고 시스템 2의 처리 과정을 피해간다는 점이다. 반대로, 선호도가 낮은 약한 브랜드는 시스템 2를 작동시킨다. 다시 말하면, 소비자는 선호도가 높지 않은 브랜드의 제품을 구매할 때는 자동적으로 재빠르게 결정하지 않고 충분히 생각을 해본 후에 결정한다는 것이다.

사람들은 대개 자신들의 뇌 속에서 이 두 가지 시스템이 각각 작동하고 있다는 사실을 인식하지 못한다. 이 두 시스템을 알아채는 경우는 앞에서 제시한 야구 배트 예에서처럼 두 시스템이 서로 충돌할 때뿐이다. 우리는 〈생각〉을 통해 야구 배트가 1달러가 아니라 1달러 5센트라는 걸 이해하지만 〈직관〉은 그저 무언가 다른 것을 말해준다. 다음의 실험에서도 동일한 원칙을 보여주는 또 다른 예를 살펴볼 수 있다. 〈그림 1-4〉의 표를 줄별로 쭉 살펴보라. 그런 다음 글자의 색깔을 가능한 빨리 큰 소리로 말해보라. 즉 맨 윗줄 왼쪽 끝부터 초록, 검정, 빨강으로 말하는 것이다. 노랑, 노랑, 파랑으로 읽으면 안 된다.

분명 이 과제는 어려웠을 것이다. 적어도 상당한 노력과 집중력이 필요했을 것이다. 각 단어의 의미는 글자 색깔과 마찬가지로 자동적으로 처리될 수 있다(시스템 1이 작동). 하지만 단어의 의미와 글자 색깔이 충돌할 경우에는(즉 맨 윗줄 첫 번째 단어의 의미는 노랑인데 그 글자 색깔은 초록일 경우) 글자 색깔을 말하는 데 약간의 시간이 걸리며 생각을 해야 한다(시스템 2가 작동). 두 가지 정보가 서로 맞지 않는 바람에 충돌이 생길 때 실수를 피하려면 더 많은 통제력과 집중력이 필요하다. 스트룹 테스트Stroop test로 알려진 이 실험을 수행하다 보면 점점 더 힘이 든다고 느낄 것이다. 실수를 하지 않으려면 더 열심히 집중해야 하

yellow	**yellow**	**blue**	blue	yellow
green	**green**	green	**red**	yellow
green	white	**yellow**	**blue**	**red**
black	red	red	yellow	blue
red	blue	red	**green**	red

그림 1-4 스트룹 테스트는 인간의 뇌 속에는 두 가지 시스템이 작동하고 있음을 보여준다.

기 때문이다. 이 때문에 더욱 노력이 필요한 시스템 2는 뇌를 피곤하게 만들고 그 결과 에너지가 덜 드는 시스템 1로 되돌아간다. 즉 우리는 맨 윗줄을 읽으면서 힘들게 노랑, 노랑, 파랑으로 읽지 않고 초록, 검정, 빨강으로 읽게 된다. 분명 단어 자체는 노랑, 노랑, 파랑으로 써 있지만 말이다. 이 테스트는 시스템 1이 우리의 일상생활에서도 아주 흔하게 나타나고 있음을 보여준다. 이 시스템은 모국어를 읽고 말하는 것을 포함하여 우리가 하는 모든 일에 나타난다.

이 두 시스템이 우리 뇌 속에서 어떻게 함께 작동하는지를 보여주는 유용한 비유는 시스템 1을 〈자동 조종 장치autopilot 시스템〉으로, 시스템 2는 〈조종사pilot 시스템〉으로 생각하는 것이다. 조종사는 문제가 발생한 경우나 이착륙같이 그때그때 생각을 해서 상황에 맞는 의사결정이 필요한 업무를 맡는 반면, 자동 조종 장치는 자동적으로 이루어질 수 있는 모든 업무를 담당하고 있다. 아무런 문제가 없는 한 조종사는 자동 조종 장치에서 무슨 일이 진행 중인지도 모르는 채 비행 내내 이 장치의 처리에 의존한다. 자동 조종 장치의 작동 방식 중에 조종사가 명확하게 알 수 있는 것은 아무것도 없다. 이 두 시스템의 특징을 더 깊이 살펴보기 위해 다들 경험한 바 있는 자동차 운전을 살펴보자.

　카너먼의 체계에서 살펴봤듯이, 자동 조종 장치는 우리가 모든 감각을 통해 지각하는 것과 연결되어 있다. 우리의 첫 운전 연습에 대해 기억해 보자면, 그때 우리의 감각에 가해진 공격은 거의 악몽에 가까웠다. 동시에 교통신호, 운전대, 계기판, 브레이크에 집중해야 했을 뿐만 아니라 운전교관의 조언과 지시에도 귀를 기울여야 했다. 손과 눈의 조화, 교통신호 해석, 속속 들어오는 주변의 정보 처리로 인해 생기는 문제들은 엄청난 공포의 느낌으로 이어졌다. 초보 운전자로서 이것저것 많이 따져보고 생각해야 했기 때문에 반응 속도가 느려질 수밖에 없었다. 이때에는 직관을 기초로 해서 결정을 내릴 수는 없기 때문에 우리의 결정은 시스템 2인 조종사 시스템에 지배되었다. 알다시피 직관은 〈경험〉을 기초로 하기 때문이다. 그러나 연습을 계속하면서 점점 더 나아졌고 집중해야 할 필요성도 줄어들었다. 이제는 변속 레버를 보지 않아도 3단 기어가 어디 있는지 알고 있다. 자동차로 출근하는 과정을 생각해 보면 한때는 정말로 긴장되고 힘들었던 그 모든 일들이 이제는 직관에 의해 쉽게 자동적으로 이루어질 뿐이다. 차량들 사이를 손쉽게 지나가고, 신호등에 집중하지 않으면서도 제때 빨간 불에 차를 세우고, 음악을 듣거나 심지어는 전화 통화를 하면서도(물론 핸즈프리로) 이 복잡한 일들을 모두 끝마친다. 그리고 우리 스스로도 어떤 때는 A지점에서 B지점으로 어떻게 갔는지 의아해하는 경우도 있는데 이것은 가는 내내 운전에 의식적으로 주의를 기울이지 않았기 때문이다.

우리는 이제 이 모든 일들을 직관에 의해 자동적으로 처리한다. 무언가를 처음 배울 때에는 하나하나 생각을 하면서 해야 하기 때문에 시스템 2인 조종사 시스템이 작동한다. 그런 다음 반복과 경험에 의해 직관을 키워간다. 그래서 이후의 과정은 자동적으로, 효율적으로 이루어진다. 바로 시스템 1인 자동 조정 장치 시스템이 작동하는 것이다. 그리고 마침내 우리는 운전도사가 되는 것이다. 의사든, 체스의 명수든, 광고회사 크리에이티브든, 기초가 되는 학습 과정은 운전의 경우와 같이 대체로 동일하다. 심지어 소비자의 경우에도 그 학습 과정은 동일한데 그들이 광고를 보고 제품을 구입해서 사용하는 경험을 많이 쌓았기 때문이다.

일단 충분한 경험을 통해 직관을 키우면 조종사 시스템은 새로운 문제에 부딪치거나 전에는 경험하지 못한 일이 발생할 때만 작동한다. 자동차로 출근하려는데 평소에 다니던 길이 도로공사 때문에 폐쇄되었을 경우에는 곧바로 어떤 우회로로 가야 할지 생각해야 한다. 이 상황에서는 집중과 생각이 필요하기 때문에 대부분이 라디오를 끄거나 전화 통화를 끝낼 것이다.

이처럼 인간의 뇌가 한편으로는 자동적으로 처리하려는 경향이 강한 것은 맞지만, 다른 한편으로 예상치 못한 새로운 문제를 해결하는 데에는 사색적 사고와 숙고의 도움을 받을 수 있다. 이러한 사실들은 우리 머릿속에서 시스템 1과 시스템 2가 함께 진화해온 특징적인 이유이다.

따라서 인간의 뇌에서는 이 두 가지 시스템이 함께 작동하고 있다. 마케터에게는 이 두 시스템을 이해하는 것이 중요한데 두 시스템이 모든 상품 영역과 산업, 브랜드, 제품에 걸쳐 사람들의 구매 결정을 확정하는 데 주도적 역할을 하고 있기 때문이다. 따라서 자동 조종 장치 시스템과 조종사 시스템의 작동 방식에 대해 조금 더 알아보자.

아무도 눈치채지 못하지만
거의 무제한의 능력을 지닌

사무실에 있는 평범한 탕비실에 대해 생각해 보자. 정수기 옆에는 차나 커피, 우유를 구입하는 데 드는 비용을 공동으로 모으기 위한 상자가 있을 수 있다(회사가 이 비용을 대주는 경우도 있겠지만 말이다). 이 상자는 정직의 상자honesty box로 알려져 있다. 일반적으로 차나 커피, 우유를 사는 데 드는 비용과 실제로 모이는 돈의 액수에는 차이가 생긴다. 하지만 한 실험 결과에 따르면, 상자 가까운 곳에 사람의 눈만 보이는 사진을 붙여놓을 경우(그림 1-5) 사람들은 기꺼이 돈을 더 내었다. 대체로 직원들은 커피나 차를 타는 데 집중하느라 사진이 붙어 있는 것도 전혀 알아채지 못했다. 그러나 그 눈은 사람들의 자동 조종 장치

그림 1-5 우리 머릿속 자동 조종 장치는 우리가 주변 환경의 신호를 의식적으로 알아차리지 못하더라도 그것들을 자동으로 처리한다.

시스템에 의해 처리된 것이 틀림없었다. 눈 사진을 붙인 조치가 그곳에 들어온 사람들의 행동에 큰 영향을 미쳤기 때문이다. 사진 속 눈은 누군가 다른 사람이 그곳에서 쳐다보고 있는 것처럼 은연중에 사회적 규범을 작동시켰다. 직원들이 이 영향을 알아채지 못했는데도 불구하고 실험은 더욱더 정직한 행동을 유발했다.

이 실험은 시스템 1인 자동 조종 장치가 우리가 집중하는 정보만이 아니라 주위의 전후사정과 관련된 모든 것을 포함하여 아주 많은 정보를 처리한다는 사실을 보여준다. 따라서 우리가 슈퍼마켓 진열대 앞에 서 있을 경우 우리 머릿속 자동 조종 장치는 내가 현재 집중하고 있는 제품 외에도 훨씬 더 많은 것을 처리하고 있다. 이를테면 진열대 위의 다른 상품들과 진열대 배치, 색깔, 인테리어 디자인, 냄새, 매장의 조명 수준, 음악 등을 동시에 처리하고 있는 것이다. 웹사이트를

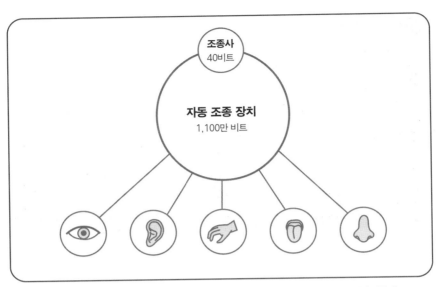

그림 1-6　자동 조종 장치의 엄청난 능력은 인간이 감각을 통해 경험하는 모든 것을 처리한다.

방문할 경우에도 자동 조종 장치는 내가 지금 보고 있는 것 외에도 페이지의 배치 상태나 색깔, 디자인, 콘텐츠까지 모두 처리한다.

　자동 조종 장치는 우리의 감각에 의해 지각되는 정보는 그 무엇 하나 놓치지 않고 모두 처리한다. 이 장치는 1초에 1,100만 비트의 정보를 처리하는 엄청난 능력을 갖고 있는데 이 정도는 우리가 옛날에 쓰던 플로피 디스크의 저장 용량에 해당한다(그림 1-6). 이러한 정보의 유입을 알든 모르든 관계없이, 우리의 감각은 1초마다 1,100만 비트의 정보를 뇌 안의 자동 조종 장치에 전달한다. 그리고 자동 조종 장치에 의해 처리된 모든 정보는 인간의 행동에 영향을 미칠 수 있다. 한 연구에 따르면, 우리가 웹사이트를 방문할 때 자동 조종 장치는 1초도 안 되는 시간 안에 그 사이트에 대한 우리의 첫인상을 끌어내며 이 인상은 차후의 행동에 강력한 영향을 미친다.

시스템 2인 조종사 시스템의 매우 한정된 능력과 비교하면 자동 조종 장치가 매우 우수하다는 사실은 명백해진다. 인지심리학의 대표적인 연구 결과에 따르면, 조종사 시스템이 생각을 할 때 기초가 되는 인간의 기억 용량은 7±2개의 정보(예를 들어 5-9개의 숫자, 글자, 단어 혹은 얼굴 등)가 상한선이다. 이는 숫자나 글자의 경우 대략 40-50비트에 해당한다. 조종사 시스템의 능력이 이렇게 제한적이기 때문에 사람들은 7자리가 넘는 전화번호를 기억하는 데 어려움을 겪는다. 또한 그 때문에 강연을 듣는 도중에 전화기가 울리거나 누군가가 옆에서 속삭이거나 회의실을 나가면 강연자의 프레젠테이션을 이해하기 어렵다. 주의를 빼앗기고 상대가 하고 있는 말을 따라가지 못하고 그 중 일부 정보를 놓치고 마는 것이다. 마찬가지로 아침에 출근을 위해 집을 나서기 전에 그날 자신이 내릴 모든 결정에 대해 생각한다면 집 밖을 나서기도 힘들다. 슈퍼마켓에서 무엇을 구매할지 결정을 내릴 때마다 일일이 깊게 생각하려고 한다면 쇼핑하는 데 너무 시간이 오래 걸려서 굶어죽고 말 것이다. 깊은 생각 끝에 결정을 내리고 싶다고 해도 우리가 가진 매우 제한된 능력 때문에 그렇게 하기는 힘들다.

더욱이 아래와 같이 사람들이 평균적으로 광고 매체와 접촉하는 시간을 살펴보면 대부분의 처리 과정이 느린 조종사 시스템을 필요로 하지 않음을 알 수 있다.

- 대중 잡지 광고: 1.7초
- 업계지(의학 학술지인 《랜싯*The Lancet*》 같은) 광고: 3.2초

- 포스터 광고: 1.5초
- 우편(1차 관련성 검토) 광고: 2초
- 배너 광고: 1초

이 사실을 보면 마케팅 커뮤니케이션은 수초 내에 핵심 메시지를 전달해야 할 필요성이 분명해진다. 위에서 언급된, 한 광고의 모든 정보를 처리하는 데 필요한 시간을 고려하면 느린 조종사 시스템으로는 광고 내용 중에서 아주 적은 양만이 처리될 것이 분명하다. 따라서 대역폭이 높고 매우 빠른 속도로 정보를 처리할 수 있는 자동 조종 장치는 소비자에게 최소한의 시간 안에 메시지를 전달할 수 있는 기회를 마케터에게 제공한다.

자동 조종 장치의 능력이 뛰어난 덕분에 사람들은 실제로 어떤 결정을 내릴 때 그 결정의 전후사정 또한 포함시킬 수 있다. 자동 조종 장치는 어떤 순간에서든 주위 환경에서 감지되는 모든 것을 처리한다. 심지어 주의를 기울이지 않을 때도 그렇다. 다들 소위 칵테일 파티 효과cocktail party effect를 통해 자신이 주의를 기울이지 않는 상황에서도 작동하는 자동 조종 장치의 능력을 경험했을 것이다. 사람들은 시끄러운 파티에서 대화에 몰두해 있는 경우에도 주위에 있는 누군가가 자신의 이름을 언급하면 곧바로 알아차린다. 이러한 현상은 인간의 자동 조종 장치가 특정 정보에 집중하고 있는지와는 상관없이 모든 것을 끊임없이 처리하고 있기 때문에 일어날 수 있다. 따라서 마케팅 커뮤니케이션에서 인간의 자동 조종 장치를 효율적으로 이용한다면 마케팅의 메시지는 훨씬 더 큰 영향을 미칠 수 있다.

반복되면, 학습된다

뇌, 더욱 구체적으로 말하면 우리의 자동 조종 장치는 들어오는 모든 정보로 무엇을 할까? 이 모든 정보는 학습에 이용된다. 하지만 자동 조종 장치가 학습하는 방식은 학습에 대한 일반적인 생각과는 다소 다르다. 이 학습은 학교에서 배우는 것과는 다르며 소위 〈연상 학습associative learning〉이라는 것에 기초를 두고 있다. 예를 하나 살펴보자.

"안 돼."라는 말을 처음 들을 때 그것은 음성 패턴, 즉 하나의 소리에 불과하다. 하지만 그 목소리가 점점 더 커지고 다시 "안 돼."라고 말하는 엄마의 얼굴이 이전과는 달라 보인다는 사실을 알아챈다. 몇 분 뒤 "안 돼."라는 말은 무언가를 자신에게서 뺏어가는 엄마의 행동을 동반한다. 잠시 뒤 우리는 "안 돼."라는 말의 의미를 학습하게 된다. 이 내재적 학습은 학교에서 외국어를 배우는 방식과는 완전히 다르다. 엄마와 길거리를 걸어가고 있는데 불량스러워 보이는 아이들이 무리 지어 있는 모습이 보이자 엄마가 자신의 손을 더욱 꼭 잡고 그 아이들과 거리를 두기 시작하면서 빠르게 걸었던 경험이 다들 있을 것이다. 그 다음날도 엄마는 비슷하게 행동하는데 이번에는 불량배들 때문이 아니라 개 때문이다. 엄마는 이렇게 말한다. "개 조심해. 물릴 수도 있으니까." 우리는 이제 어떤 위험이 있을 때 엄마가 내 손을 더욱 단단히 쥔다는 사실을 학습한다. 그리고 결과적으로 그 불량배들도 위험과 관련이 있음을 알게 되는데 그때에도 엄마의 동일한 행동 패턴을 경험했기 때문이다. 마찬가지로, 손을 꼭 잡았다가 브랜드가 화면에 나타난 뒤에 꼭 쥔 손을 푸는 광고를 본 사람들은 이 브랜드에 의해 위험이 해결됐다고 곧바로 이해하고 그 브랜드 및 상품과 안전 사이에 학습된 연상을 구축하게 된다.

이 모든 연상 학습의 기초가 되는 원칙은 다음과 같다. 〈동시에 발화하는 것들은 함께 연결되어 있다.〉 신경심리학에 따르면, 인간의 뇌는 동일한 시간이나 공간에 여러 신호가 나타날 때 그리고 이런 일이 반복적으로 계속 발생할 때 그 신호들에서 연상적 관련성을 수립한다. 어떤 일이 한 번 일어난다면 그것은 우연히 일어난 일이겠지만 그 일이 자주 일어난다면 또 일어날 가능성이 높기 때문에 뇌는 그것을 학습하기 시작한다. 반복적으로 동시에 발화한 신경세포들은 더욱더 단단히 연결된다.

세상에 태어나기 전 우리 뇌의 연상 네트워크와 기억은 갓 내린 눈으로 뒤덮인 들판에 비유할 수 있다. 경험을 얻고 새로운 사실을 아는 것은 그 들판을 걸으며 눈 위에 발자국을 남기는 것과 비슷하다. 시간이 지나면 잘 다져진 길(반복적으로 비슷한 일을 경험했기 때문에)은 더 쉽고 빠르게 다닐 수 있는 반면에, 고작 한 번 걸었거나 거의 걷지 않은 길은 제대로 구분되지 않아서 사람들이 다닐 가능성이 덜하다. 따라서 갓 뽑은 커피 향기가 난 지 몇 분 뒤에 늘 가족들이 한 방에 모두 모였고 또 이런 일을 여러 번 경험하면 커피 향기와 가족애의 개념 간에는 연관성이 생긴다. 또 아버지가 일을 할 때마다 커피 타는 모습을 보았다면 일과 커피 간의 연관성도 만들어진다. 따라서 어른이 되면 일할 때 커피를 마시는 것이 자연스럽고 직관적인 것으로 느껴진다. 누군가가 술집에서 커피를 마시는 모습을 볼 수도 있지만 이런 일은 이례적이기 때문에 술집으로 연상되는 사건과 커피의 연관성은 매우 미약하게 남을 것이다.

뇌는 컴퓨터처럼 정보를 따로따로 저장하는 게 아니라 모든 것이 서로 연결되어 있는 신경 네트워크 속에 세상을 정리한다. 바로 그 때문에 이러한 유형의 기억을 〈연상 기억associative memory〉이라고도 부른다. 따라서 커피에 대해 생각하면 가족애만 활성화되는 것이 아니라 가족애와 관련된 다른 모든 것(케이크 등)도 활성화된다. 그래서 앞서 보여준 O2 브랜드와 동반되는 기포를 눈으로 반복해서 볼 경우 그 전형적인 산소 기포의 구체적인 특징들과 O2 브랜드 간의 연관성을 내재적으로 학습하게 된다.

직관이 완벽하게 발달하기 전까지 자동 조종 장치는 특정 주제에 대해 약 1만 시간의 경험을 필요로 한다. 아버지가 일하면서 커피를 타는 모습을 가끔 봐서는 충분하지 않다. 자동 조종 장치가 일과 커피 간에 강력한 연관성을 수립하려면 매우 자주 이것을 경험해야 한다. 그리고 일단 연관성이 수립되고 나면 직관적인 지식은 신속한 의사 결정을 가능케 한다. 경험 많은 심장병 전문의는 심전도 기록을 한 번만 보고도 관련된 패턴을 알아볼 수 있다. 그들은 무엇을 할지 직관적으로 알 뿐이다. 그러나 이 직관은 직감gut feeling이 주는 느낌과는 거리가 멀다. 하지만 전문가의 직감은 실제로 〈내재된 지식〉이다. 소비자 역시 제품과 브랜드를 구입하고 소비하는 데 있어서는 전문가들이다. 그들의 자동 조종 장치는 상품과 브랜드를 소비하고, 구매 결정을 내리고, 광고에 노출되는 데 1만 시간이 훨씬 넘는 시간을 썼다.

그러나 전문직 종사자든 소비자든, 전문가는 자신의 내재된 지식을 인식하지 못한다. 그들이 왜 그렇게 행동하는지 물어보면 소비자는 종종 자신들의 직감을 언급한다("그냥 좋게 느껴졌어요."). 이는 자동 조종 장치로부터 얻는 유일한 의식적인 신호이다. 그것은 인간의 내재적 시스템에서 발생하는, 유일하게 의식적으로 접근 가능한 신호이다. 이 책을 통해 알게 되겠지만, 카너먼의 체계와 그 기초가 되는 과학은 이 내재적 차원의 지식을 감지하고 관리하는 데 도움이 된다.

간접적인 신호가
직접적인 신호를 뛰어넘다

지금까지 살펴본 것처럼 우리 뇌에는 두 가지 시스템이 작동하고 있지만 결국에는 어떤 상품과 브랜드를 사야 할지 결정을 내려야 한다. 그렇다면 이 과정은 어떻게 이루어질까? 우리가 물건을 사려 할 때 자동 조종 장치 시스템과 조종사 시스템은 어떻게 상호작용을 할까? 예를 하나 살펴보자.

한 화장품 회사가 새로운 피부크림을 개발하려 했다. 그들은 소비자에게 제조법이 다른 여러 제품을 브랜드 로고를 붙이지 않은 채 사용하게 해 어떤 제조법이 우수한지 알아내려 했다. 그들은 여러 도시에서 이 조사를 시행했다. 조사 결과를 받아든 화장품 회사는 특정한 크림이 유독 한 도시에서 훨씬 좋은 점수를 받았다는 사실을 알게 되었다. 많은 조사 끝에 그들은 그러한 결과가 나타난 이유를 알아냈다. 표준적인 크림용기를 구할 수가 없어서 그 도시에서만 다른 용기를 사용했던 것이다. 그런데 대신 사용한 용기는 모양이 달랐다. 그리고 겉으로 보기엔 사소한 이 차이가 바로 크림에 대한 참가자들의 평가를 크게 바꾸어 놓았다. 용기는 사용자가 크림과 그 크림의 기능을 인지하는 과정에서 〈프레임frame〉을 제공했다. 이러한 결과는 머릿속의 자동 조종 장치가 (용기모양같이) 아주 미묘한 신호까지도 처리하고 이것이 다시 전체적인 제품 경험에 영향을 미칠 수 있기 때문에 발생한다.

인지 가능한 모든 신호는 우리가 내리는 결정의 프레임을 형성한다. 냄새에 관한 한 실험에서 연구진은 쇼핑몰에 들어온 사람들을 쿠키 굽는 냄새나 원두 볶는 냄새 등 여러 종류의 냄새에 노출시켰다. 그리고 몰래 투입된 실험 도우미가 사람들에게 접근했다. 도우미는 사람들에게 물건을 고르는 데 도움을 달라고 요청하거나 가방을 떨어뜨려 도움이 필요한 척했다. 그런데 쿠키 굽는 냄새에 노출된 사람들은 그렇지 않은 사람들보다 남을 도와줄 가능성이 더 높았다. 피험자들은 쇼핑몰에 들어올 때 자신들이 맡은 향기를 구체적으로는 몰랐지만 이 신호는 그들의 행동에 영향을 미쳤다.

외부 세계의 신호만이 아니라 내면 상태도 인간의 선택, 결정, 행동까지 바꾸어 놓는다. 기분이 좋은 사람은 회사동료의 실수를 쉽게 눈감아줄 수 있다. 좋은 기분은 결정에까지 직접적으로 영향을 미치고 빛을 발산한다. 일반적인 작업 공간에서 제시하는 아이디어와 바다가 내려다보이는 테라스에서 생각해낸 아이디어는 다르다. 이는 공간상의 조건 또한 영향을 미친다는 얘기다. 워크숍에서 단순히 누군가와 자리를 바꾸기만 해도 새로운 아이디어를 내는 데 도움이 될 수 있다. 배경은 부지불식간에 우리가 하는 모든 일에 간접적으로 영향

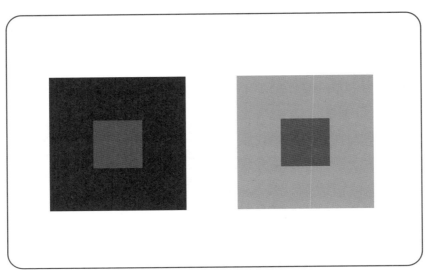

그림 1-7 배경 역할을 하는 큰 사각형이 작은 회색 사각형에 대한 인식을 바꾸어 놓는다.

을 미친다.

그렇다면 그 과정은 어떻게 이루어질까? 이 효과의 기초가 되는 원칙은 무엇인가? 〈그림 1-7〉은 카너먼이 노벨상 수상 연설 때 보여준 주요한 그림이다. 다들 처음에는 그가 학자로서의 경력에서 가장 중요했을 연설에서 왜 그런 케케묵은 인식의 속임수를 이용했는지 의아해했다. 하지만 이것은 인식의 착각이 아니라 뇌의 가장 기본적인 원칙일 수도 있는 것을 다루고 있다. 이 그림은 과학자들이 〈프레이밍 효과(framing effect, 동일한 사안이라고 해도 그것이 제시되는 방법에 따라 그에 관한 사람들의 해석이나 의사결정이 달라지는, 인식의 왜곡 현상)〉라 부르는 것을 보여준다. 프레이밍은 어떻게 결정이 내려지는지를 이해하는 데 주요한 개념이다. 이 원칙을 이해하면 자동 조종 장치 시스템과 조종사 시스템이 어떻게 함께 통합되어 구매 결정을 내리는지 파악할 수 있다.

〈그림 1-7〉의 중앙의 두 작은 사각형을 보면 더 큰 사각형 앞에 있는 것처럼 보인다. 더 큰 사각형은 배경을 이루는데 작은 사각형의 테두리가 된다. 작은 두 사각형은 회색의 명암이 서로 다른 것처럼 보이지만 실제로는 완벽히 똑같다. 이처럼 객관적으로는 두 회색 사각형이 똑같지만 주관적으로는 분명한 차이가 있다. 작은 두 사각형의 음영이 다르게 보이는 것은 배경 역할을 하는 큰 사각형의 색깔 명암이 서로 다르기 때문일 뿐이다. 이처럼 〈배경〉은 인식의 테두리를 형성하고 그것으로 아예 인식까지 바꾸어 놓는다. 이는 배경이 대상에 빛을 내뿜어 그 모습을 바꾸어 놓는다는 의미이다.

결국 앞에서 다룬 크림용기는 크림에 대한 인식에 영향을 미친 배경이었다. 물론 고객들은 크림에 집중했다. 크림이야말로 그들이 평가하고자 한 대상이었기 때문이다. 하지만 크림용기라는 배경은 크림에 대한 〈인식의 프레임〉을 형성했다. 쿠키 굽는 냄새 또한 쇼핑몰에서의 경험에 대한 인식의 프레임을 형성하면서 사람들의 행동에 영향을 미쳤다. 이러한 프레임은 내재적으로 형성된다. 사람들은 그 영향을 알지 못하고 효과도 알아채지 못한다. 그리고 작은 두 회색 사각형이 동일한 것이라는 사실을 아는데도 불구하고 그 둘이 서로 다르다고 생각할 수밖에 없다. 배경의 영향과 그 영향이 작동하는 과정은 여전히 이해하기 힘들다. 배경은 간접적으로 그리고 내재적으로 사람들의 인식을 바꾸고 결정을 바꾼다. 자동 조종 장치 시스템과 조종사 시스템은 바로 이러한 방식으로 함께 작동한다. 이 둘은 서로 밀접하게 관련되어 있다. 자동 조종 장치는 〈프레임〉을 제공하고, 조종사는 〈대상〉에 집중한다. 이 둘은 인간이 세상을 경험하고 의사결정을 위한 기초를 형성하는 방식을 만들어낸다.

프레이밍 효과는 마케팅에 결정적으로 중요하다. 현재 마케팅에서 사용하고 있는 사고모델로는 제품 경험에 용기가 미치는 영향을 설명하기 힘들다. 브랜드에도 같은 애기가 적용된다. 브랜드가 제품 구매에 영향을 미친다는 사실은 알고 있지만 어떻게 작용하는지는 이해하기 힘들다. 브랜드는 무형 자산이다. 하지만 프레이밍 효과는 브랜드가 소비자의 구매 결정에 어떻게 영향을 미치는지 설명해 준다. 브랜드는 상품에 대한 경험과 인식의 프레임을 형성하면서 〈구매의 배경〉으로 작동한다. 우리는 사람들이 샴푸나 은행, 자동차로부터 무엇을 명확히 원하는지 알고 있다. 여기서 이해하기 힘든 부분은 〈배경으로 작동하는 브랜드〉와 〈소비자가 집중하는 상품〉 간의 상호작용이다. 프레이밍은 상품 판매에서 브랜드가 갖는 실제 가치를 설명해 준다. 블라인드 테스트를 이용하면 이 사실을 알 수 있다. 상품이 동일하더라도 브랜드명이 있는 제품은 그렇지 않은 제품보다 우수해 보인다. 브랜드의 이러한 프레이밍 효과는 마케팅을 동원한 광고가 아니다. 이 효과는 제품의 인지되는 가치를 높여줄 뿐 아니라 객관적으로는 동일한 상품인데도 아주 높은 가격을 지불하려는 소비자의 의지를 적극적으로 키워준다. 폭스바겐 사란Sharan과 포드 갤럭시Galaxy는 똑같은 자동차다. 둘 다 같은 공장에서 생산되었다. 하지만 소비자들은 폭스바겐 브랜드가 더해준 프레임 때문에 사란에 기꺼이 2천 파운드를 더 지불하려고 했다. 영국에서는 버진 모바일Virgin Mobile이 티 모바

그림 1-8 스타벅스 브랜드 프레임은 고가인 자사 커피를 정당화한다.

일과 동일한 네트워크를 사용하는데도 불구하고 품질 수준이 더 높다고 인식되었고 따라서 만족도 점수도 더 높게 받았다.

스타벅스는 자사 커피의 상당한 가격 프리미엄을 이용할 수 있다. 스타벅스는 어떤 프레임을 전달하는지 생각해 보자. 스타벅스 매장의 내부 디자인은 훈훈하고 편안하다. 향기도 이국적이고 월드 뮤직이 배경음악으로 흘러나온다. 또한 세계 곳곳에 매장이 있다. 스타벅스 방문은 짧은 순간의 정차가 제공하는 것 이상으로, 직장과 집이 아니면서도 휴식을 취할 수 있는 제3의 장소로의 짧은 휴가이다. 누군가가 말하기를, 스타벅스 브랜드는 커피 경험을 〈짧은 휴가〉라는 프레임으로 형성했다(그림 1-8).

짧은 휴가라는 프레임은 커피 자체에 녹아든 것처럼 믿을 만하고 직관적이다. 커피향, 이국적인 다양성, 특별한 준비 방식 등 하나의 상품으로서 스타벅스의 커피는 이 프레임에 다가갈 수 있게 해주는 적절한 다리이다. 하지만 프레임은 문화에 따라 달라질 수 있다. 중국의 스타벅스는 짧은 휴가가 아니라 지위의 상징이다. 따라서 중국에서 스타벅스 방문은 사회적으로 부유함을 가리킨다. 이 사실은 판매 유형에 의미 있는 영향을 미쳤는데, 중국 사람들은 다른 사람들에게 보여주기 위해 스타벅스 매장 안에 머무는 탓에 테이크아웃 커피를 사지 않기 때문이다. 이러한 프레임과 그것이 소비자 행동에 미치는 영향 때문에 중국의 스타벅스는 저조한 테이크아웃 판매량을 보충하고 더 많은 사람들을 수용하기 위해 매장 크기를 키웠다.

블라인드 테스트에서 소비자들이 스타벅스와 경쟁사들의 커피맛이나 품질 차이를 알아낼 가능성은 높지 않다. 그럼에도 사람들은 스타벅스라는 브랜드와 그 매장이 제공하는 프레임에 상당한 가격 프리미엄을 기꺼이 지불하려 한다. 이 프레임이 더해주는 내재적 가치는 소위 브랜드 자산이라 불리는 무형 자산이 의미하는 바로 그것이다. 소비자가 상품의 객관적인 가치 그 이상으로 지불하려는 돈의 액수는 구매 순간에 브랜드가 제공하는 프레임의 가치와 정확히 일치한다. 해마다 스타벅스가 판매하는 수백만 잔을 곱해서 이윤을 계산해 보면 이러한 프레임이 비즈니스의 경제적 성공에 엄청나게 중요하고 마케팅 예산보다도 훨씬 더 중요함을 알 수 있다.

버진 모바일의 예는 프레이밍이 커피나 자동차 같은 유형의 상품만이 아니라 네트워크 품질 같은 무형의 상품에도 효과가 있음을 보여준다. 실제로 상품의 프레임 역할을 하는 브랜드는 서비스나 데이터 전송 속도(초고속 인터넷, 5G 등), 콘텐츠 같은 무형의 상품에 특히 중요하다고 할 수 있다. 이 경우 제품의 품질과 가치는 판단하기 어렵고 비교는 더더욱 어렵기 때문이다. 이런 산업에서는 브랜드 프레임이 차별화의 결정적인 수단이다. 브랜드가 무형의 상품에 특히 중요하다는 사실은 시장조사 기관인 밀워드 브라운이 최근에 작성한 〈가장 가치 있는 브랜드 리스트〉에서도 입증된다. 최상위 20개 브랜드에 속한 대다수가 IT, 텔레커뮤니케이션, 서비스(은행업 등) 사업에 속해 있다. 여기서 브랜드는 차이를 만든다. 왜냐하면 판매되는 상품이나 서비스는 형태가 없고 평가하기 힘들기 때문이다. 따라서 사람들이 인지하는 가치는 〈브랜드라는 프레임〉에 의해 단호히 결정된다.

학술지인 《브레인리서치회보*Brain Research Bulletin*》에 발표된 뮌스터 대학의 뇌 사진 연구는 미디어 브랜드가 어떻게 프레이밍 효과를 통해 뉴스 기사의 신뢰성에 영향을 미치는지 보여준다(그림 1-9). 연구자들은 뉴스 기사의 신뢰성을 평가하면서 브랜드가 배경으로 있는(유명한 매체의 브랜드 로고와 활자체가 나오는) 기사와 그렇지 않은 기사를 각각 제시했다.

연구 결과를 보면, 동일한 뉴스 기사인데도 그 신뢰도는 뉴스가 제시되는 배경 프레임의 강력한 영향을 받는다는 사실을 알 수 있다. 배경으로 있는 미디어 브랜드 로고에 따라 주관적인 신뢰성은 크게 달라졌다. 물론 응답자는 이런 사실을 알지 못했다. 이 연구는 우리가 의식적으로 인식하지 않는 기능을 지닌 뇌 영역에서 프레이밍 효과가 작동한다는 사실을 보여준다. 또한 이 효과는 아주 빠른 속도로 발

THE ☙ TIMES

RAIL TICKET PRICES TO DOUBLE NEXT YEAR

RAIL TICKET PRICES TO DOUBLE NEXT YEAR

그림 1-9   미디어 브랜드라는 프레임이 기사(철도 승차권 가격 내년 2배 인상)의 신뢰성에 영향을 미친다.

생한다. 응답자의 뇌는 기사 읽기를 마치고 심사숙고해서 판단을 내리기 훨씬 전에 이미 뉴스 기사의 신뢰성에 대해 평가했다. 이 모든 일은 배경으로 나와 있는 브랜드 표시에 의해 야기되었다. 우리 뇌 속의 자동 조종 장치는 매우 빠르게 작동하기 때문에 미디어의 브랜드 로고는 순식간에 처리되었고 이것이 뉴스 기사의 프레임을 형성했다. 자동 조종 장치의 영향이 겉으로 드러나지 않기 때문에 응답자들은 뉴스 기사만을 근거로 판단을 내렸다고 생각한다. 결론적으로 말하면, 뉴스 기사의 신뢰성에 대한 우리의 외현적인 판단은 스스로 인식하지도 못하는 뇌 속 자동 조종 장치에서 이루어지는 내재적 과정에 의해 크게 영향을 받았다고 할 수 있다.

〈프레임으로서의 브랜드〉라는 관점은 마케팅팀과 영업팀 간의 전형적인 이원적 논쟁을 종식시키는 데에도 도움이 될 수 있다. 실제로 영업팀은 〈상품〉에 초점을 맞추길 원하는 반면, 마케팅팀과 광고 대행사는 〈브랜드의 이미지〉에 초점을 맞추려고 한다. 이러한 이원론은 광고에서 얼마나 많이 상품을 보여줘야 하는지(상품의 특징이나 장점 등), 브랜드(이미지, 스토리, 감성 등)에 얼마나 많은 시간과 공간을 할당해야 하는지에 대한 논의(혹은 논쟁)로 옮겨간다. 소비자와의 커뮤니케이션을 만드는 사람들은 종종 브랜드와 상품이 서로 대립하는 존재라고 생각한다. 브랜드 아니면 상품, 판매 아니면 이미지, 기능적 혜택 아니면 감정적 편익 등 둘 중 하나라고 생각한다. 이러한 이원론은 알고 그런 것은 아니지만 구매 결정에서 브랜드(감성적)와 상품(이성적)의 역할을 개념화하는 데 이용하던 구식의 모델, 즉 〈감정적 의사결정 모델 vs. 이성적 의사결정 모델〉에서 비롯되었다. 하지만 새로운 시각에서 보면, 브랜드와 상품은 대립하는 존재가 아니라 서로 밀접하게 관련되어 있다. 브랜드는 상품의 인지 가치를 높여주는 배경을 제공한다. 〈그림 1-7〉의 경우 중앙의 작은 회색 사각형(상품)을 제거하면 아무런 가치도 남지 않는다. 배경만 남고 실체는 없는 것이다. 반면 〈그림 1-10〉은 프레임(브랜드)을 없애면 무슨 일이 일어나는지를 보여준다. 배경이자 프레임 역할을 하는 큰 사각형을 없애자 그 이전에는 서로 달라 보였던 작은 사각형 두 개가 이제는 완전히 똑같아 보인다. 이 경우에는 상품만 남은 것이며, PL 상품(private label, 제조업체가 아닌 유통업체의 상표를 붙여 판매하는 상품)의 성공 사례에서 알 수 있듯이 성숙시장에서는 특히 상품 차원에서 경쟁 제품들 간에 감지할 수 있는 큰 차이가 거의 없다. 그리고 대부분의 상품 영역에서 고객이 제

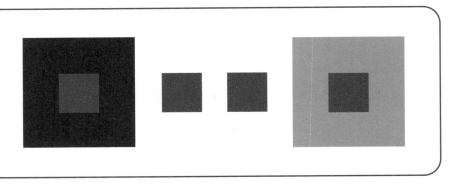

그림 1-10 브랜드라는 프레임이 없으면 제품은 똑같아 보인다.

품의 성능에 상당히 만족하고 있기 때문에 순수한 상품 차원에서 의미 있는 차별화를 제공하기는 점점 더 어려워진다.

브랜드와 상품이 경험되고 인식되는 과정에 순전히 상품의 객관적인 품질보다 더 중요한 무언가가 존재한다는 생각 자체는 새로운 것이 아니다. 브랜드의 이러한 부가가치를 보면 기업들이 다른 기업의 브랜드를 사들일 때 거액을 쓰는 데 서슴지 않는 이유를 알 수 있다. 코카콜라는 연차보고서에서 영업권이나 트레이드마크(브랜드 같은 무형 자산)를 유형 자산(부동산, 공장, 장비 등)보다 25퍼센트 더 가치 있게 평가했다. 그러나 지금까지 뭐라고 딱 꼬집어 말할 수 없다거나 무의식적, 심리적, 감정적 혹은 비합리적 같은 표현으로 설명하려는 시도가 다수 있긴 했지만, 브랜드의 효과가 정확히 무엇을 의미하는지 포착하여 정의하기는 상당히 어려웠다. 하지만 현대 의사결정학의 핵심적인 이점은 우리 뇌 속의 자동 조종 장치 시스템에 분석적, 체계적으로 접근할 수 있게 해줌으로써 사람들의 구매 의사결정의 내재적인 차원과 함께 내재적인 차원과 외현적인(겉으로 나타나는) 차원의 얽혀 있는 관계까지 설명해줄 수 있다는 것이다.

프레임은 강력한 배경이다

사람들은 아이스크림 한 컵이나 커피 한 잔 값으로 객관적으로 정당화되는 상품 자체의 가격보다 3배까지도 기꺼이 지불하려 하는데 그 이유로 브랜드를 언급하는 경우는 매우 드물다. 앞에서 우리는 브랜드라는 프레임이 작은 회색 사각형, 즉 상품 구매에 영향을 미치기는 하지만 정확히 어떻게 영향을 미치는지는 알 수 없음을 보았다. GfK(영국의 시장조사 전문업체)가 소비자의 특정 시계 구입 이유를 조사한 적이 있었다. 조사 결과를 보면 시계 구매자의 몇 가지 유형이 확인되었는데 그 중 재료에 집착하는 사람들이 가장 중요한 유형의 구매자임이 확인되었다. 즉 사람들은 어떤 재료를 특히 좋아하기 때문에 특정 시계를 구입하기로 결정한다는 것이다. 여기서 브랜드는 언급되지 않았다. 그러나 이 결과가 실제로 말이 되는가? 시계의 재료는 얼마나 다양할 수 있는가? 시곗줄은 가죽이나 플라스틱이고 몸통은 금속이다. 200파운드에 시계를 구입한 사람은 돋보기로 금속의 절단면을 제대로 확인이나 할까? 실제로 그것을 평가할 수는 있는가? 그리고 그것이 정말로 구매 결정의 결정적인 요인일까? 브랜드가 아무런 역할도 하지 않는다는 게 사실일까?

　사실 그렇게 생각해도 용서받을 수 있는 것이 고가 제품군에서는 브랜드라는 주제가 나타나지도 않기 때문이다. 같은 연구조사 결과에서 인용한 글도 다음과 같다.

시계 구입 가격이 350유로 이상인 고가 제품군에서는 기능적 심미주의자가 고객의 대부분을 차지한다. 이 가격대의 모든 시계 가운데 40퍼센트 정도는 이러한 고객 유형이 구입한다. 특히 중요한 사실은 다음과 같다. 시계는 추가적인 기능을 이행해야 한다는 것이다. 이를테면 스톱워치로 기능하거나 날짜를 보여줘야 한다.

여기서도 브랜드의 징후는 보이지 않는다. 하지만 과연 정말일까? 고가 제품군의 시계에도 그럴까? 정말로 깊은 역사와 문화적인 의미를 지니고 있을 뿐 아니라 누구든 알아볼 수 있고 나 자신을 표현해주는 시계의 경우, 날짜 표시 기능이나 스톱워치 기능이 구매의 결정적인 요인이라는 게 사실일 수 있을까?

외현적인 질문들을 통해 탐색하는 조종사 시스템은 구매 결정을 일으키는 이 내재적인 동인에 제한적으로밖에 접근하지 못한다. 설문조사에 응하는 고객들은 자신이 왜 이 샴푸 혹은 그 서비스를 선택하는지에 대해 많은 정보를 제공한다. 그들의 말은 틀리지 않았지만 그들은 의사결정의 외현적인 부분에 대해서만 이야기한다. 크림 연구에서 고객들은 크림의 성능과 가격에 대해 이야기했다. 이는 틀린 얘기가 아니지만 이러한 자기성찰은 완벽한 그림이 아닐 뿐이다. 자동조종 장치 시스템이 제공하는 프레임의 영향은 〈내재된 채로〉 우리 머릿속에 남아 있다. 우리가 그 자동 조종 장치의 작동 과정에 의식적으로 접근할 수 없기 때문에 이 답들은 완전한 그림이 아닐 가능성이 매우 높다.

프레이밍 효과는 브랜드가 설문조사에서 왜 그렇게 자주 과소평가되는지 설명해 준다. 프레이밍은 〈간접적으로〉 작동하고 사람들은 그것의 영향을 알아채지 못하기 때문이다. 따라서 시계 구입 이유에 대해 답하는 사람들은 브랜드가 아니라 상품의 특징에 대해 생각한다. 배경의 영향을 감지할 수 없기 때문이다. 사람들은 미묘하지만 강력한 영향력을 발산하는 배경의 효과를 눈치채지 못한다. 여기서 흥미로운 사실은 자동 조종 장치가 우리는 알지도 못하는 사이에 뇌 속에서 〈결정의 프레임〉을 형성한다는 점이다. 자동 조종 장치는 전부는 아닐지라도 우리가 그 작업에 대해 거의 알지 못하는 뇌 영역에서 움직인다. 그러나 브랜드의 매력은 바로 이 배경 때문에 존재한다. 따라서 브랜드의 영향력을 이해하고 지배하려면 자동 조종 장치의 강력하면서도 간접적인 영향력을 알아내야 한다.

사람 심리에만 집착하고
뇌과학 따위는 무시할 때 놓치는 것들

지난 20년 동안 과학은 자동 조정 장치라는 이 내재적인 시스템의 구조와 기능에 대해 아주 많은 양의 지식을 얻어냈다. 의사결정의 내재적 차원에 대한 새로운 지식은 그 과정을 충분히 객관적이고 정확하게 측정해낼 수 있는 확실한 측정 기법에 기초한다. 그러한 기법들 중에는 심리학의 점화 패러다임priming paradigm이나 fMRI(기능성자기공명영상) 같은 신경과학의 영상 기법 등이 포함되어 있다. 방법론과 이론이 발전한 덕분에 더 이상 이 내재적 차원은 프로이드 학설이 주장하듯이 비도덕적 충동의 교란 사격으로 간주되지는 않는다. 이제부터 자동 조종 장치가 처리하는 일면들을 살펴볼 텐데 각각은 이 책 후반부에서 다시 다루겠지만 초기 단계에서라도 자동 조종 장치의 처리 과정 범위를 살펴보면 도움이 될 것이다.

카너먼 모델이 보여주듯이, 자동 조종 장치의 첫 번째 구성 단위는 다섯 가지 감각을 통한 지각이다(그림 1-6 참조). 지각은 그것이 상품의 이점이든 브랜드든, 아니면 얼굴 크림의 냄새든, 포장 규모나 색채든, 아니면 TV 광고에서 사용되는 음악이나 추천평이든 상관없이, 마케팅 활동의 주요한 접점이다. 이 모든 것이 영향을 미치기 위한 전제 조건은 그것이 소비자의 마음 안으로 들어가야 한다는 것인데 지각 과정은 상품과 브랜드가 들어갈 때 통과하는 문과 같다. 메시지가 영향을 미치기 위해서는 먼저 그 메시지가 소비자에게 인식되어야 한다. 지각은 주로 내재적인 차원에서 작동한다. 사람들은 자신이 어떻게 그렇게 짧은 시간 안에 빨간색 신호등을 알아볼 수 있는지, 뇌의 어떤 과정이 이 작업을 책임지고 있는지에 대해서는 전혀 알지 못한다. 그냥 눈에 카메라가 붙어 있는 것처럼 붉은색 신호등을 볼 뿐이다. 지각은 프레이밍 효과가 보여주듯이 자동 조종 장치의 능동적인 과정이다. 작은 회색 사각형 색깔은 객관적으로는 동일한데 우리의 뇌가 그것들을 다르게 보이도록 만드는 것이다.

다음의 실험은 인간이 주위 세상을 수동적으로 감지하기보다는 능동적으로 만들어 가는 과정을 제대로 설명해 준다. 실험에서 소비자들은 아무 맛도 없는 식품 착색제를 사용하여 갈색으로 보이게 만든 바닐라 푸딩을 받았다. 그래서 푸딩은 눈으로 볼 때 초콜릿 푸딩 같았다. 소비자들은 푸딩을 맛보고 그 맛이 어떤지 설명해야 했다. 실험 결과는 놀라웠다. 그들이 이야기한 내용은 그들이 객관적으로 먹고 있던 것과는 아무런 관계가 없었다. 대부분의 소비자들은 초콜릿 맛이 난다고 설명했다. 색깔만 바꾼 바닐라 푸딩을 맛보았는데도 말이다. 그들은 갈색으로 보이는 푸딩의 외관에 현혹되어 자신들이 내재적으로 기대하고 있던 맛을 주관적으로 경험한 것이다.

비슷한 연구에서, 자신이 일반 커피를 받았다고 믿은 피험자들은 실제로는 카페인이 없는 커피를 받았는데도 불구하고 맥박과 심박수가 높아지는 결과를 보여주었다. 이 결과는 소비자가 자신이 좋아하는 브랜드의 제품을 사용할 때와 브랜드가 없는 동일한 상품을 사용할 때 두 제품이 기본적으로 똑같은데도 불구하고 성능의 차이를 경험한다고 말하는 이유를 설명해 준다. 여기서 브랜드 프레임은 제품에 대한 기대를 활성화하며 그 결과로 주관적인 제품 경험에 영향을 미친다. 물론 소비자는 이러한 영향을 전혀 알지 못한다. 소비자의 지각, 소비자의 제품 경험은 주로 자동 조종 장치의 내재적인 과정에 의해 생성되기 때문이다.

푸딩 실험은 우리의 기대가 뇌 속 자동 조종 장치의 일부임을 보여주었다. 사람들은 갈색 푸딩이 초콜릿 맛이 날 거라고 기대했으며 이러한 기대는 배후에서 맛에 대한 주관적인 경험까지 바꾸어 놓는다. 내재적인 기대 외에 내재적인 태도도 있다. 상품과 브랜드에 대한 태도는 마케팅에서 중요한 역할을 한다. 공감, 신뢰도 같은 태도를 측정하는 이유는 소비자가 특정 브랜드에 대해 긍정적인 태도를 보일 경우 그 브랜드를 고려할 가능성이 더욱 높아지기 때문이다. 그러나 태도도 외현적인 태도와 내재적인 태도가 있다.

건강식품에 대한 소비자의 태도를 통해서도 또 다른 예를 볼 수 있다. 대부분의 사람들은 외현적인 차원에서는 건강식품에 대해 긍정적인 태도를 보이지만 자동 조종 장치는 다른 생각을 갖고 있다. 《마케팅저널*Journal of Marketing*》에 발표된 연구 결과에 따르면, 어떤 제품이 건강에 좋다고 표현되지 않거나 인식되지 않을수록 소비 전이나 소비 도중 그리고 소비 이후의 맛평가가 더 좋았다. 우리의 자동 조종 장치는 〈건강에 좋은 것은 맛이 없다〉라는 공식을 이용한다. 이 내재적인 태도는 공인된 외현적인 태도와는 관계없이 경험의 프레임을 형성한다. 이로써 피자헛의 저칼로리 피자나 지방 함량을 줄인 맥린McLean 햄버거가 실패한 이유가 설명된다. 지방이 적게 들어 있어서 건강에 좋다고 알려진 피자나 햄버거를 먹을 때 주관적인 맛이 달라지는 것이다.

비슷하게 영국의 소비자들도 여러 해에 걸쳐 방송된 인스턴트커피 광고에 의해 형성된 기대를 갖고 있었다. 과립 형태의 커피가 가루 형태의 동일 제품보다 맛과 품질 면에서 더 우수하다는 기대였다. 이 기대가 다른 범주의 상품에까지 확산되는 바람에 유니레버가 즉석수프 시장조사를 했을 때 소비자들이 가루로 만들어진 수프에 비해 과립 형식으로 만들어진 수프를 훨씬 더 높게 평가하는 결과가 발생했다. 사실 두 수프는 똑같은데도 말이다.

자동 조종 장치는 구매 동기를 부여하는 수많은 동인을 포함하고 있기도 하다. 동기에도 외현적인 동기와 내재적인 동기가 있다. 사람들은 세탁물을 빨기 위해 세제를 사려고 한다. 아래의 연구 결과에서 나타나듯이 이러한 외현적인 목표 외에 구매 결정과 관련된 내재적인 차원의 동기도 존재한다.

한 실험에서 일부 피험자들은 거짓말을 해야 하는 상황에 연루되었다. 실험이 끝난 뒤 피험자들은 청량음료, 과자, 소독용 물수건 같은 몇 가지 제품 중에서 자유롭게 고를 수 있었다. 실험에서 거짓말을 한 피험자들은 그렇지 않은 피험자들보다 훨씬 더 많이 소독용 물수건을 선택했다. 이 실험과 관련된 후속 실험에서 학자들은 피험자들이 손을 닦는 시간을 주요 변수로 측정했다. 드러난 바에 따르면, 거짓말을 해야 했던 피험자들은 중립적인 상황에 처했던 피험자들보다 훨씬 더 오랫동안 손을 닦았다. 이 실험은 손을 닦는 행위가 내재적으로 죄책감이나 도덕성과 관련되어 있음을 보여준다. 이 책의 뒷부분에서 살펴볼 텐데, 자동 조종 장치의 이러한 내재적인 동기는 구매 결정에 크게 영향을 미친다. 그리고 이 사실은 브랜드 관리에서 중요한 기회를 제공한다.

지금까지 우리는 소비자 행동의 이유를 알아내려는 여정에서 첫 번째 정류장에 도달했다. 그리고 의사결정 과정의 외현적 차원과 내재적 차원을 관리하는 분석 모델을 확보했다. 이제부터는 이 모델을 기초로 어떻게 마케팅 효율성을 높일 수 있는지 알아보자.

이 장에서 알게 된 사실

- 사람들이 어떤 결정을 내릴 때 머릿속에서 작동하는 두 가지 의사결정 시스템을 구별할 수 있다.
- 이 두 시스템은 상품과 브랜드에 대한 인식과 구매 결정을 함께 결정짓는다.
- 내재적인 자동 조종 장치 시스템은 〈간접적이지만 강력한〉 프레이밍 효과를 통해 구매 결정에 영향을 미친다.

이 사실이 마케터에게 의미하는 것

- 소비자의 의사결정을 완벽히 이해하고 그들이 우리의 상품이나 서비스를 구매하도록 설득하려면 의사결정의 외현적, 내재적 차원 모두를 고려해야 한다.
- 구매 결정 뒤에는 단순히 외현적인 동인 이상의 것이 있다는 사실을 늘 알고 있었지만 그 내재적인 차원을 알아내어 관리하는 일은 언제나 힘들었다. 이제 우리는 구매 결정의 내재적 차원을 처리해 내는 데 필요한 체계적이고 분석적인 방식을 알게 되었다.
- 자동 조종 장치의 엄청난 능력은 사람들의 행동에 영향을 미치는 새롭고 흥미로운 기회를 제공한다. 우리가 보내는 모든 신호들은 마케팅의 설득력을 향상시킬 수 있다.

2

무엇을 살까,
〈기름기 75퍼센트 뺀〉 vs.
〈지방 25퍼센트 함유한〉

우리는 사람들의 뇌 속 자동 조종 장치 시스템과 조종사 시스템이 구매 결정의 동인이 된다는 사실을 알았다. 그러나 슈퍼마켓 진열대 앞에 서 있거나 서비스 업체를 비교하고 있을 때 사람들은 어떻게 최종 결정에 도달할까? 어떤 브랜드를 살지 결정하는 것은 무엇일까? 모든 선택권 중에서 어떻게 선택을 내릴까? 이 장에서 우리는 이러한 중요한 문제들을 깊이 파고들어 구매 결정의 기본적인 원칙들을 밝혀낼 것이다

무언가를 살지 말지는
우리의 신경학적 논리가 결정한다

마케터의 역할은 자신이 관리하는 브랜드에 이익을 안기기 위해 장단기적으로 소비자의 행동에 영향을 미치는 것이다. 마케터는 고객 기반을 유지하고 소비자의 구매 주기를 단축하고 비사용자를 사용자로 돌려놓아야 한다. 따라서 소비자가 특정 상품을 구매하는 이유와 그 선택을 결정짓는 요인에 대한 탐색이 마케팅 활동의 핵심이다.

　신경학자인 브라이언 넛슨 스탠포드 대학 교수와 그의 동료학자들은 뇌의 신경 활동을 분석하여 사람들의 구매 결정을 예측할 수 있는지를 알아내는 획기적인 실험을 시행했다. 우선 피험자들은 초콜릿 상자 등 상품과 브랜드 사진을 몇 초 동안 보았다. 그런 다음 연구진

브랜드 / 상품	가격	결정
 고디바 초콜릿	 고디바 초콜릿 가격 7달러	 고디바 초콜릿 가격 7달러 예　　아니오
4초	4초	4초

그림 2-1 넛슨과 그의 스탠포드 대학 동료학자들이 주도한 대표적인 신경경제학 연구인 〈구매의 신경 예측 변수〉를 보여주는 그림

이 추가로 화면에 가격을 표시해 주면 초콜릿을 살지 말지 버튼을 눌러 알려줘야 했다(그림 2-1).

　연구진은 실험이 이루어지는 내내 뇌 영상 기법을 이용하여 피험자들의 뇌 활동을 측정했다. 이 측정 결과에 따르면, 가격을 뺀 상품이나 브랜드 사진은 〈보상 시스템reward system〉으로 알려진 뇌 부위를 활성화시켰다. 이러한 반응은 무언가의 가치를 평가할 때 일어난다고 알려져 있다. 마치 뇌가 "나는 이걸 갖고 싶어."라고 말하는 것과 같다. 이 같은 욕구는 제품이 전달해줄 것으로 기대하는 가치 때문에 생긴다. 사람들은 직간접적으로 사용하거나, 광고를 보거나, 다른 사람들이 사용하는 모습을 봄으로써 브랜드에 대한 경험을 얻는다. 이 연상 학습을 기초로 브랜드가 전달하는 예상 가치를 알 수 있다. 이 예

상 가치가 높으면 보상 시스템은 크게 활성화될 것이고 가치가 낮으면 활성화 정도가 낮을 것이다.

그렇다면 처음에 초콜릿 상자 사진을 보여준 다음 가격까지 보여주었을 때는 어떤 일이 일어났을까? 피험자에게 가격을 보여주자 이번에는 완전히 다른 영역인 뇌섬엽insula 부분이 활성화되었다. 이 영역은 대개 〈고통〉을 경험할 때 활성화된다. 손을 베이거나(신체적 고통) 따돌림을 당하는 경우(사회적 고통) 등에 활성화되는 곳이다. 달리 말하면, 가격을 보면 뇌가 고통을 경험한다는 얘긴데 이는 가격이 이성적인 것이 아님을 의미한다. 가격은 뜨겁다. 가격은 고통이다. 이를 설명하기 위해서는 뇌에는 쇼핑을 위한 모듈도, 구매 버튼도, 브랜드 모듈도 없다는 사실을 알아야 한다. 뇌는 뇌에 존재하는 신경 모듈들 중에서 상품이나 브랜드, 가격을 다룰 모듈이 무엇인지 결정해야 한다. 이 모듈들은 모두 쇼핑과는 완전히 다른 이유들 때문에 발달했다. 실험 결과는 직관적으로 이해가 된다. 상품과 브랜드는 우리가 목표를 달성하는 데 도움을 준다는 점에서 우리에게 보상을 안긴다. 하지만 가격은 이미 우리가 갖고 있고 우리에게 상당히 중요한 돈을 내줘야 한다는 의미이다. 그래서 이것이 고통스런 경험으로 코드화되었다는 사실은 타당해 보인다.

이 실험을 한 학자들은 그 이후에 사람들이 어떤 브랜드나 상품을 살지 말지를 결정하는 기본적인 원칙을 발견했다. 그들이 알아낸 원칙은 놀라울 정도로 간단하다. 〈보상과 고통〉 간의 관계가 일정한 가치를 초과하면 사람들은 기꺼이 그 가격에 상품을 산다는 것이다. 인간의 뇌는 순가치net value를 계산하는데 이 순가치가 충분히 높을 경우, 다시 말하면 보상과 고통의 차이가 충분히 클 경우엔 상품을 구매한다. 가격을 지불해야 하는 고통보다 그것으로 인해 얻게 될 제품이 주는 보상이 훨씬 크다면 기꺼이 그 제품에 돈을 쓴다는 것이다. 학자들은 이러한 원칙에 기초하여 사람들이 제품을 살지 말지 여부를 정확히 예측할 수 있었다. 그래서 그들의 논문 제목은 「구매의 신경 예측 변수Neural predictors of purchases」였다.

넛슨의 연구 결과는 사람들의 구매 결정이 보상과 고통의 관계에 근거함을 보여준다. 이는 마케터에게 소비자의 의사결정에 영향을 미칠 수 있는 수단에는 보상과 고통이라는 두 가지가 있고 그 두 가지를 개별적으로 처리할 수 있음을 의미한다. 마케터는 소비자가 상품을 사게 만들기 위해 보상을 키우는 동시에 고통을 줄일 수 있다. 하지만 마케터가 1장에서 언급한 이원론적 사고방식을 택하는 경우도 흔하다. 마케터들은 브랜드에 집중할 것인지, 아니면 특가 제시에 집중할 것인지를 놓고 고심한다. 마치 두 가지를 모두 하려면 딜레마에 빠지는 것처럼 말이다. 하지만 딜레마는 없다. 마케터의 목표는 상품의 예상되는 보상과 가격을 근거로 구매자의 뇌가 계산하는 순가치를 키우는 것이다. 따라서 하나의 광고는 브랜드나 서비스가 제공하는 가치에 집중하는 동시에 가격 메시지도 포함시킬 수 있다(예를 들면, 한정된 기간 동안만 30퍼센트 가격 인하). 이때 첫 번째 메시지는 기대되는 보상을 키우고 두 번째 메시지는 고통을 줄이며, 이 두 메시지가 결합되면서 소비자가 예상하는 순가치가 커진다.

단순하지만 기본적인 이 의사결정의 근거는 스타벅스가 왜 자사 커피에 높은 가격을 책정할 수 있는지, 또는 왜 명품 선글라스에 수백 달러의 돈을 지불하는 사람이 있는지를 설명해 준다. 브랜드가 유발한 보상은 인지된 가치를 높이며 그로 인해 사람들은 더 높아진 가격에도 크게 저항하지 않는다. 가격은 더 올라가지만 그에 따라 보상 또한 커지기 때문에 주관적으로 보면 싸구려 선글라스보다 더 나은 〈가치-비용value-cost〉 관계가 성립한다. 제품의 가치가 높으면 더 많은 비용을 지불하고도 구입하기 때문에 마케터는 제품의 가치를 높일 수 있는 방법을 고려해야 한다. 이제 그 방법에 대해 하나씩 살펴보겠다. (이 책에서 언급하는 비용은 소비자 입장에서 제품 혹은 서비스에 지불해야 하는 비용을 말한다. 따라서 제품의 가격이 곧 소비자의 비용이 된다.)

아디다스 샤워젤, 보스 생수는
어떤 전략으로 제품의 가치를 껑충 뛰게 했을까

우리는 상품이 전달해야 하는 〈외현적 가치〉에 대해서는 많은 것을 알고 있다. 샤워젤은 때를 잘 씻어내야 하고 향기도 좋아야 하고 거품도 잘 나야 한다. 소비자는 기능적 차원에서 자신이 원하는 것을 거리낌 없이 말한다. 문제는 시장에 나온 모든 샤워젤이 이 기본적인 가치는 모두 갖추고 있기 때문에 이 차원에서는 차별화를 달성하기가 힘들다는 것이다. 여기서 아디다스Adidas의 다이내믹 펄스Dynamic Pulse를 살펴보자(그림 2-2).

다이내믹 펄스는 소비자들이 원하는 모든 외현적인 욕구를 충족시키는 샤워젤이다. 그러나 이 샤워젤은 〈포장 용기라는 프레이밍〉을

엔진 오일　　　　다이내믹 펄스　　　　도브

그림 2-2 아디다스의 다이내믹 펄스 샤워젤 용기는 소비자가 기대하는 보상에 영향을 미쳐서 제품의 순가치를 높인다.

통해 추가로 가치를 더해준다. 샤워젤이라는 상품이 가치를 전달하는 상황은 소비자가 샤워할 때이다. 샤워라는 의식은 다른 여러 가지 보상을 수반할 수 있다. 다시 활력을 불어넣거나 지친 몸을 진정시키고 새로운 출발이나 회복 등을 안겨줄 수 있다. 그렇다면 포장 용기는 어떻게 가치를 더해줄까? 일단 다이내믹 펄스의 모양을 보면 엔진오일이 생각난다. 그리고 제품 손잡이 부분은 통제력과 강력한 장악력을 의미한다. 또한 제품을 열 때 딸깍 하는 소리를 분명하게 들을 수 있다. 이 포장 용기 디자인은 형태, 여는 소리, 다이내믹 펄스라는 명칭을 통해 더욱 〈내재적 가치〉를 추가로 전달한다. 이 포장 용기는 이 제품이 제공하는 샤워의 유용함, 즉 활력을 다시 채워주고 시동을 거는 느낌을 더해준다. 따라서 다이내믹 펄스와 함께한 샤워는 우리 뇌 속 자동 조종 장치에 의해 처리되는 모든 신호들 때문에 더욱 에너지 넘치는 경험이 되고 소비자가 생각하는 상품의 전체적인 순가치 또 한 올라간다.

다이내믹 펄스의 외현적, 내재적 가치는 적어도 샤워를 통해 새로 운 활력을 얻으려는 소비자들에게는 완벽하게 들어맞는다. 하지만 샤워로 지친 몸을 쉬고 마음이 편해지기를 원하는 고객에게는 다이 내믹 펄스가 전해주는 그 가치가 크게 다가오지 않을 것이다. 이 특별 한 프레이밍이 그들의 동기와는 어울리지 않기 때문이다.

외현적 가치는 소비자에게 그 가치에 대해 물어볼 수 있기 때문에 분명하고 이해하기 쉽다. 그러나 소비자가 내재적 가치를 알아채지 못해서 언급하지 못하는 경우도 종종 있다. 그렇기 때문에 내재적 가 치는 과소평가될 위험이 있다. 그러나 이 내재적 가치는 제품의 명백 한 차별성을 제공할 수 있고 따라서 경쟁사들이 모방하기가 훨씬 더 어렵다. 애플 디자인이 인정받는 이유는 무엇일까? 이는 해독해 내기 가 더욱 힘들고 그래서 모방하기도 어렵기 때문이다.

음료수와 같은 제품 영역에서 가치를 높이는 방법을 찾고 있다고 치자. 맨 처음 예상되는 반사적 반응은 물에 맛을 더하는 것처럼 새로 운 첨가물을 생각해내는 것이다. 확실히 좋은 방법이긴 하지만 다른 브랜드나 PL 상품이 쉽게 모방할 수 있기 때문에 새로운 맛에서 생 기는 경쟁 우위는 실제로 유지되지 못할 것이다. 이에 반해 노르웨이 의 유명 생수인 보스Voss는 색다른 방식을 취했다(그림 2-3). 블라인드 테스트에서 와인 전문가도 보스와 수돗물을 구분해 내지 못했는데도

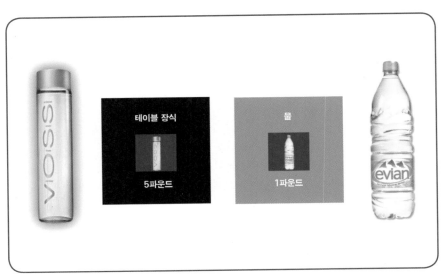

그림 2-3 보스라는 프레임은 고가에도 불구하고 높은 순가치를 얻게 만든다.

불구하고 보스는 용기 디자인을 통해 인지 가치를 크게 높였다. 보스는 디자인 언어 덕분에 단순한 물 이상의 것이 되었다. 이 생수 브랜드가 제공하는 내재적 가치는 〈테이블을 돋보이게 하는 최고급 브랜드〉로서의 가치였다. 부분적으로 이 추가의 가치는 잘 장식된 테이블이 식사를 하는 사람들의 전체적인 식사 경험을 향상시킨다는 사실에 근거한다. 그래서 보스는 술집이나 레스토랑에서 잘 팔린다. 또한 소비자의 자동 조종 장치는 보스가 정말로 순수한 노르웨이산이고 상류층이 애호하는 가장 세련되고 멋진 곳에서만 판매되기 때문에 마돈나 같은 스타들이 보스를 마신다는 사실을 알았다.

상품을 통해 얻는 연상은 본인의 경험에만 기초하는 것이 아니다. 우리 머릿속 자동 조종 장치는 누가 그것을 마시고 어디에서 마실 수

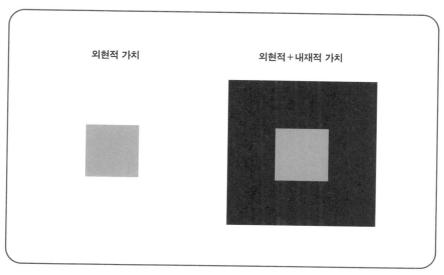

외현적 가치　　　　　　　　외현적 + 내재적 가치

그림 2-4 총가치는 내재적 프레임을 통해 높아진다.

있는지도 처리한다. 또한 사회적 상황도 처리한다. 사회심리학 분야의 연구는 사회적 상황이 구매 행동에 영향을 미친다는 사실을 보여준다. 따라서 다른 사람들이 무엇을 하는지, 누가 그 제품을 사용하고 있는지, 그 제품이 어디에서 사용되고 있는지에 대한 글을 읽거나 직접 눈으로 보기 때문에 보스의 가치는 용기 디자인 자체의 효과를 훨씬 넘어설 정도로 달라진다.

따라서 사람들의 구매 결정을 완벽하게 이해하려면 외현적, 내재적 차원에서의 가치-비용 관계를 고려해야 한다(그림 2-4).

가치와 비용에 대한 고전 경제학의 관점은 외현적인 의사결정 과정과 맥을 같이한다. 소비자는 정보를 꼼꼼히 평가하고 논거의 수준을 판단한 다음 실재하는 객관적 사실에 집중하여 추론과 목적, 태도에 근거하여 결정을 내린다는 것이다. 자동 조종 장치의 내재적인 의사 결정 과정도 가치와 비용에 기초를 둔다. 하지만 이 시스템은 주변의 신호와 기대, 습관, 경험적 지식, 내면 상태, 결정이 내려지는 상황 등에 민감하다.

"비싸니까 더 좋을 거야."

보스의 높은 가격은 모두들 알고 있는 또 다른 내재적 원칙을 이용하고 있다. 즉, 〈품질이 좋을수록 가격이 높다〉는 원칙이다. 가격은 상품의 가치를 표시할 수 있고 실제로도 표시한다. 가격이나 가격이 어떻게 처리되고 인지되는지에 대해 이야기할 때 사람들은 당연히 가치-비용 등식에서 비용 쪽에 초점을 맞춘다. 실제로 앞에서 우리는 가격이 고통을 느끼는 뇌 영역을 활성화시킨다는 사실을 알았다. 하지만 가격은 그 등식에서 가치 측면에도 영향을 미친다. 소비자에게 가격은 상품의 품질을 평가하는 데 이용할 수 있는 안내 신호이기도 하다. 객관적으로 사실인지 여부와는 관계없이, 소비자들은 이미 〈가격이 품질을 말해준다〉는 사실을 알고 있기 때문이다.

품질을 알려주는 신호로서 가격이 미치는 영향력은 단순히 외현적인 기대를 높이거나 낮추는 수준을 넘어설 정도로 강력하다. 독일의 신경경제학자 힐케 플라스만은 가격이 실제 제품 경험에 미치는 영향을 살펴보는 실험을 했다. 서로 다른 가격의 제품을 소비할 때 뇌에서 나타나는 생리적인 반응을 살펴본 것이다. 피험자들은 뇌 스캐너에 누워 와인을 마시고 있었다(물론 가능한 일이다!). 그들은 와인을 마실 때마다 와인 가격이 얼마인지 들었다. 하지만 그들이 몰랐던 사실은 실험 중에 같은 와인을 두 번 마셨지만 한 번은 가격이 높다고(80달러) 듣고 다른 한 번은 가격이 낮다고(10달러) 들었다는 점이다. 실험 결과, 피험자들은 가격이 더 높은 와인이 훨씬 맛이 좋다고 평가했는데 이러한 평가가 이루어질 때 뇌의 보상중추가 두드러지게 활성화되는 현상이 함께 나타났다.

피험자들은 가격이 미치는 영향을 의식적으로는 알아차리지 못했다. 이는 가격이 품질을 알리는 외현적인 신호여서 가치 측면에 영향을 줄 뿐 아니라 이 동일한 신호가 제품 경험의 주관적인 수준도 올려놓을 수 있음을 의미한다. 그러나 이 효과가 일어나려면 한 가지 전제 조건이 있어야 한다. 가격은 상품 영역의 가격대가 높을 경우에만 가치에 도움을 준다. 와인은 가격이 천차만별일 수 있다. 4파운드 정도의 와인이 있는가 하면 수백 파운드에 이르는 와인도 있다. 하지만 샴푸의 경우는 가격대가 좁기 때문에 가격만으로 제품의 인지되는 가치가 높아질 가능성은 다소 제한적이다. 보스는 우리의 자동 조종 장치가 "훨씬 더 비싸니까 훌륭한 물일 거야."라고 생각할 수밖에 없는 정도까지 가격을 올렸다. 디자인, 고급스러움, 마돈나에 대한 스토리가 이러한 가격 인상에 대한 확실한 근거를 제공한다. 그냥 가격을 최대한으로만 올리면 그 자체로는 효과가 날 수 없다.

어느 제품을 살까
기름기 75퍼센트 뺀 vs. 지방 25퍼센트 함유한

따라서 브랜드, 디자인, 포장 용기, 심지어는 사회적 정보까지도 제품의 내재적 가치를 보완적으로 추가해줄 수 있다. 이 얘기는 언어에도 해당한다. 언어는 마케터들이 일상의 마케팅 업무에서 소비자에게 메시지를 전달하는 데 이용하는 중요한 수단이다. 마케터들은 제품 네이밍에 대해 많이 생각하고, 문자로 된 개념으로 제품을 설명하고, 포장 내용이나 광고 카피를 통해 소비자를 설득하려 한다. 그렇다면 우리는 제품의 가치에 언어가 미치는 영향을 다룬 과학으로부터 무엇을 배울 수 있을까?

코넬 대학의 브라이언 완싱크 교수는 한 실험연구에서 피험자들에게, 전통적인 케이준 붉은 콩과 밥, 즙이 많은 이탈리아 해산물 필레, 부드러운 구운 닭고기 등과 같은 묘사적인 라벨을 붙인 메뉴와 그냥 이름만 있는 라벨(붉은 콩과 밥)을 붙인 메뉴를 보여주었다. 문제는 그러한 화려한 수식어가 인지되는 음식맛(가치)에 영향을 미치는지의 여부였다. 실험 결과에 따르면, 묘사적인 라벨이 더 많은 주문을 받았을 뿐 아니라 피험자들로부터도 일반적인 명칭만이 부여된 동일한 메뉴보다 맛이 더 좋다는 평가를 받았다. 물론 사람들이 "난 생생한 형용사로 설명한 음식이 더 좋아."라고 분명하게 생각하지는 않지만 음식에 대한 언어적 설명은 어떤 맛이 나는지에 있어서 중요한 요소로 드러났다. 슈퍼마켓에서 상품 포장을 보면, 상품을 구매하여 소비했을 때 얻을 경험에 대한 기대치를 활성화하는 대신 상품이 무엇인지만을 설명하는 제품이 많다. 〈부드러운 구운 닭고기〉는 단순히 〈구운 닭고기〉보다 더 높은 가치를 제공한다고 인식된다.

가치 지향적인 언어는 인지되는 가치를 더해줄 뿐 아니라 인지되는 상품 기능에도 영향을 줄 수 있다. 고기의 포장지 메시지에 대한 실험에서 〈기름기가 75퍼센트 빠진 고기〉라는 신호가 〈지방분 25퍼센트〉라는 메시지보다 훨씬 더 긍정적으로 평가받았다. 흥미롭게도 이렇게 더 높은 가치는 고기가 소비될 때도 지속되었다. 다시 말하면, 이 설명이 구매 결정뿐 아니라 상품에 대한 주관적인 경험에도 영향을 미쳤다는 의미이다.

언어의 이러한 영향은 신경학적 차원, 특히 보상을 평가하는 뇌 영역인 안와전두피질에서도 나타난다. 한 연구에서 내측안와전두피질은 〈야채 삶은 물〉이라고 표현된 경우보다 〈풍부하고 깊은 맛〉이라고 표현된 경우에 훨씬 더 강력하게 활성화되었다. 또 다른 실험에서는 뇌 스캐너에 누워 있는 피험자들에게 치즈향이 약간 나는 일반 실험약인 이소길초산 냄새를 맡게 했다. 이때 〈체다 치즈〉라는 꼬리표를 직접 보여주며 냄새를 맡게 한 경우도 있었고, 〈땀 냄새〉라는 꼬리표를 보여주며 맡게 한 경우도 있었다. 실험 결과에 따르면, 땀 냄새보다는 체다 치즈라는 꼬리표가 붙어 있을 때 실험약 냄새에 대한 안와전두피질의 활성화 반응이 훨씬 더 컸다. 또한 이 꼬리표는 실험약 냄새가 얼마나 고소한지에 대한 주관적인 평가에도 영향을 미쳤는데 평가의 차이는 안와전두피질의 활성화 정도와 상관관계가 있었다. 신경과학자인 에드먼드 T. 롤스는 이러한 연구 결과를 다음과 같이 요약했다.

비손실	이익
리스크 없음/무료 너무 많은 돈을 내지 않는다 ―일 뿐 불과 만족스럽지 않으면 돈을 돌려준다 피한다 없다 할인된 등	플러스 얻는다 발견한다 이긴다 추가의 더 많은 플레이 돕는다 등

그림 2-5 제품의 가치를 높게 인지할 수 있도록 하는 두 가지 기본적인 방법: 이익 프레임, 비손실 프레임

이 실험 결과는 순전히 언어 차원에서 비롯된 인지적 영향이 감각 자극의 가치를 나타내는 대뇌피질 처리 과정의 첫 단계에서 활성화 정도를 조종할 수 있음을 보여주었다는 점에서 부분적으로 흥미롭고 중요하다.

제품 편익이나 프로모션을 기술하는 데는 이익과 비손실의 구분도 도움이 된다. 이익과 비손실은 동전의 양면이다. 〈이익gain〉은 사람들이 받는 것을 말하고, 〈비손실non-loss〉은 무언가를 잃거나 빠뜨리지 않는 이점을 말한다. 무언가를 바꾸어 성취하는 것이 목표인 화장품 영역에서는 이익에 대한 집중은 의미가 있다. 예를 들면 "에스테로더의 브론즈 가디스Bronze Goddess로 그 여름 해변의 모습을 얻으세요." 같은 것이다. 반면 비손실은 위험한 환경에서 중요하다. 부동산 중개인들은 최근의 금융 위기와 예금을 잠식하는 인플레이션 위험으로 인한 불안감을 이용하여 사람들에게 금전적인 손해를 보지 않도록, 즉 비손실을 추구할 수 있게끔 부동산에 투자하라고 유도한다. 이

익 지향적인 투자는 경기 침체기에는 효과적이지 않을 수 있다. 〈그림 2-5〉는 프로모션에서 이익과 비손실을 나타내는 데 사용할 수 있는 일반적인 단어들을 정리한 것이다.

정가 34달러보다
할인가 39달러가 더 잘 팔리는 이유

가치와 마찬가지로 소비자가 지불하는 비용에도 외현적인 차원과 내재적인 차원이 존재한다. 비용의 외현적인 차원은 분명하다. 그것은 객관적인 기준 소매 가격이다. 그러나 여기서도 내재적인 차원이 존재한다. 실제 가격을 바꾸는(내리는) 대신 자동 조종 장치가 알아채는 적절한 상황적 신호로 인지되는 가격을 바꾸어 놓을 수 있다.

〈그림 2-6〉을 보자. 그림이 보여주듯이 빛나는 별과 함께 표시된 가격(맨 오른쪽 그림)은 가장 비싸다고, 그 옆에 하얀 바탕에 검은색 숫자로만 표시된 같은 가격보다 훨씬 더 비싸다고 인식된다. 또한 하얀 바탕에 검은색 숫자로 표시된 가격은 바로 옆에 할인을 상징하는 글자가 표시된 가격(가운데 그림)이나 할인되기 전 가격에 엑스표를 그은 채 표시된 가격(맨 왼쪽 그림)보다 더 비싸다고 인식된다. 객관적으로 여기에 표시된 가격은 모두 동일하다. 하지만 사람들이 느끼는 고통은 이처럼 〈가격이 제시되는 방법〉 때문에 달라지며 그 결과로 영향 또한 매우 다르게 나타난다. 연구 결과에 따르면, 가격이 오른 경우라도 홍보용 플래시가 나타나 있는 가격표는 그 플래시가 인지되는 비

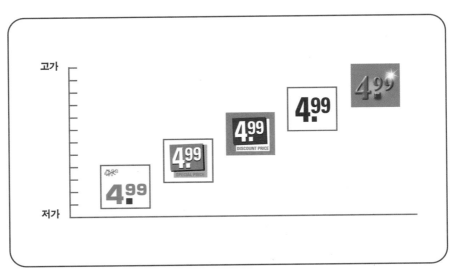

그림 2-6 가격이 제시되는 방법은 차이를 발생시킨다.

용을 낮추기 때문에 더 많이 팔린다. 다음 장에서 살펴보겠지만, 사람들이 인식하는 가격은 본질적으로 상대적이기 때문에 그 가격이 인지되는 상황에 의해 영향을 받을 수 있다. 따라서 가격에 대한 판단은 내재적인 신호에 크게 영향을 받는다.

인지되는 비용을 낮추는 또 다른 방법으로는 닻내림(anchoring, 어떤 값을 추정할 때 초기값에 근거해서 판단을 내리는 현상)이라는 것이 있다. 스티브 잡스는 아이패드를 소개하는 자리에서 아이패드의 특징을 자랑한 뒤 다음과 같이 물었다. "이 제품의 가격을 얼마로 정해야 할까요? 전문가들 얘기를 들어보니 1천 달러 밑으로 가격을 매겨야 할 듯합니다." 그리고 그의 프레젠테이션 화면에는 〈$999〉라는 큰 숫자가 등장했다. 그는 그 숫자가 충분히 이해되도록 한참 뜸을 들인 뒤 이렇게 말했다. "나는 아이패드 가격이 999달러가 아니라 겨우 499달러에서 시작한다는 사실을 발표하게 되어 무척 기쁩니다." 그와 동시에 화면 속 999달러는 떨어지는 〈$499〉라는 숫자에 의해 뭉개지고 말았다. 따라서 최종 가격인 499달러는 아주 좋은 가격처럼 보였다. 소비자가 느끼는 비용을 줄여놓은 것이다. 잡스는 아이패드 가격을 노트북 가격과 비교하지 않고 아이패드 자체 가격에 대한 기대치와 비교했다. 그렇게 함으로써 그는 가격과 성능, 특징의 기준점으로서 노트북을 제거했고 덕분에 아이패드라는 제품의 독특성을 유지할 수 있었다. 처음에 보여준 가격인 999달러는 닻과 같은 기준점이 되었고 이후에 보여준 499달러는 이 기준점을 상대로 평가되었다. 따라서 아이패드 가격은 비싸다고 인식되지 않았다.

자체 가격을 다른 가격과 비교함으로써 사람들이 느끼는 가격에 영향을 미치는 이 닻내림 메커니즘은 매우 강력하다. 협상을 예로 들어보자. 구매자와 판매자의 협상에 관한 여러 실험에 따르면, 처음 제안된 가격이 최종 결과가 도출될 때까지 계속해서 영향을 미침을 알 수 있다. 여러 연구들에 의하면, 상품을 판매할 때는 〈높은 가격에서 시작해 낮은 가격으로 끝내는 전략〉을 따르는 것이 의미 있다고 한다. 즉 사람들에게 먼저 최고가의 옵션을 보여주어 차후의 더 싼 옵션에 대한 기준점을 설정하는 것이다. 그러면 이후에 제시되는 가격이 훨씬 저렴하게 다가온다.

윌리엄 파운드스톤은 가격 인지를 다룬 훌륭한 책 『가격은 없다Priceless』에서 MIT 과학자들이 통신 판매 회사와 함께 실시한 흥미로운 현장 실험에 대해 설명했다. 업체들은 9로 끝나는 〈단수 가격

(charm price, 제품 가격의 끝자리를 홀수로 표시하여 소비자로 하여금 제품이 저렴하다는 인식을 심어주는 가격) 전략〉을 이용하는 경우가 매우 흔한데 이 회사도 예외는 아니었다. 여성 의류를 판매하는 이 회사는 대개 9로 끝나는 홀수로 가격을 정했다. 실험한 상품들 중 하나는 39달러로 가격을 정했다. 연구진은 실험을 위해 통신 판매용 카탈로그를 여러 개 만들어 동일 제품을 34달러, 44달러로도 판매해 보았다. 각 카탈로그는 같은 크기로 회사의 기존 판매 목록에서 샘플을 뽑아 만들어서 무작위로 보냈다. 결과는 39달러로 판매했을 때가 34달러나 44달러로 판매했을 때보다 더 많이 판매되었다. 34달러일 때보다 39달러일 때 옷을 구입한 사람은 23퍼센트나 더 많았다. 흥미롭게도 44달러나 34달러로 가격을 매겼을 때에는 큰 차이가 없었다.

이 회사는 자주 상품을 할인 가격에 판매했는데 카탈로그에는 할인되기 이전 가격과 할인된 가격을 함께 표시했다. 이를테면 〈정가 X달러, 할인가 Y달러〉라고 표시했다. 실험의 일부분으로 그들은 제품이 실제로 할인되었다는 표시 없이 할인 가격만 표시된 카탈로그도 인쇄했다. 예상대로 할인 가격이 강조되었을 때 제품이 더 많이 판매되었다. 소비자들은 원래의 더 높은 가격과 대비되도록 할인 가격을 보여주지 않으면 Y달러가 할인된 가격인지 알지 못했다. 그런데 할인 가격 표시는 단수 가격보다 더 강력하다는 사실도 밝혀졌다. 소비자들은 동일한 제품을 기준점 없이 39달러에 판매할 때보다 정가가 48달러라며 기준점을 명확히 밝히고 42달러에 판매할 때 제품을 구매할 가능성이 더 높았다. 39달러가 42달러보다 더 싼데도 말이다.

사람들이 내는 것이
돈만 있는 것은 아니다

돈 외에도 다른 유형의 비용이 있는데 그것은 바로 시간이다. 서비스 산업에 종사할 경우 시간 손실은 고객이 생각하는 가치-비용 관계에서 인지되는 비용을 크게 키울 수 있다. 지금까지 가격과 숫자에 적용된다고 알려진 내용은 시간에도 똑같이 해당된다. 즉 인지되는 시간은 상대적이라는 얘기다. 친한 친구를 만나기 위해 기차를 타고 갈 때는 시간이 물 흐르듯 빨리 지나가는 것 같지만, 장시간 근무 뒤에 집으로 돌아왔는데 떼를 쓰는 아이들과 지내야 할 경우엔 시간이 더디게 흐르는 것 같다. 서비스업에서 실제 고객의 대기 시간을 줄이려면 큰 비용이 들 수 있다(서비스 인원을 더 많이 배치해야 하는 등). 따라서 대기 시간에 대한 인식에 영향을 미치게 하는 것은 소중한 대안이 될 수 있다.

　인지되는 대기 시간을 줄일 수 있는 확실한 방법들이 있다. 첫째로 일단 서비스 과정이 시작되면, 다시 말해 자신의 문제를 기입하고 나면 이미 과정이 시작되었다고 생각하기 때문에 더 기다릴 준비가 된다. 그렇기 때문에 가능한 한 빨리 고객을 이 단계에 도달하게 하는 것이 중요하다. 두 번째로, 누구도 시간을 낭비하거나 허비하고 싶어 하지 않기 때문에 시간을 허비했다기보다는 잘 보냈다고 생각할 수 있도록 고객이 의미 있는 일을 하게끔 지원한다면 이러한 인식을 사전에 막을 수 있다. 정비소 중에는 고객이 TV를 시청하고 신문을 읽고 무선 인터넷을 이용하고 무료 음료수를 마음껏 마실 수 있는 깨끗하고 상쾌한 대기 장소를 제공하는 곳도 있다. 세 번째 힌트는 기다림에 대해 이유를 부여하여 조종사 시스템에 만족을 안김으로써 객관적인 대기 시간은 똑같을지라도 서비스 품질을 더 좋게 평가하게 만드는 것이다. 일반적으로 중요한 문제는 기다릴 때의 불안감을 줄이거나 아예 없애는 것이다. 사람들은 다음번 버스가 언제 도착할지 모른 채 5분을 기다릴 때보다 9분이 지나면 버스가 도착한다는 사실을 알고 9분 동안 기다릴 때 훨씬 더 행복해한다.

마지막으로, 가격과 비용에 대한 다른 관점으로는 〈행동 비용behavioral cost〉이 있다. 인지되는 비용은 어떤 상품을 사거나 소비하는 데 필요한 노력의 양 또한 기초로 한다. 유명한 예를 하나 들면, 루크 로블르스키가 자신의 책 『웹 폼 디자인Web Form Design』에서 언급한 3억 달러짜리 버튼이다. 한 웹사이트는 구매 과정을 간단하게 바꿈으로써 변경 조치 첫 달에만 수익이 1,500만 달러나 증가했고 매출 또한 45퍼센트나 늘어났다. 결국 첫 해에 이 사이트 매출은 3억 달러가 늘었다. 그렇다면 이 사이트에는 무슨 일이 일어났던 것일까? 변경 전에 이 사이트 이용자들은 결제 전에 자신의 이메일 주소를 기재해야 했다. 그리고 재방문한 사람들은 이메일 주소를 이용하여 로그인할 수 있었다. 이 사이트의 디자인팀은 단골고객이 더 빨리 구매할 수 있게 해준다며 이 방식으로 사이트를 설계했다. 그들은 차후 구매가 훨씬 더 빨라지고 쉬워질 것이기 때문에 이 사이트에서 처음 구매하는 사람들은 이메일 주소를 쓰는 부수적인 수고 정도는 개의치 않을 것이라 생각했다. 하지만 첫 구매자들은 실제로 구매 전에 이메일 주소를 쓰는 것을 무척 싫어했다. 게다가 이 사이트에서 처음 구매하는 것인지 기억하지 못한 일부 사람들은 자신이 평소에 쓰는 이메일 주소와 패스워드가 맞지 않으면 당황할 수밖에 없었다. 단골고객들조차도 대부분이 로그인 때의 세부 사항들을 기억하지 못하기 때문에 좋아하지 않았다. 실제로 모든 고객들 중 45퍼센트가 이 사이트에 여러 번 등록했는데 개중에는 10번이나 등록한 사람들도 있었다. 그래서 매일 요청되는 16만 건의 패스워드 중에서 75퍼센트는 끝내 구매를 마치지 못했다. 쇼핑을 보다 용이하게 만들려던 웹 등록 방식이 실제로는 수많은 판매를 막아버린 것이다.

해결책은 간단했다. 웹디자이너들은 〈등록〉 버튼을 없애 버렸다. 그 자리에 그들은 다음과 같은 간단한 메시지와 함께 〈계속〉 버튼을 만들었다. "우리 사이트에서는 구매를 위해 계정을 만들 필요가 없습니다. 그냥 계속 버튼을 누르고 계산하면 됩니다. 미래에 더욱더 빠르게 구매하시려면 계산 중에 계정을 만드셔도 됩니다."

자동차 보험 브랜드인 가이코Geico가 깨달았듯이, 소비자가 기업과 손쉽게 거래할 수 있다는 데에 초점을 맞추면 매우 효과적일 수 있다. 2004년부터 방송되고 있는 가이코의 광고 캠페인은 자사 웹사이트를 이용하는 데 관련된 행동 비용이 매우 적은 수준임을 자랑한다. 광고에는 "정말 쉬워서 원시인도 할 수 있습니다."라는 제목과 함께 현대에 사는 네안데르탈인이 등장한다.

이러한 예들에서 알 수 있듯이, 행동 비용을 확인하여 줄이는 것은 구매로 이르는 길을 최적화하는 또 하나의 훌륭한 방법이다. 또한 이 과정에 존재하는 여러 가지 장애물은 마케터들이 소비자에게 제공하는 접점에서 비롯됨을 알 수 있다. 위에서 소개한 예들에서는 웹사이트와 쇼핑 과정의 일련의 단계들에 장애물이 존재했다.

비교하거나,
아예 비교 대상이 없거나

〈그림 2-7〉을 보라. 원이 큰가, 작은가?

답은 〈경우에 따라 다르다〉이다. 이 예는 사람들이 상품과 브랜드를 평가하는 기본 원칙을 설명해 준다. 사람들은 어떤 선택의 가치를 이용 가능한 다른 선택과 비교하여 평가한다. 더워서 목이 마른데 미지근한 콜라밖에 구할 수 없다면 이 선택도 매우 높게 평가될 것이다. 그런데 미지근한 콜라와 찬 맥주 중에 고를 수 있다면 콜라의 가치는 크게 줄어든다. 몇 해 전 《이코노미스트_Economist_》는 자사 웹사이트에 다음과 같은 할인 내용을 알렸다(이 예는 댄 에리얼리의 베스트셀러 『상식 밖의 경제학_Predictably Irrational_』에 수록되었다). 《이코노미스트》의 1년 정기 구독료는 다음과 같았다.

- 웹사이트만 구독: 59달러
- 종이잡지만 구독: 125달러
- 종이잡지와 웹사이트 동시 구독: 125달러

59달러에 웹사이트만 구독하는 것이 125달러에 종이잡지만 구독하는 것보다 더 나은 거래인지는 모를 수도 있다. 그러나 종이잡지와 웹사이트를 동시에 125달러에 구독하는 것이 같은 가격에 종이잡지만 구독하는 것보다 더 나은 거래라는 사실은 확실히 알 수 있다. 실제로 구독자 중 16퍼센트만이 웹사이트만 구독하는 경우를 선택했다.

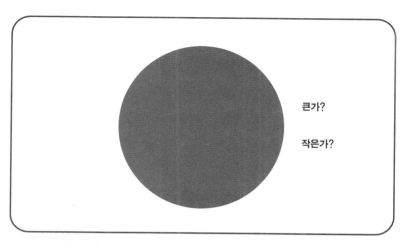

그림 2-7 기준점이 없으면 원의 크기를 판단할 수 없다.

84퍼센트에 해당하는 대다수 구독자들은 종이잡지와 웹사이트 동시 구독을 선택했다. 잡지만 구독하는 경우를 선택한 사람은 아무도 없다는 사실은 전혀 놀랍지 않다. 원하는 사람이 전혀 없는 선택권이 있다면 그것은 없애야 한다고 생각해도 용서받을 수 있다. 그래서 이후 《이코노미스트》는 다음과 같이 처리했다.

- 웹사이트만 구독: 59달러
- 종이잡지와 웹사이트 동시 구독: 125달러

이 조건에서는 구독 결과가 어떻게 달라졌을까? 가장 인기 없던 선택권이 가장 인기를 얻고 가장 인기 있던 선택권이 가장 인기가 없어졌다. 즉 처음에 16퍼센트가 선택한 웹사이트만 구독하는 선택권은

68퍼센트가 선택한 반면, 처음 제안에서 84퍼센트가 선택한 종이잡지와 웹사이트 동시 구독권은 32퍼센트만이 선택했다.

이 두 번째 제안은 세 가지 선택권이 있던 첫 번째 제안에 비해 더 낮은 구독 수익을 《이코노미스트》에 안겨주었다. 선택권이 두 가지가 아니라 세 가지라는 것은 100명의 구독자로부터 발생하는 총구독료가 8,012달러(두 번째 제안에서 얻을 수 있는 수익)에서 11,444달러(첫 번째 제안에서 얻을 수 있는 수익)로 43퍼센트 증가한다는 의미이다. 그렇다면 두 번째 제안의 경우에는 무슨 일이 일어나고 있었던 건가? 아무도 원하지 않았다는 점에서 소용없었던 〈종이잡지만 구독하는 선택권〉은 실제로는 매우 유용한 역할을 했다. 그 선택권이 가치-비용 관계 계산에 영향을 미쳤다. 첫 번째 제안에서 같은 비용으로 잡지만 구독하는 선택권에 비해 잡지와 웹사이트 동시 구독하는 선택권은 좋은 거래처럼 보였던 것이다. 하지만 두 번째 제안에서는 이 좋은 역할을 했던 잡지만 구독하는 선택권이 없어져 버리면서 첫 번째 제안과는 많이 다른 결과가 나온 것이다.

이 예는 우리 뇌에서 작동하는 기초적이지만 중요한 원칙을 보여준다. 즉 유형이든 무형이든 제품의 가치를 계산하는 것은 특정한 상황적 맥락에서 제시되는 선택권과의 〈비교〉에 근거한다는 원칙이다. 단순히 제안의 체계를 바꾸기만 했는데 웹사이트만 구독하는 선택권에 대한 결정이 극적으로 달라졌다. 이는 사람들이 느끼는 제품의 가치가 근본적으로 〈상대적이기〉 때문에 그렇다. 부동산 중개인들도 이런 식으로 일을 한다. 그들은 손님이 살 것 같은 집과 매우 비슷하지만 약간 더 비싸면서 약간 더 나쁜 집을 보여줄 것이다. 그러고 나면 손

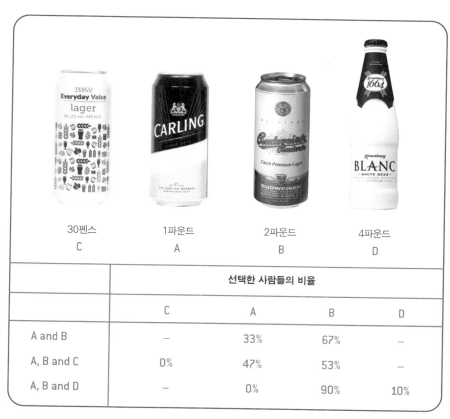

	선택한 사람들의 비율			
	C	A	B	D
A and B	–	33%	67%	–
A, B and C	0%	47%	53%	–
A, B and D	–	0%	90%	10%

그림 2-8 경쟁 환경이 한 제품의 상대적 가치를 결정한다.

님이 살 것 같은 집을 팔기가 훨씬 더 쉬워진다.

　가치의 상대적인 특성이 미치는 영향으로는, 마케터들이 직접적인 경쟁사의 제안에 세심하게 주의를 기울여야 한다는 점을 들 수 있다. 소비자들은 한 기업이 전달하는 가치를 경쟁사와 비교한 후에 최종 구매 결정을 내리기 때문이다. 〈그림 2-8〉의 표는 광고대행사인 마운틴뷰가 실시한 연구를 기초로 작성했다. 이 표는 세 가지 시나리오에 따라 칼링Carling 맥주와 버드와이저Budweiser 맥주를 각각 1파운드와 2파운드에 판매할 때의 결과를 보여준다.

1. A와 B를 판매하는 경우: 67퍼센트가 버드와이저를 2파운드에 구매하는 반면, 33퍼센트는 1파운드에 칼링을 구매한다.

2. A, B, C를 판매하는 경우: 이 경우에는 가격이 30펜스인 테스코 밸류 라거Tesco value larger가 추가된다. 아무도 테스코 맥주를 사지 않지만 그 맥주는 나머지 상품들의 가치를 저가로 끌어내린다. 이제 47퍼센트가 칼링을 구매하고 53퍼센트가 버드와이저를 구매한다.

3. A, B, D를 판매하는 경우: 이 경우에는 한 병에 4파운드인 프랑스 맥주 크로넨버그Kronenbourg가 추가된다. 10퍼센트의 사람들은 크로넨버그 맥주를 구매하고, 90퍼센트의 사람들은 버드와이저를 구매한다. 이제 아무도 칼링을 구매하지 않는다.

이 판매 결과를 보면 어느 정도까지는 사람들이 절대적인 가치보다 상대적인 가치를 근거로 제품을 선택한다는 것을 알 수 있다. 사람들은 자신이 특정 순간에 바라보고 있는 〈기준틀〉에 따라 선택한다. 비교할 수 있는 직접적인 상황이나 대상이 없다면 경험과 기억으로부터 기준틀을 만들어낸다. 그렇지 않으면 가치를 판단할 수 없기 때문이다. 예를 들어, 자신이 좋아하는 스페인산 와인이 대개 한 병에 50달러에 팔린다는 사실을 알고 있으면 30달러에 구입할 수 있는 기회가 생길 경우 선뜻 받아들인다. 상대적인 관점에서 볼 때 괜찮은 가격인 게 분명하기 때문이다. 그러나 가격에 관한 한 소비자들이 명확한 기대와 지식을 갖고 있는 경우는 흔하지 않으며, 이는 결국 구체적인 기준틀이 훨씬 더 큰 영향을 미칠 수 있다는 의미이다.

이 중요한 내용을 더욱 자세히 설명하기 위해 또 다른 예를 살펴보겠다. 네스프레소Nespresso는 자사 제품에 대해 단순히 맛으로만 설명할 수 없는 엄청난 가격 프리미엄을 달성하는 데 성공했다. 광고를 비롯하여 제품 형태로 인한 색다른 경험, 상호보완적인 기계를 사용하여 커피를 생산하는 방식, 그리고 제품의 고급스러움 등 이 모든 것들이 브랜드 차별화의 일부를 형성한다. 그러나 이 성공 사례에서 간과되는 한 가지 주요한 일면은 네스프레소가 소비자들이 평범한 커피를 가격의 기준틀로 삼지 못하게 만드는 데 성공했다는 사실이다. 여러 연구 결과에 따르면, 직접적으로 비교할 수 없는 경우에는 단순히 기준틀이 없다는 이유로 아주 고가의 상품도 받아들여질 가능성이 높다고 한다. 따라서 네스프레소 클럽을 통해 커피 캡슐을 판매한 전략은 브랜드의 독점적인 특성을 증가시켰을 뿐 아니라 구체적인 기준틀까지 없앴다.

하지만 만약 네스프레소 커피 캡슐이 소매점에서 다른 커피 제품과 함께 판매되었다면 무슨 일이 일어났을까? 네스프레소 캡슐은 일반 커피가 아니라 에스프레소이지만 일반적인 커피 가격이 기준점으로 이용되었을 것이다. 그 결과 소비자들이 느끼는 네스프레소의 가격은 기준틀이 없는 경우보다 훨씬 더 높았을 것이다. 하지만 사람들의 자동 조종 장치는 비교가 되는 선택권에 따라 기준틀이 달라지기 때문에 현재 다른 기준틀을 찾고 있으며, 아마도 네스프레소의 제품 경험에 가장 가까운 경험은 집이 아닌 곳에서 구입한 커피(카페나 스타벅스)를 통해 이미 알게 된 에스프레소일 것이다. 카페 등에서 구입한 커피 가격과 비교하면 네스프레소 캡슐 하나 가격인 25펜스는 상대적으로 저렴해 보인다. 시간이 지나면서 네스프레소 머그컵과 캡슐이 시장에서 거둔 엄청난 성공은 새로운 기준틀을 세울 것이다. 따라서 커피의 기준점이 인스턴트커피를 담아서 파는 유리병에서 잔으로 옮겨가고 있다는 미국스페셜티커피협회 릭 라인하트 회장의 주장은 놀랍지가 않다. 이전 세대가 한 병당 커피 가격에 대해 생각한 데 비해, 40세 이하의 사람들은 커피 가격을 잔으로 생각하고 있다.

제품의 가치를 상대적으로 인지하는 이유는 지각 과정의 기본적인 여러 원칙들에서 기인한다. 감각뇌(우뇌)에 있는 뉴런을 살펴보면 모두 한 가지 공통점을 갖고 있는데 바로 차이와 변화에만 반응한다는 점이다. 아무런 차이가 없을 경우 수용체는 움직이지 않은 채로 남아 있다. 워릭 경영대학원 닉 채터 교수의 다음 글은 이 주장을 설명하고 있다.

아무리 우수한 정보를 갖고 있더라도 자신이 어떤 물건이나 서비스, 경험을 얼마나 소중히 여기는지에 대해서는 완벽하게 알지 못한다. 우리가 가진 모든 것은 비슷한 것들을 비교한 결과이다. 나는 세탁물은 말할 것도 없고 지금 먹는 밥과 다른 비슷한 밥도 비교한다.

이 주장은 구매 의도의 측정 방식에도 큰 영향을 미친다. 소비자의 구매 의도는 마케팅에서 가장 흔하게 사용되는 지표들 중의 하나이다. 종종 마케터들은 경쟁사와 아무런 비교도 하지 않으면서 혹은 가격을 하나의 정황으로 제공하지도 않으면서 이 제품 혹은 저 상품 콘셉트, 이 광고 혹은 저 포장 디자인을 근거로 소비자에게 구매 의도를 물어본다. 뉴욕 대학의 비키 모르위츠와 그녀의 동료학자들이 밝혀낸 바에 따르면, 설문조사에서 측정된 구매 의도는 어떤 제품을 경쟁 환경 속에서 제시함으로써 제품의 상대적 가치를 드러낼 경우에 훨씬 더 훌륭한 판매 예측 지표가 될 수 있다. 또한 테스트 제품과 경쟁 제품들의 가격 정보를 함께 제공하면 결과가 더 좋아진다. 이처럼 비교할 만한 정보가 제공되지 않는 상황에서는 가치와 비용을 직관적으로 판단할 수 없으며, 따라서 사람들은 각자 편향될 수도 있는 기준틀을 임의로 생각해낸다. 그런 상황에서 신제품을 평가한다는 것은 다른 물고기에 대해 전혀 아는 것도 없이 금붕어의 크기를 짐작해야 하는 경우와 비슷하다. 창의적인 디자인이나 광고가 종종 사전 테스트에서 실패하는 이유는 기준틀이 없는 경우 사람들은 자신에게 익숙하고 일반적인 것을 선호하기 때문이다.

제품 중심, 사람 중심이 아닌
상황 중심 마케팅이 주는 효과

가치와 비용은 상대적이기 때문에 〈상황적 맥락〉에 의해서도 크게 영향을 받을 수 있다. 목마른 사람에게 콜라의 상대적 가치는 목이 마르지 않을 때보다 훨씬 더 높을 것이다. 일반적으로 상품과 브랜드에 적용되는 가치는 사람들이 처한 상황에 의해 결정되고 그 상황과 관련되어 있다. 심리학에서 행동은 상황적 요인들과 개인적 요인들 간의 상호작용으로 요약된다. 일단 개인으로서의 인간은 자신이 소중하게 생각하는 것과 자신이 하는 일을 구체화하려는 욕구와 특성과 성격을 갖고 있다. 다른 한편으로, 모든 사람들은 상황이 행동에도 영향을 미칠 수 있음을 알고 있다. 기본적인 예로 더운 날과 추운 날에 대한 사람들의 욕구는 다르다. 하지만 마케팅에 종사하는 사람들은 종종 사람들의 선호도나 니즈, 태도 등 상황과는 관계없는 고정된 개인적인 요인들에만 초점을 맞춘다. 이러한 경향이 나타나는 이유는 두 가지다. 첫 번째 이유는, 마케터들이 상황적 맥락을 포함하여 외부 세계가 사람들이 제품의 가치를 느낄 때 어떻게 영향을 미치는지 이해할 수 있는 체계적인 방식을 갖추지 못했기 때문이다. 두 번째 이유는, 어떤 상황이나 환경이 사람들의 행동에 어떻게 영향을 미치는지 의식적으로 인식하지 못하기 때문이다. 따라서 상황이 결정에 미치는 영향력을 과소평가하기가 쉬운데, 프레이밍의 경우와 마찬가지로 사람들이 상황의 영향력을 눈치채지 못하는 바람에 상황은 내재적인 상태로 남아 있게 된다. 개인적인 관점이 아니라 상황의 관점에서 소비자의 행동을 생각하면 그것을 이해할 수 있는 엄청난 가능성이 생긴다. 이는 브랜드 포지셔닝을 위한 실마리를 추가로 제공하며 혁신을 위한 흥미로운 발판이 되어준다. 따라서 크래프트푸드(Kraft Foods, 식료품, 커피, 과자를 생산하는 미국의 식품 제조 판매 기업)나 네슬레가 상황을 중심으로 마케팅을 펼치고 있다는 사실은 전혀 놀라울 게 없다. 그렇다면 상황을 중심으로 한 관점이 어떻게 도움이 될 수 있는지 살펴보자.

한 기업의 의뢰를 받아 아이스크림 시장을 분석한 적이 있다. 시장에서 2위 자리를 차지하고 있던 그 의뢰 업체는 일반적인 마케팅 방식을 고수하고 있었다. 즉 특정한 특징과 속성으로 브랜드의 포지션을 정하고, 소비자 행동은 최초상기도(top of mind, 소비자가 여러 경쟁 브랜드 중 맨 처음 떠올리는 브랜드), 고려상표군(consideration set, 특정 제품의 모든 브랜드 중 소비자들이 선택할 만하다고 고려하는 브랜드 그룹), 선호 브랜드, 브랜드 충성도, 특성 등을 기초로 한 세분 시장 등의 체계로 설명했다. 전체적으로 그들은 자신들이 처한 상황이 아니라 소비자에게 초점을 맞추고 있었다.

그렇다면 상황적인 요인들에 초점을 맞추는 관점을 취하면 무엇이 변할까? 먼저 최초상기도에 대해 생각해 보자. 최초상기도는 일반적으로 "아이스크림 브랜드에 대해 생각해 본다면 어떤 브랜드가 가장 먼저 혹은 두 번째로 떠오르나요?"라고 물어서 측정한다. 소비자들은 이 질문에 답하기 위해 자신의 기억을 활용해야 한다. 구체적인 상황적 맥락을 제공하지 않을 경우, 사람들은 이 문제에 답하기 위해 자신이 알고 있는 아이스크림의 원형을 활용한다. 하지만 이미 우리는 자동 조종 장치가 제품을 소비할 당시의 상황 또한 처리한다는 사실을 알고 있다. 따라서 사람들의 연상 기억은 상황과 경우를 연상 기억 네트워크에 통합시킨다. 예를 들면 과거에 마약 중독자였던 사람은 예전에 마약을 사던 곳을 자동차로 지나가기만 해도 마약에 대한 갈망을 경험할 수 있다. 그 상황의 자극이 기억을 근거로 갈망을 일으키는 것이다. 알코올 중독자들은 종종 술을 마시다 술을 숨기는데 다음 날 어디에 숨겨두었는지 기억해 내지 못한다. 하지만 다시 술에 취하면 어디에 숨겼는지 갑자기 생각이 난다. 또 여러 실험 결과에 따르면 물속에서 단어를 배우면 다시 물에 들어갈 때 가장 기억이 잘 난다고 한다.

상황은 인지 과정에서만이 아니라 자신이 인지한 것을 기억하는 데도 중요한 역할을 한다. 우리가 실시한 연구에 따르면, "크리스마스 때 디저트로 먹을 아이스크림에 대해 생각할 경우 어떤 브랜드가 생각나나요?"라고 물었을 때와 그냥 본인이 알고 있는 일반적인 아이스크림 브랜드를 물었을 때 결과가 달랐다. 상황적 틀을 제공하면 어떤 아이스크림 브랜드가 가장 먼저 생각나는가에 대한 대답이 크게 달라진다.

같은 원칙이 고려상표군, 선호 브랜드, 브랜드 충성도에도 적용된다. 이미 우리는 1장에서 나온 내용을 통해 두 번째, 세 번째 브랜드가 아니라 가장 선호하는 브랜드의 경우에만 대뇌피질 휴식 현상이 일어남을 알고 있다. 관련된 고려상표군에 포함되는 것만으로는 충분하지 않으며 반드시 최고 브랜드가 되는 것이 중요하다. 더욱 정확히 말하면 〈구체적인 상황에 관한 최고 브랜드〉가 되어야 한다. 아이스크림의 예에서 보면 시장 주도 기업은 전체에 걸쳐 최초상기도가 높고 고려상표군에서도 1등이었다. 그러나 시장의 2등 기업이라도 디저트용 아이스크림처럼 매우 중요한 일부 기회를 갖고 있었다. 다양한 상황에서 발생할 수 있는 잠재수익은 측정 가능하기 때문에 상황을 이용하는 브랜드 포지셔닝은 상당한 성장 잠재력을 활용할 수 있는 유용한 경영 도구가 될 수 있다.

이는 브랜드 충성도를 설명하는 데도 도움이 된다. 소비자들은 특정한 상황과 관련해서는 브랜드에 대해 높은 충성도를 보여주지만 전체적으로는 낮을 수도 있다. 따라서 자사의 브랜드가 어떤 상황을 소유하고 싶은지 아는 것이 브랜드 관리를 위한 효율적인 지침이 될 수 있다. 여기서 〈소유한다〉는 것은 그 상황이 자사의 브랜드를 가장 먼저 떠올리게 만든다는 의미이다. 시장의 2, 3위 브랜드에게는 현재의 시장 주도 기업을 일반적인 상황 차원에서 이겨 전체적으로 1위 기업이 되려고 애쓰는 것보다 이러한 방식이 더욱 유익하고 전도유망할 수 있다.

상황 중심의 방식에 집중하면 브랜드의 침투력도 높아질 수 있다. 시장 세분화를 위한 일반적인 방식은 확실한 선호도, 욕구, 인구 통계, 생활주기 등을 근거로 세분화하는 것이다. 물론 이러한 요인들은 일부 제품 영역에서의 행동을 설명해줄 수 있다. 그러나 상황이 아니라 소비자만을 근거로 시장을 세분화하면 그들의 구매 결정을 이해하고 설명하는 데 한계가 있을 수 있다. 아이들 때문에 정신없이 바쁜 사람들의 아이스크림에 대한 욕구는 조용히 혼자 있는 사람의 욕구와는 다를 수밖에 없다. 나이가 많든 적든 그렇다. 이러한 경우에 소비자 한 명을 전적으로 하나의 세분 시장에 할당하는 것은 지나치게 제한적이다. 소비자는 상황에 따라 하나 이상의 세분 시장에 속할 수 있기 때문이다.

상황 중심의 방식은 신규 시장 진출을 고려할 때도 도움이 될 수 있다. 한 제약회사는 새로운 종류의 꽃가루 알레르기 치료제를 판매하여 사업을 키우고 싶어 했다. 일반적으로 환자들은 알레르기 유발 항원에 대한 면역체계를 둔감하게 만들기 위해 상당히 긴 시간에 걸쳐 주사를 맞는다. 그러나 이런 식으로 치료하는 모든 의사들은 선호하는 제약회사가 있어서 그들하고만 거래한다. 의사들은 이미 현재의 치료 개요에 익숙해져 있었고 이용 가능한 다른 제품 간의 효험이나 가격에도 아무런 차이가 없는 상태였다. 그래서 이 제약회사는 치료하는 기간이 상당히 짧은 자사 제품의 구체적인 특징에 초점을 맞추었다. 하지만 보통은 이러한 특징이 별 의미가 없다. 꽃가루 알레르기 치료는 꽃가루가 주로 발생하는 시즌 이후에 시작하기 때문에 환자들이 서둘지 않기 때문이다. 그런데 한 가지 특이한 점이 있는데, 그것은 바로 시즌이 시작하기 직전에 의사를 찾는 환자들이 꽤 많다는 점이다. 이 환자들은 대개 의사로부터 올해 꽃가루 시즌 전까지는 치료가 완료될 수 없으니 다음에 오라는 얘기를 듣지만 이 회사의 제품이라면 그런 환자들이 병원을 찾아왔을 때 바로 치료를 시작할 수 있다. 그래서 이 제약회사의 마케팅팀은 이러한 경우를 충족시키는 것으로 제품 포지션을 잡기로 결정했고 그들의 시도는 큰 성공을 거두었다. 의사는 시스템 전체를 바꾸지 않고도(행동 비용이 전혀 들지 않았다.) 환자를 돕고 추가의 수익을 얻을 수 있었다. 그렇게 하는 과정에서 의사들은 새로운 치료체계에 익숙하게 되었고 그 결과 신속한 치료가 필요하지 않은 환자들에게도 이 제품을 처방하게 되었다.

개인의 관점이 아니라 상황과 경우의 관점에서 생각하면 혁신의 발판을 얻을 수도 있다. 프로마쥬 프레(fromage frais, 숙성시키지 않아 박테리아가 살아 있고 수분이 많은 떠먹는 치즈) 브랜드인 프루비스Frubes를 예로 들어보자(그림 2-9).

프로마쥬 프레는 부분적으로 우유와 관련되어 있기 때문에 건강

그림 2-9 프루비스의 성공은 제품을 특정 상황에 완벽하게 맞춘 덕분이다.

에 좋은 천연식품으로 간주된다. 그렇다면 이러한 특징은 어떤 상황에서 의미가 있을까? 건강에 좋은 음식이라는 것이 중요한 고려사항이 되는 경우는 아이들의 도시락이다. 엄마들은 자신의 아이에게 최고의 영양분을 먹이고 싶어 한다. 이때 프로마쥬 프레는 좋은 선택이 될 수 있다. 브랜드의 관점에서 보면, 이러한 상황에 자사의 제품이 사용될 경우 자주 소비될 수 있기 때문에 발생 가능한 수익이 높아진다. 그러나 이런 가능성을 해칠 수도 있는 행동 비용이 존재하는데, 그것은 바로 전통적인 용기에 담긴 프로마쥬 프레 제품을 먹으려면 숟가락이 필요할 뿐 아니라 만약 용기가 등교 중에 깨지면 도시락 가방이(더불어 아이까지) 엉망이 된다는 점이다. 하지만 튜브 형태로 포장

된 프루비스 제품은 숟가락 없이 먹을 수 있을 뿐더러 새거나 구멍이 나지 않을 정도로 튼튼하기 때문에 이 경우에 완벽히 들어맞았다. 프로마쥬 프레에 대한 태도는 예전에도 긍정적이었지만 상황적 맥락을 고려한 덕분에 프루비스에게는 수백만 파운드의 가치를 지닌 새로운 기회가 열렸다.

이처럼 상황에 대한 관점을 이용하면 자사 브랜드를 특정한 사용 기회에 들어맞도록 조정하는 데 도움이 될 뿐 아니라 소비자의 의사 결정 과정을 일련의 기회로 생각하는 출발점으로 이용할 수도 있다. 이 경우에 할 일은 구매 과정의 여러 단계에서 어떻게 하면 가치를 더하고 비용을 줄일 수 있는지 생각해내는 것이다. 태양열 지붕 판넬용 파워 인버터를 제조하는 세계적인 기업인 SMA가 좋은 예이다. 보통 SMA는 고객(판넬 설치자)이 판넬 구입을 계획하여 구매하는 과정에서 매우 늦은 시점이 되어야만 고객과 접촉할 수 있었다. 하지만 구매 과정 전체를 샅샅이 살펴본 SMA는 고객에게 가치를 더해주고 비용을 줄여줄 수 있는 기회를 찾아냈다. SMA는 솔라체커Solarchecker라는 앱을 개발하여 판넬 설치자들이 초기에 집주인과 판넬 설치를 상의할 때 이 앱을 사용할 수 있게 했다. 판넬 설치자가 지붕에 스마트폰을 대면 앱이 각도를 측정하여 판넬의 예상되는 생산성을 계산한다. 정보를 추가로 얻은 판넬 설치자들은 태양열 판넬을 구입하는 게 의미가 있는지 그 자리에서 집주인에게 말해줄 수 있다. 앱이 생산성을 계산해 주면 설치자들은 적합한 파워 인버터를 SMA에게 직접 주문할 수 있다. 이 앱은 제품을 더 좋아지게 만들지는 않았지만 SMA에 유리하도록 제품의 순가치를 늘려주었다.

이 장에서 알게 된 사실

• 구매 결정의 신경학적 논리는 다음의 등식에 기초한다.

$$순가치 = 보상 - 고통$$

제품의 순가치가 높을수록 구매가 이루어질 가능성은 더 높다.

• 순가치를 늘리려는 경우 동시에 이용할 수 있는 네 가지 전략적 영역이 있다.

1. 가치(보상)

  a) 외현적 가치

  b) 내재적 가치

2. 비용(고통)

  a) 외현적 비용(금전적 비용)

  b) 내재적 비용(행동 비용)

• 결정을 내리려면 비교가 필요하다. 가치와 비용은 근본적으로 상대적이다.
• 가치와 비용은 상대적이기 때문에 자신이 처한 상황의 영향을 크게 받는다.

이 사실이 마케터에게 의미하는 것

• 강매 방식과 이미지 지향적인 마케팅 중 하나만을 선택할 필요는 없다. 동일한 커뮤니케이션에 매력적인 가격 메시지를 동반하여 브랜드나 서비스가 제공하는 가치를 강조하면 순가치를 최대화할 수 있다.
• 마케터는 내재적 차원의 비용 덕분에 가격을 내리지 않고도 순가치를 최대화할 수 있다.

- 행동 비용을 줄이는 일은 순가치를 늘리고 경쟁 우위를 얻을 수 있는 유력한 수단이 될 수 있다.
- 상황 중심의 마케팅은 소비자 행동에 관한 보완적인 관점이다. 그것은 혁신의 발판을 제공하고 전략적 기회의 창을 마련해 준다.

3

마케팅이
무심결에 놓친 것들,
사람들은 기가 막히게
그것을 알아챈다

사람들이 무언가를 인식하는 것은 마케팅 활동이 그들의 마음속으로 들어갈 때 지나가는 문이다. 판촉용 할인, 상품, 포장, 웹사이트, TV 광고 등 그것이 무엇이든 간에, 브랜드와 소비자 간의 접점을 구성하는 신호들을 감지하는 과정이 가장 먼저 이루어져야 한다. 이 때문에 카너먼은 외부 세계와의 중요한 접점을 자신의 의사결정 체계에 통합시켰다. 이 장에서는 사람들의 인식이 이루어지는 과정과 함께 그 핵심적인 통찰력을 이용하여 어떻게 최고의 마케팅 활동을 펼칠 수 있는지 살펴볼 것이다.

아~주 작은 차이에 반응하다

다음의 예를 보고 인식perception이 얼마나 강력한지, 사람들의 결정에 어떻게 영향을 미치는지 살펴보자. 〈그림 3-1〉에서 세 여성 중 어떤 여성이 남성들에게 가장 매력적으로 보일까? 그리고 그 이유는 무엇일까?

모든 남성 응답자들 중 70퍼센트 정도가 B를 선택했다(사진을 보여준 순서와는 상관없이 말이다). 그렇다면 이렇게 압도적인 비율로 B를 선택한 이유는 무엇일까? 과연 이 사진들의 차이는 무엇일까? 이유는 바로 여성의 엉덩이와 허리 사이즈 비율에서 찾을 수 있다. 전 세계적으로 가장 높이 평가받는 비율은 〈1:0.67〉이다. 엉덩이와 허리 사이즈 비율이 이 이상적인 수치로부터 멀어질수록 남성들에게 매력적으로

그림 3-1 이 세 명의 여성 중에 누가 남성들에게 가장 매력적으로 보일까? 출처: Shutterstock.com

보이지 않았던 것이다(사진 A는 0.8, 사진 C는 0.9). 이 사실로부터 우리는 사람들의 인식체계가 아주 작은 차이도 감지하여 그것을 근거로 결정을 내린다는 것을 알 수 있다. 그리고 가장 무의식적인 차원이라도 가장 미묘한 신호에서 가치가 발생한다는 사실도 입증되었다.

인식과 제품의 가치 평가 사이의 이러한 직접적인 연관성이 마케팅에 미치는 의미는 다음의 예에서 설명된다. 〈그림 3-2〉의 병 두 개 중에서 어떤 병에 더 많이 들어가겠는가?

대부분의 사람들은 A병의 용량이 더 크다고 예상하지만 두 병의 용량은 똑같다. 그렇다면 왜 이런 착각이 일어나는 걸까? 뉴욕 대학의 프리야 라구비르 교수는 어떤 모양이나 포장 용기가 제품 용량에 대한 인식을 결정하고 그리하여 돈으로 환산한 가치에 대한 인식에까지 영향을 미치는지 알아내고 싶어 했다. 그녀는 소비자들이 포장 용

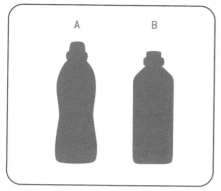

그림 3-2 어떤 병이 더 많이 들어갈까?

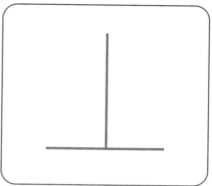

그림 3-3 실제로 이 두 선은 사람들이 인식하는 것과는 달리 길이가 같다.

기의 높이를 주요한 신호로 이용하며 그것을 근거로 용량이 더 많이 들어 있다고 인식할 경우 그 제품을 더 많이 구매하고 소비한다는 사실을 알아냈다. 따라서 수직으로 길이를 늘인 포장 용기는 브랜드 관리자들에게 상생의 상황을 안겨줄 수 있다. 즉 그런 포장 용기는 사람들이 구매할 가능성이 더 높을 뿐 아니라 더 빠른 속도로 소비할 것이다. 그런데 왜 깊이나 너비가 아니라 높이일까? 〈그림 3-3〉을 보자.

두 선을 비교해 보면 세로선이 분명 가로선보다 길어 보인다. 그러나 사실은 그렇지 않다. 이 두 선의 실제 길이는 똑같다. 그렇다면 왜 같아 보이지 않을까? 그것은 인간의 인식이 정확히 1:1의 비율로 세상을 지각하지 못하기 때문이다. 우리가 보는 것은 기억 속에 저장된 경험이나 그 기억으로부터 생기는 기대와 객관적인 신호 사이에 이루어지는 상호작용이다. 그렇다면 수직으로 길이를 늘인 포장 용기의 용량이 더 크게 인식되는 이유는 무엇일까? 우리는 키가 큰 물체가 덩치도 크다는(예를 들면 코끼리 대 생쥐) 사실을 은연중에 알게 되었다. 그래서 용량을 판단하는 데 이 경험 법칙을 적용한다. 더 큰 물체가 용량이 더 컸기 때문이다. 따라서 위에서 보여준 사례에서 두 병의 용량이 실제로는 같은데도 불구하고 A병 모양은 키가 더 크기 때문에 용량이 더 큰 것으로 인식된다. 소비자들이 이 문제에 대해 좀 더 생각한다면 깊이도 언급할 수 있지만 인간의 자동화된 의사결정 방식에서는 내재적인 규칙이 우리의 판단을 지배한다.

이 같은 사실을 생각해 보면, 마케터는 크기를 줄이는(즉 가격은 그대로 두면서 용량을 줄이는) 결정을 내릴 때 용량에 대한 인식을 고려해야 한다. 사람들의 인식을 결정짓는 규칙과 메커니즘을 알면 그 원칙에 부합하는 최상의 방식으로 소비자와의 접점을 설계할 수 있다. 〈그림 3-2〉속 포장 옵션들 중에 하나를 선택해야 한다면 더 키가 큰 병을 사용하는 쪽이 소비자들의 제품 용량에 대한 인식뿐 아니라 제품의 가치에 대한 인식까지 키울 수 있다.

우리 눈은 카메라가 아니다, 그 점을 활용하라!

다들 백문이 불여일견이라는 말은 알지만, 대개는 인식의 중요성이나 인식이 어떻게 작동하는지에 대해서는 생각조차 하지 않는다. 왜 그럴까? 도시인들은 다들 안전하게 운전하고 다닌다. 그러니 뭐 하러 걱정을 사서 하겠는가? 사람들은 자다 말고 일어나 "오늘 운전할 때 주의해서 인식해야 해."라고 생각하지는 않는다. 하지만 마케터에게

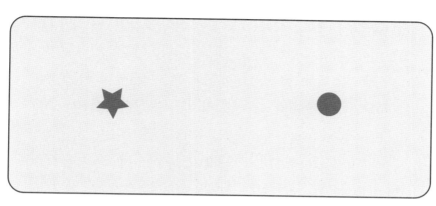

그림 3-4 사라지는 동그라미 착시

있어 사람들의 인식은 그것이 그들의 구매 결정에 영향을 미치는 첫 번째 진입로와 같기 때문에 매우 중요하다. 인간에게 인식은 너무나 자연스럽고 간단한 일이기 때문에 마케터는 소비자에게 전달하는 모든 것은 자신이 의도한 대로 정확히 전달되어 인식될 거라고 추측하기가 쉽다. 그러나 병 모양에 따라 용량에 대한 인상이 어떻게 달라지는지 보여준 위의 사례는 소비자의 뇌는 수동적인 감지기가 아니라 능동적인 감지기라는 사실을 이미 증명해 주었다.

다음의 실험은 우리가 주관적으로 인식한 것을 우리의 뇌가 능동적으로 구성한다는 사실을 입증해 준다. 〈그림 3-4〉를 보면 왼쪽에는 별이, 오른쪽에는 동그라미가 보인다. 왼쪽 눈을 가리고 오른쪽 눈으로 별을 보라. 왼쪽 눈을 가린 채 천천히 책에 점점 더 가까이 가보라. 그러다 어느 시점이 되면 오른쪽의 동그라미가 사라질 것이다(책에 더 가까이 가면 동그라미가 다시 나타날 것이다).

이때 흥미로운 사실은 우리의 뇌가 그 동그라미가 있던 공간을 회색 배경으로 메운다는 점이다. 눈이 동그라미를 보지 못했는데 회색 배경은 어떻게 보았을까? 사실 우리 눈은 회색 배경을 보지 못했다. 그것은 우리의 뇌가 만들어낸 것이다. 배경이 다른 색, 이를테면 초록색이었다면 당신의 뇌는 초록색을 이용하여 그 불완전한 그림을 완성시킬 것이다(동그라미가 있던 공간이 초록색으로 보일 것이다).

그렇다면 인간의 뇌는 세상에 대한 인식을 어떻게 만들어낼까? 다음의 첫 질문으로 시작해 보자. 우리의 눈은 시각적 인식을 책임지고 있는 뇌 영역(흥미롭게도 이 영역은 뇌 뒤쪽에 있다. 눈이 앞에 위치해 있는데도 말이다.)에 어떤 그림을 보낼까? 〈그림 3-5〉는 우리 뇌 속에서 무슨 일이 벌어지고 있는지 보여준다. 왼쪽에는 우리가 주관적으로 보는 거리의 사진이 있다. 우리는 왼쪽 사진처럼 높은 해상도와 총천연색으로 모든 것을 본다고 인식한다. 마치 눈에 카메라가 있는 것처럼 말이다. 하지만 이것은 분명 세상에 대한 우리의 〈주관적인 시각〉이다. 현실은 이것과는 훨씬 다르다.

반면 오른쪽 사진은 실제로 우리가 보는 것을 보여준다. 우리 뇌에 들어오는 〈객관적인 정보〉를 그대로 보여준다. 아주 또렷하고 총천연색으로 보이는 부분은 사실 일부분에 불과하고 가시 범위의 주변부로 갈수록 점점 더 흐릿해지고 색깔도 옅어진다. 주변에 대한 인식은 마치 저해상도의 감지기로 보는 것처럼 선명하지 않고 흐릿하다. 우리 뇌에서 고해상도의 감지기 역할을 하는 부분은 전체 정보 중 극히 일부분만을 처리하는데 겨우 엄지손톱 정도의 크기이다. 따라서 그외 주변의 모든 것은 흐릿하게 보인다. 그렇다면 이 사실은 어떤 의미를 가질까?

그림 3-5 왼쪽은 우리가 보고 있다고 생각하는 것, 오른쪽은 실제로 우리가 정보로서 받아들이는 것이다.

　이처럼 주변을 명확하게 인식하지 못하는 인간의 능력은 마케팅의 효과를 최대로 끌어올리는 데 중심적인 역할을 한다. 뇌가 이 인식을 통해 먼저 주위 환경을 훑어보고 그 다음 무엇에 집중할지 결정하기 때문이다. 마케터들은 매장에 온 손님들이 이 같은 흐릿한 주변 인식 능력을 통해 경쟁사의 브랜드를 발견하기 전에 자사의 브랜드를 발견할 수 있기를 바란다. 이는 소비자가 우리 상품에만 관심을 집중해주길 바란다면 내재적인 신호를 이용하여 우리의 브랜드와 그것이 제공하는 가치를 독특하게 전달해야 한다는 의미이다. 또한 광고의 관점에서 보면, 이 사실은 흐릿한 주변 인식 능력을 이용해서라도 브랜드와 그 가치를 전달할 수 있다면 훨씬 더 효과적으로 일할 수 있음을 암시한다. 소비자가 다른 일, 예를 들면 운전이나 뉴스에 집중하고 있을 때도 광고(옥외 매체나 웹 광고 등)는 늘 브랜드와 그 가치를 전달할 것이기 때문이다. 그뿐 아니라 소비자가 먼저 광고에 집중할 가능성 또한 높아질 것이다.

　우리 뇌 속 자동 조종 장치의 렌즈로 마트의 진열대를 본다고 상상해 보자(그림 3-6). 그림에서 보는 것처럼 제품들은 모두 흐릿하게 보

그림 3-6 이 사진은 소비자가 주변 인식 능력을 통해 매장의 진열대를 어떻게 인식하는지 알려 준다.

일 것이다. 어떤 글자도 읽을 수 없기 때문에 어떠한 언어적 메시지도 뒤따르지 않는다. 이 경우 원하는 상품을 찾아내는 데 이용할 수 있는 신호는 주로 제품의 크기와 포장, 용기의 형태이다.

　광고나 포장 디자인, 진열대나 웹사이트를 〈그림 3-6〉처럼 흐릿하게 만들어 놓고 이 흐릿해진 모드에서 알아낼 수 있는 것이 과연 무엇인지 스스로에게 물어보는 연습은 마케터에게 매우 도움이 된다. (그리고 종종 흥미로운 사실이 드러난다.) 이 경우 브랜드가 눈에 들어오는가? 자사의 상품은 얼마나 차별화되어 있는가? 어떤 요소를 알아볼 수 있는가? 로고를 살짝 바꿨다는 사실을 알아볼 수 있는가? 상품을 새롭게 선보인 뒤 포장이 달라 보이는가? 그래서 새로워진 부분이 제대로 전달되는가? 전문적인 판단을 기초로 해서 이러한 질문에 대답할 수도 있지만 경험적으로 실험할 수 있는 방법도 있다. 즉 흐릿한 정도를 여러 단계로 나누어 피험자들이 상품 영역과 브랜드, 핵심 메시지를 가능한 빨리 알아볼 수 있게 만들 수 있다. 경쟁사의 광고나 포장을 포함시키면 자사의 디자인이 업계 기준에 비해 어떤지도 알 수 있다.

지면 광고를 대상으로 이러한 실험을 시행한 한 연구에서는 가르니에(Garnier, 프랑스 화장품 그룹 로레알의 중저가 브랜드 자회사)와 도브Dove 의 광고가 아주 흐릿해진 경우에도 가장 효과적으로 상품과 브랜드를 전달하는 것으로 드러났다. 즉 이 최고의 광고들은 100밀리세컨드도 안 되는 시간 동안 매우 흐릿하게 노출되었는데도 소비자들이 그 브랜드와 상품을 알아보았다. 이 시간은 0.1초도 안 되거나 눈 깜짝할 시간의 4분의 1도 안 되는 시간이다. 대중 잡지에 나온 지면 광고에 소비자가 눈길을 주는 시간이 평균 2초도 안 되는 것으로 입증된 상황에서 이는 명백한 이점으로 작용할 수 있다.

제품을 다시 선보일 때는 포장에 작은 변화를 주는 전술적인 경우가 가장 흔하다. 아마도 이때는 제품의 향기에 새로운 이름을 붙이거나 새로운 장점을 추가했을 것이다. 그러한 변화가 소비자의 주변 인식 능력을 통해 감지될 수 없다면 판매에 크게 영향을 미칠 거라고 기대하기는 어렵다. 이 경우 제품 재출시는 소매업자를 상대로 우리 회사가 여전히 그 브랜드에 투자하고 있다는 인상을 심는 목적에는 부합할 수 있지만 그 제품에 대한 소비자의 인식에는 거의 영향을 미치지 못할 것이다. 데톨Dettol과 테스코Tesco 소독제 용품 포장을 이용한

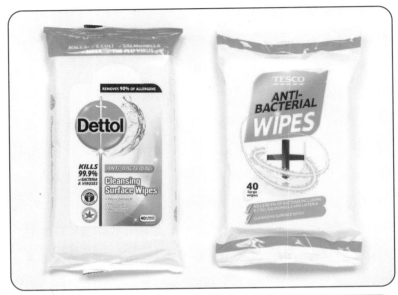

그림 3-7 우리 머릿속 자동 조종 장치의 눈에 독특해 보이려면 주변 인식 능력을 통해 포장 디자인이 다르게 인식되어야 한다.

〈그림 3-7〉의 예는 이 두 제품의 포장 디자인이 소비자의 흐릿한 주변 인식 능력 차원에서는 매우 유사해 보이기 때문에 차별화가 필요한 브랜드 제품보다 오히려 PL 제품에 더 유리함을 보여준다.

두 제품의 모양은 구분하기가 힘들다. 주요 색깔 또한 흰색, 푸른색, 초록색이다. 디자인도 푸르스름한 것이 소용돌이치는 모습도 똑같이 포함하고 있다. 우리의 흐릿한 주변 인식 능력으로 볼 때 브랜드명은 알아보기도 힘들다. 데톨의 경우 가운데 둥근 원 모양과 로고의 색채 코드가 독특한 신호이다. 데톨 브랜드는 이 독특한 신호들이 있을 때만 효율적으로 알아볼 수 있다. 이는 이러한 신호들과 브랜드, 메시지 간에 강력한 연상 관계를 구축하려면 TV나 디스플레이 과정, 광고 등에서 포장 디자인의 독특한 신호를 뚜렷하게 부각시켜야 함을 암시한다. 이러한 관계가 형성되지 않으면 브랜드와 제품에 대한 소비자들의 인식은 위험에 빠질 것이다. 더욱 심각한 점은 PL 제품과 브랜드 제품의 포장에 인지 가능한 분명한 차이가 존재하지 않으면 브랜드 제품이 제공하는 추가 가치가 줄어들면서 어떠한 잠재적인 브랜드 이점도 무효화된다는 사실이다.

트로피카나 오렌지주스의
새 포장 디자인은 왜 실패했을까

마케터는 소비자가 자사의 제품을 찾아내고, 자신이 의도한 메시지를 인지하고, 자사 브랜드의 이점을 알아주길 원한다. 그러나 인간의 인식이 흐릿해진 주변 정보만을 기초로 해서 이루어진다면 그 모든 일이 어떻게 가능할까? 뇌의 관점에서 보면 어떤 제품을 평가하려면 일단 〈그것은 무엇인가?〉라는 질문에 답부터 해야 한다. 와인이든, 자동차든, 사람이든, 제품이든 관계없이 그것들을 알아보지 못한다면 평가 자체를 할 수 없다. 제품(과 사물 일반)을 알아보는 과정은 매우 빠른 속도로 이루어지고(눈 한 번 깜빡 하는 시간보다 적게 걸린다.), 아주 자동적으로 발생하며, 이 과정에 대한 외현적인 접근은 불가능하다. 그것은 그냥 일어나는 것이다. 그렇다면 뇌는 브랜드, 제품, 메시지를 어떻게 알아볼까?

이 기초적인 메커니즘을 설명하기 위해 시각visual sense을 다시 한 번 생각해 보자. (비슷한 원리가 다른 감각에도 적용되지만, 시각은 우리 뇌 속 자동 조종 장치가 초당 처리하는 1,100만 비트의 정보 중에 시각 정보가 90퍼센트를 차지하기 때문에 특히 중요하다.) 우리는 사람의 눈은 카메라가 아니고, 뇌가 하나의 입력 정보로서 사진을 받는 게 아니기 때문에 사진을 근거로는 인식이 이루어질 수 없다는 사실을 이미 알고 있다. 〈그림 3-8〉은 실제로 뇌에서 무슨 일이 일어나는지 보여준다.

우선 뇌에게 제품은 선이나 모서리, 곡선, 색깔, 움직임일 뿐이다. 뇌는 개개의 요소로 제품을 분해한다. 이 요소들은 다시 순차적으로 하나의 형태Gestalt, 즉 종합된 형태로 조립된다. 다르게 표현하면 이렇다. 제품을 의식적으로 지각하는 과정은 뇌 안에서 발생하는 조립 작업과 같다. 사람들은 의식으로는 자동차를 보지만 뇌가 보기에 그 자동차는 처음에는 그저 선과 모서리, 귀퉁이, 곡선, 색깔만으로 이루어져 있다. 그 외에는 아무것도 아니다.

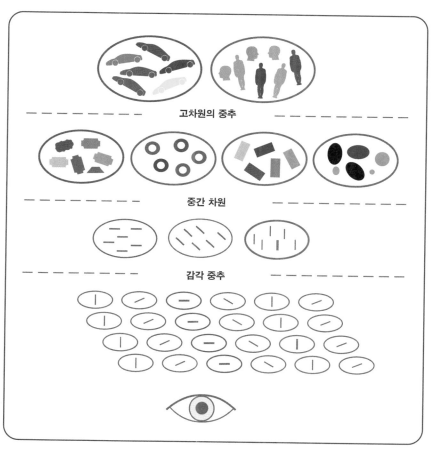

그림 3-8 의식적으로 감지한 대상은 뇌에서 이루어지는 다른 차원의 처리 과정을 기초로 한 능동적인 구성 결과이다.

뇌는 이미지를 보지 않기 때문에 그것을 저장 또한 하지 않는 게 분명하다. 인간의 뇌 속에는 이미지를 보관하고 있는 도서관이 아예 존재하지 않는다. 그렇기 때문에 뇌는 훨씬 더 유연할 수 있다. 사람들은 이전에 그 모델을 본 적이 없더라도 혹은 새로운 색의 자동차가 지나가더라도 그것이 자동차임을 알아볼 수 있다. 그것이 무엇인지 알아보길 원한다고 해서 상세한 부분까지 모두 뇌 속에 저장할 필요는 없다. 그렇게 하는 것은 몹시 비효율적일 뿐 아니라 엄청난 저장 능력을 요구하기 때문이다. 오히려 사람들이 이전에 머릿속에 저장한 이미지만을 기초로 해서 사물을 알아본다면 모두들 이전에 똑같은 것을 봤어야 한다. 모든 모서리, 모든 귀퉁이, 모든 색깔이 이전에 본 것과 똑같아야만 그것을 알아볼 수 있다. 색깔이 달라진 경우처럼 약간의 변화만 있어도 알아볼 수가 없다. 이전의 것과 똑같지 않기 때문이다. 하지만 사람들은 새로운 모델의 자동차도 자동차라고 알아보고 여러 해 동안 보지 않은데다가 그동안 외모가 많이 변했을지라도 (주름이 늘고, 머리숱도 줄고, 흰머리도 생기는 등) 옛 친구들을 알아볼 수 있다. 다행히도 이런 식으로 사물을 알아볼 수 있는 인간 뇌의 유연성은 〈그림 3-9〉에서 알 수 있듯이 상품과 브랜드에도 적용된다.

그림 속 로고는 무슨 브랜드인가? 우리는 실제로 이 그림을 본 적이 없고 로고가 많이 달라졌는데도 불구하고 이것이 코카콜라를 나타낸다는 것을 쉽게 알 수 있다. 그렇다면 브랜드를 알아보는 과정은 어떻게 이루어질까? 인간의 뇌는 효율적인 동시에 유연하도록 만들어졌다. 이 때문에 무언가를 알아보는 과정은 감각으로부터 받는 1,100만 비트의 모든 정보에 근거하지 않는다. 대신 그 과정은 진단 가치가 가장 높은 신호를 근거로 이루어진다. 예를 들면, 의자를 구성하는 특징은 다리가 4개이고 등받이가 있다는 점이다. 의자에서 등받이를 빼면 스툴이지 의자가 아니다. 우리가 옛 친구들을 오랫동안 만나지 못했는데도 알아볼 수 있는 것은 바로 이 원칙 때문이다. 그들이

그림 3-9 이 브랜드 로고는 정확하지 않은데도 불구하고 알아보기 쉽다.

다르게 옷을 입었든 머리 스타일을 달리했든 상관없다. 전체 그림은 상당히 달라질 수 있지만 진단용 신호diagnostic cues가 그대로이기만 하면 알아볼 수 있다.

캐리커처가 좋은 예이다. 원본과는 많이 달라졌지만 주요한 진단용 신호를 제공하는 핵심적인 특징들은(마가렛 대처의 경우 머리 스타일, 치아, 코) 그대로이기 때문이다. 그래서 우리는 그 사람을 알아보는 데 아무런 문제가 없다.

마케터에게 이 사실은 한편으로는 더욱 자유로울 수 있음을 의미하지만 그와 동시에 자신이 바꾸는 것을 더 잘 알아야 한다는 의미이기도 하다. 기업은 더욱 고급스런 제품으로 보이기 위해 제품 라인을 확장할 경우 로고 색깔을 푸른색에서 금색이나 은색으로 바꾸는 방안을 생각할 수 있다. 하지만 소비자가 브랜드를 알아보는 데 필요한 모든 이미지를 뇌 속에 저장해 놓고 있어 그것을 이용해 바뀐 로고를 단숨에 알아볼 수 있을 거라 기대한다면 이 제품은 애당초 성공할 가능성이 없다. 그러나 인간의 뇌가 제품과 브랜드를 알아보는 과정에 대해 이제 막 알게 된 사실을 고려한다면 이 문제를 더욱 체계적으로 논의해볼 수 있다. 브랜드 로고 색깔의 진단 가치가 낮다면 소비자는 색깔이 달라져도 브랜드를 알아보는 데 아무런 문제가 없을 것이다. 하지만 코카콜라의 경우처럼 로고 색깔이 브랜드를 알아보는 데 중요한 역할을 한다면 색깔을 바꿔서는 안 된다. 로고 조정이 내부적인 이유로 문제가 될 수도 있지만(외부인들에게 CI를 손보기 시작했다는 신호로 보일 수도 있다.), 진단용 신호에 관한 기본 원칙은 제품과 관련한 시각 자료나 포장 디자인, 배경색 같은 구체적인 신호를 바꿔도 되는지 아니면 바꾸지 않는 것이 더 나은지 결정하는 데 매우 유용하게 작용할 수 있다.

핵심은 진단용 신호를 아느냐이다. 이 신호를 파악해야 그것을 바꿀 수 있는 자유도 어느 정도 생긴다. 하지만 핵심적인 진단용 신호를 동시에 여러 개 바꾸는 짓은 무슨 수를 써서라도 피해야 한다.

이 사실을 염두에 두고 꽤 유명한 오렌지주스 브랜드인 트로피카나Tropicana의 재출시 사례를 살펴보자(그림 3-10). 수백만 달러가 투입된 광고 캠페인에도 불구하고 새롭게 소개된 포장 디자인 때문에 불과 2달 만에 3,000만 파운드의 손실이 발생하자 마케팅 관련 매체는 재출시된 트로피카나에 상당한 관심을 보였다. 결국 새로운 포장 디자인의 용기가 판매대에서 사라진 것은 놀랄 일이 아니었다.

트로피카나의 오렌지주스 자체는 달라지지 않았다. 맛은 전처럼 훌륭했다. 또한 브랜드명과 그 이름이 의미하는 모든 것도 그대로였다. 오히려 새로운 포장 디자인은 확실히 더욱 현대적으로 보였고 아침식사 테이블 위에 올렸을 때도 더 좋아 보이는 듯했다. 하지만 인식의

<table>
<tr>
<td>전
</td>
<td>후
</td>
</tr>
<tr>
<td>전
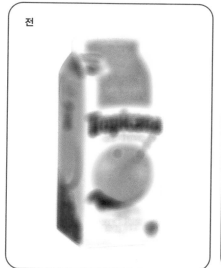</td>
<td>후
</td>
</tr>
</table>

그림 3-10   트로피카나는 제품을 재출시하면서 브랜드 인식에 중요한 몇 가지 진단용 신호를 변경했다.

관점에서 보면 포장 디자인의 특징들이 크게 달라졌다. 빨대를 꽂은 오렌지가 유리컵으로 대체되었고 모든 주요한 요소의 위치와 더불어 로고의 활자체도 바뀌었다. 이전 디자인의 로고 형태와 오렌지 이미지는 브랜드와 제품 인지도에 있어서 높은 진단 가치를 지니고 있었다. 이것들을 바꾸어 놓는 바람에 낮은 해상도의 조건에서는(즉 흐릿한 주변 인식 능력으로는) 특히 소비자들의 자동적인 인식이 거의 불가능해졌다.

따라서 제품을 재출시하고 포장 디자인을 바꿀 때에는 어떤 신호와 요소의 진단 가치가 높고 낮은지 아는 것이 특히 중요하다. 그렇다면 진단 가치가 높은지는 어떻게 명확히 알아낼 수 있을까? 또 어떤 신호의 진단 가치를 구성하는 것은 무엇인가? 다음의 예를 살펴보자. 〈그림 3-11〉은 서로 다른 상품 영역의 제품들을 보여준다. 어떤 제품이 순한(저칼로리) 제품일까?

이 질문은 쉽게 답할 수 있다. 그렇다면 이 사진들에서 저칼로리 제품이라고 알려주는 진단 요소는 무엇인가? 어떤 특징이 가장 높은 진단 가치를 갖고 있는가? 이 질문의 답은 모든 저칼로리 제품을 비교해서 어떤 공통점이 있는지 알아내면 얻을 수 있다. 그 제품들은 어떤 색깔, 어떤 모양을 공유하고 있는가? 답은 분명하다. 모든 저칼로리 제품의 색은 연한 청색이다. 그리고 인간의 뇌는 바로 이 원칙을 이용하여 엄청나게 많은 정보에서 주요한 진단 신호를 알아낸다. 우리는 연상 학습, 즉 〈동시에 발화하는 것들은 함께 연결되어 있다〉는 원칙에 근거하여 포장에 연한 청색이 사용된 제품은 저칼로리 제품일 가능성이 높다는 사실을 알게 된다.

그림 3-11 저칼로리 제품이라는 진단 신호 중의 하나는 연한 청색이다.

    수용체로부터 시각적 정보를 받을 때마다 뇌는 연상 기억에 저장되어 있는 것이 무엇이든 그것을 이 정보에 연결짓는다. 저장된 진단 신호와 충분히 일치되는 것을 찾자마자 인식 과정은 완성된다. 이 과정은 완벽히 내재적이며 1,000분의 1초 내에 발생한다. 이 과정이 이렇게 빨리 발생하는 이유는 뇌가 모든 정보에 근거하여 무언가를 알아보는 게 아니라 예전에 학습한 주요한 진단 신호에 집중하기 때문이다. 정보의 세세한 부분을 모두 끝까지 살펴봐야 한다면 정말 비효율적일 것이다. 우리는 브랜드가 지닌 각 신호의 진단 능력을 평가할 수 있다. 예를 들어, 제품 디자인의 특정한 요소를 바꾼 다음 소비자들이 그 제품을 얼마나 알아보는지 테스트할 수 있다. 주요한 진단 신호를 제거하면 인지도는 약화될 것이다. 또 다른 방법으로는 특정 상품 영역의 주요한 진단 신호를 알아내는 것이다. 섬유유연제를 진열해 놓은 매장 선반에서 다우니나 피죤 같은 일부 브랜드를 선택적으로 제거한 뒤에 피험자들에게 가능한 빨리 남아 있는 상품이 어떤 제품 영역에 속하는지 말해 보라고 하면 섬유유연제라는 특정 제품 영역에서 어떤 브랜드의 진단 가치가 높은지 알 수 있다.

진단용 신호를 알아내는 방법은 여러 가지이지만, 조종사 시스템이 개입하지 못하도록 피험자들을 가능한 빨리 그리고 무의식적으로 대답하게 만듦으로써 자동 조종 장치의 반응을 확실하게 측정할 수 있어야 한다.

미니 소시지는
왜 진열 위치를 바꾸자 더 잘 팔렸을까

〈덜 짙은 청색=저칼로리 제품〉이라는 원칙이 명확해 보이기는 하지만 무언가 빠진 게 있다. 연한 청색의 자동차나 셔츠, 신발을 보면 어떤가? 이런 것들이 저칼로리 제품이라고 생각하는 경우는 거의 없다. 그렇지 않은가? 따라서 효율적인 인식 과정에는 진단 신호 외에 또 다른 단계가 필요하다. 10년 동안 함께 일해온 거래처 파트너를 사우

나처럼 이전에 한 번도 그 사람을 만난 적이 없는 곳에서 우연히 맞닥뜨렸다고 생각해 보자. 이때는 그 사람이 누군지 알아보고 내가 이 사람을 어떻게 아는지 파악하기까지는 약간의 시간이 걸린다. 이유는 누군가를 알아보는 일이 근본적으로 상황에 민감하기 때문이다. 장미 한 송이나 축구공, 집을 한 번 생각해 보자. 주변에 아무것도 없거나 배경도 없는 상태에서 이것들을 본다고 상상하기는 무척 어렵다. 시각 세계로부터 얻은 경험은 하나의 장면에서 기대되는 다른 물체들과 그 물체가 차지하는 공간적인 배치에 대한 예측에 영향을 미친다. 자동차 내부에 있는 운전대를 보면 라디오와 재떨이, 백미러 등이 어디에 있을지 쉽게 예측할 수 있다. 주변 환경의 이러한 예측 가능한 속성들 덕분에 우리는 사물을 인식할 수 있다. 예를 들어 누군가의 손을 보게 되면 그 사람의 손목에 있을 법한 것에 대한 추측은 손목시계나 팔찌로 크게 제한된다. 그것이 벨트나 타이어일 가능성은 적다. 따라서 무언가를 인식하는 과정에 〈상황〉을 포함시키면 상당히 효율적인 결과가 발생한다.

실제로 MIT의 신경과학자 모시 바가 이끄는 연구팀은 함께 작동하여 우리의 인식을 가능케 하는 뇌의 두 가지 흐름을 알아냈다. 인식은 늘 이 두 가지 흐름을 필요로 한다. 한 가지 흐름은 우리가 보고 있는 〈물체〉에 집중한다. 그와 동시에 다른 한 가지 흐름은 우리가 처한 〈상황〉에 대한 정보를 처리한다. 〈그림 3-12〉는 뇌가 물체를 알아보는 데 상황이 얼마나 중요한지 보여준다. 왼쪽 사진의 헤어드라이기와 오른쪽 사진의 드릴은 시각적으로는 동일해 보인다. 상황적인 정보만이 각 경우의 애매모호함을 해결해 준다. 따라서 상황은 우리가

그림 3-12 상황이 이 물체가 헤어드라이기(왼쪽)인지 드릴(오른쪽)인지 결정해 준다.

무언가를 인식하는 데 있어서 물건 자체만큼이나 똑같이 중요하다.

이는 평소에 어떤 사람을 주로 만나던 장소가 아닌 곳에서 그 사람을 만나면 종종 알아보지 못한다는 얘기로, 사람들의 기억이 그 사람을 규정하는 특징을 저장하고 있을 뿐 아니라 평소에 그 사람을 만나는 상황(여기서는 장소가 될 수 있다.)도 중요한 특징으로 저장하고 있기 때문이다.

따라서 무언가를 알아보는 것은 사물과 그 사물이 놓여 있는 상황 모두에 의해 이루어진다. 이에 따라 마케터는 소비자가 자사 제품을 선택하여 저장해 두는 머릿속 서랍에 영향을 미치기 위해 상황을 이용할 수도 있다. 유니레버의 페페라미(Peperami, 돼지고기를 이용해 아이들 간식용으로 만든 미니 소시지)는 소매점에서의 진열 위치를 바꾸자 매출이 크게 상승했다. 과거 1980년대에 유니레버는 상온 저장이 가능한 이 제품의 이점을 이용하려고 한 적이 있었다. 즉, 이 제품은 냉장 보관이 필요 없어서 감자칩 같은 과자 옆에 진열해도 무방했고 그래서 실제로 스낵 코너에 진열했다. 하지만 소비자들이 아무리 간식이어도 일종의 고기 제품인 미니 소시지가 냉장 코너가 아닌 곳에 있을 거라고는 기대하지 않았기 때문에 매출은 영 신통찮았다. 당시의 매장 내 위치를 고려하면 이 제품이 고기 제품으로 인식될 가능성은 상당히 낮았던 것이다. 결국 소매업자들이 이 제품을 다른 냉장 제품(냉장 코너에서 판매해야 하는 치즈, 요구르트 등의 유제품 간식거리) 옆에 다시 배치하자 페페라미 매출은 크게 상승했다.

브랜드나 제품을 알아보는 소비자의 능력이 상황에 크게 좌우된다는 사실은 제품이 판매되는 주위 환경(즉 상황)을 이용하여 자사의 제품이 무엇인지 알릴 수 있다면 포장 디자인에 아주 많은 정보를 한꺼번에 집어넣으려고 애쓸 필요가 없다는 공식이 성립된다. 이는 또한 종종 사람들이 실제 광고에 나오지 않은 것을 봤다고 말하는 이유를 설명해 주기도 한다. 일례로 한 칫솔 브랜드는 여러 해 동안 광고에서 나이 든 남자가 칫솔을 추천하는 영상을 내보냈다. 이 브랜드는 이후에 더 젊은 여성 출연자가 나오는 영상으로 대체했다. 그런데 젊은 여성과 나이 든 남성의 차이가 분명해 보였는데도 불구하고 여성 출연자만 나오는 광고를 보여주었을 때 피험자들의 절반 이상이 나이 든 남성을 본 것으로 기억했다. 이러한 결과는 그 브랜드가 스토리를 제시하는 상황으로서의 역할을 하기 때문에 발생한다. 나이 든 남성이 나오는 광고 영상은 그 브랜드에 대한 각 피험자의 신경 네트워크에 연결되어 있어서 그 브랜드를 인식할 때마다 뇌 속에서 활성화되었다. 따라서 여성 출연자만 나오는 광고의 나머지 상세한 부분들은 나이 든 남성이 나오는 장면을 볼 거라는 기대에 묻혀버렸다.

제품이 아니라, 의미를 산다

다국적 맥주 회사인 안호이저부시 인베브Anheuser-Busch InBev의 제품 목록에는 독일의 맥주 브랜드인 하세뢰더Hasseröder가 포함되어 있다. 이 브랜드는 3,000만 파운드를 들여 0.5리터짜리 병을 새로 선보였다. 그들이 실제로 바꾼 것은 병의 목 부분이었는데 둥근 횡단면을 6각형으로 바꾸었다(그림 3-13). 맥주 자체는 달라지지 않았다.

이러한 변화로 매출이 늘려면 제품의 가치가 높아져야 한다. 실제 하세뢰더의 매출은 늘었다. 목 부분을 6각형으로 바꾼 것이 이 맥주의 가치를 높인 것인가? 그렇다면 그 이유는 무엇일까? 이러한 변화가 제품의 가치에 영향을 미치고 결과적으로 매출에까지 영향을 미치는 과정을 이해하기 위해서는 우선 크리스토프 코크 캘리포니아 대학 교수의 놀라운 연구 결과를 살펴보자. 코크가 이끄는 연구팀은 간질환자들을 상대로 특이한 실험을 했다. 환자들의 뇌에는 간질

그림 3-13 독일 맥주 브랜드 하세뢰더는 맥주병의 목 부분에 6각형의 새로운 모양을 도입했다.

의 진원지를 찾기 위해 전극이 꽂혀 있었다. 연구자들은 그들에게 심슨에서부터 빌 게이츠, 영화배우 할리 베리(영화 「캣 우먼Cat Woman」에도 출연)까지 여러 유명인의 사진을 보여주었다. 결과는 어땠을까? 유명인의 사진이 바뀔 때마다 다른 뉴런 집단이 활성화되었다. 더욱 놀라운 결과는 할리 베리를 알아보는 뉴런의 경우 그녀가 어느 방향에서 보이든, 그녀가 모자나 선글라스를 착용했든 안 했든, 캣 우먼 의상을 입었든 안 입었든 관계없이 활성화되었다는 점이다. 심지어 그냥 할리 베리라는 글자만 보여준 경우에도 활성화되었다. 이 모든 상황에서 동일한 뉴런이 발화했다. 그렇다면 이 결과는 무엇을 의미할까? 이는 할리 베리라는 브랜드가 이미지로 암호화되었든 글자로 암호화되었든 그 방식은 뇌에 전혀 중요하지 않다는 의미이다. 할리 베리라는 〈의미〉를 알아볼 수 있는 한 뉴런은 발화했다. 뇌는 〈그것은 무엇인가?〉라는 질문에 답할 뿐 아니라 어떤 신호가 무엇을 의미하는지도 해독한다. 이 때문에 우리는 단순히 기포와 푸른색 배경만을 근거로도 O2 브랜드를 알아볼 수 있었다. 따라서 뇌가 무언가를 인식할 때 묻는 두 번째 주요한 질문은 〈그것은 무엇을 의미하는가?〉이다. 브랜드와 상품을 해독하는 과정에서 중요한 이 두 번째 단계를 조금 더 자세히 살펴보자.

직장동료의 생일파티에 초대받아 선물로 장미꽃 한 다발을 가져갔다고 상상해 보자. 그런데 단순히 이런 상황을 상상하는 것만으로도 불편함이 느껴질 수 있다. 왜 그럴까? 장미는 꽃이고 향기도 좋고 예쁘다. 장미는 해바라기처럼 예쁠 뿐이지만 실제로 받는 사람(그리고 그 선물을 목격한 사람들)의 반응은 분명 매우 다를 것이다. 해바라기가

그림 3-14 두 꽃은 다른 정신적 개념을 활성화시킨다. 서양 문화에서 해바라기는 행복을 나타내고, 장미는 사랑을 나타낸다.

아니라 장미를 선물로 줄 때 불편함을 느끼는 이유는 그 상황에서 장미가 전달하는 의미 때문이다. 장미는 적어도 서양 문화에서는 연애와 사랑을 의미한다. 반대로 해바라기는 행복을 의미한다(그림 3-14). 장미와 해바라기는 서로 다른 것을 의미하고, 그 의미는 특정 상황에서의 가치를 결정한다. 따라서 직장동료가 당신과 사랑하는 사이라면 그때 장미의 가치는 높을 테지만, 그녀가 행복하게 결혼생활을 하고 있다면 그녀에게 장미를 주는 행동은 적어도 어색함을 유발할 것이다.

고대 사람들은 무리의 우두머리 수컷이 되기 위해 싸움으로 경쟁했다. 오늘날에도 사람들은 똑같이 행동하지만 더 유연하고 덜 고통스러운 방법을 동원한다. 회사 내의 위계질서는 지정된 주차 공간, 출입구 간의 거리, 책상이나 사무실 크기, 회의실에서 앉는 자리, 회의 중에 가장 많이 이야기하는 사람으로 상징적으로 표현된다. 우리는 "당신을 사랑해요."라고 말로 이야기할 수 있을 뿐 아니라 장미나 다이아몬드 반지를 주며 효과적으로 사랑을 표현할 수도 있다. 우리는 아픈 사람을 돌보기 위해 수프를 준비하기도 하고 사람들과 잘 지내기 위해 커피를 타기도 한다. 오직 인간만이 차가운 파란색은 성취와 관련이 있고 따뜻한 파란색은 보살핌이나 돌봄과 관련이 있음을 직관적으로 이해할 수 있다. 그런 것들을 이해하는 과정은 특이하게도 인간에게만 일어난다. 인간이나 동물 모두 감정이나 호기심, 사회적 행동 같은 여러 가지 특징을 똑같이 갖고 있지만 주위의 신호를 더욱 추상적인 정신적 개념으로 바꿀 수 있는 능력은 인간만이 갖고 있다. 저명한 행동경제학자 댄 에리얼리는 《애뉴얼리뷰오브사이콜로지*Annual Review of Psychology*》에 발표한 과학 논문에서 이를 〈개념적 소비conceptual consumption〉라 불렀다.

선사시대의 선조들은 깨어 있는 시간의 대부분을 먹을 것을 구하러 다니고 또한 그것을 먹으며 보냈다. 이 본능은 분명 기대했던 성과를 올렸다. 오늘날에도 이 본능은 여전히 강력한 힘을 발휘하지만 수십 억의 사람들에게 이 본능은 슈퍼마켓에 잠깐 들르고 전자레인지에 식사를 데우는 데 드는 짧은 시간으로 충족된다. 물리적 욕구가 충족되고 시간이 남아도는 지금, 사람들은 개념을 찾고 소비함으로써 이 충동을 위한 심리적인 배출구를 더욱더 찾고 있다.

뇌에서 일어나고 있는 일은 다음과 같이 설명할 수 있다. 어떤 사물이 무엇인지 알고 나면 이 정보는 정신적 개념으로 바뀌어 의미가 추가된다. 장미를 본 사람들이 그것이 장미라는 사실을 알게 되면 이미 장미에 대해 알고 있는 원형적인 사실들이 연상 기억에 의해 활성화된다. 사람들은 이 과정을 통해 그것에 의미를 적용한다. 도로에 있는 SUV 차량이 사람의 이동에 필요하다는 사실은 SUV가 가진 의미의 일부분에 불과하다. 여기서 소비되는 개념은 사회적 지위이다. 수십 건의 연구는 그러한 개념이 물리적인 제품 그 자체를 넘어 사람들의 구매나 소비에 영향을 미치는 여러 과정을 알아냈다. 그래서 우리는 사람들이 어떤 물리적 실체인 X를 정신적 개념인 Y로 바꾸어 놓는다고 말할 수 있다. 이를테면 장미 한 다발을 사랑의 개념으로, SUV를 지위의 개념으로 바꾸어 놓는다. X가 Y가 된 이 변화를 리코딩(recoding, 예를 들면 SUV=지위)이라고 부른다. 따라서 모양, 색깔, 로고, 활자체 같은 시각적 요소들 또한 형식적이거나 기술적 속성의 관점에서만이 아니라 그것이 유발하는 정신적 개념의 관점에서도 인지된다.

예를 들어 일반적으로 둥근 로고는 각이 진 로고보다 더욱 조화롭고 덜 공격적으로 인식된다. 또한 여러 연구에 따르면 제품의 상대적인 높이와 인지되는 우월성 간에는 연관성이 있다. 이 연구 결과는 경험적인 측면에서도 설명할 수 있는데, 높은 위치는 더 큰 지배력(아래에 있는 사람들에 대한 시각적인 지배)이나 권력(위에서 조종하기가 더 쉽다.)과 관련이 있다. 통제나 자부심, 지배력 같은 개념과 수직적 상호작용 간의 연관성이 일상생활에서 경험되었기 때문에 상대적인 높이의 변화는 제품이 그 관련된 개념(자부심이나 우세함)들을 나타낸다고 인지하는 정도에 영향을 미친다.

　건설업체를 상대로 대형 크레인을 판매하는 회사가 적절한 예가 될 수 있다. 그 회사는 대형 크레인의 이점과 실제 모습, 성능인자를 비롯한 많은 것을 광고를 통해 전달하고자 했다. 이 회사의 광고대행사는 광고를 눈에 띄게 만들기 위해 크레인을 근접 촬영한 모습을 보여주었다. 하지만 광고에는 사람이 한 명도 등장하지 않았다. 그리고 광고는 실패했다. 실패 원인을 분석한 내용에 따르면, 크레인 운전기사들이 오히려 거대한 크레인의 우수성을 두려워했다는 데 문제가 있었다. 이로 인해 외현적인 시스템, 즉 조종사 시스템을 위해 계획된, 사실을 기반으로 한 모든 논거가 무효화되었다. 따라서 크레인이 광고에서 묘사된 과정은 광고주가 전혀 의도치 않은 메시지를 암묵적으로 전달하고 말았다. 크레인 운전기사들의 자동 조종 장치는 광고를 통해 오히려 "이 크레인은 당신보다 더 강합니다."라는 메시지를 받았다. 이 광고가 성공하려면 몇 번만 손을 움직여도 크레인을 통제하고 통솔할 수 있다는 확신을 크레인 운전기사의 자동 조종 장치에 심어주어야 했다. 광고 효과를 최대로 끌어올리려면 단순히 그 안에 사람을 넣는다고 되는 게 아니라 크레인 운전기사가 어떻게 크레인을 통제하는지를 보여주어야 했다.

　특히 다수의 연구에서 소비자의 의사결정이나 브랜드 호감 형성과 관련하여 정신적 개념이 점점 더 중요해지고 있음이 입증되었기 때문에 시각적 요소와 상징적 의미 간의 구조적인 관계를 이해하는 것이 중요하다. 이러한 유형의 연구에 따르면, 미적인 즐거움을 안겨주는 것 외에 소비자에게 가장 중요한 제품 외관의 기능은 정신적 개념을 묘사하는 것이다. 이 책 뒷부분에서 다시 다루겠지만 이 사실이 함축하는 바는 어떤 것이 미적으로 즐거움을 주는지를 근거로 시각 자료나 색깔, 활자체나 모양 등을 판단하지 말라는 것이다. 그보다는 뇌가 이용하는 과정을 따르고 그 신호가 무엇을 의미하는지, 어떤 개념을 유발하는지 물어야 한다.

신경과학과 현대 심리학은 이 무형의 의미를 정량적으로, 분석적으로 접근할 수 있게 해준다는 의미 있는 이점을 안겨준다. 그러한 방법 중에는 사람들에게 직접적으로 물어보지(이 경우에는 자동 조종 장치의 반응을 일으키는 대신 조종사 시스템을 끌어들인다.) 않고, 전용 뉴런 마커(neuronal marker, N400으로 알려진)로 하나의 신호와 특정 개념이 의미상 어울리는지 규명하는 방법이 있다. 뇌가 어떤 신호와 개념이 의미상 어울린다고 인식할 때마다 뇌의 특정 부위 뉴런 움직임에 변화가 생긴다. 이러한 움직임의 변화는 약 400밀리세컨드(0.4초) 뒤에 뇌전도로 측정할 수 있는데, 과학자들이 유발전위(evoked potential, 외부 자극에 의해 신경세포에 발생하는 활동 전위)라 부르는 것을 연구할 때도 뚜렷하게 나타난다.

의미상의 일치 여부를 알려주는 뉴런 마커는 흥미롭지만, 다양한 도시나 국가의 대표 표본을 측정하거나 구매 의도처럼 설문조사에서 얻은 기존의 척도와 연관지을 때에는 그렇게까지 실용적인 것은 아니다. 다행히도 하나의 신호가 어떤 개념을 유발하는지 측정하는 실용적인 방법은 또 있다. 대표적인 예가 심리학에서 이용되는 점화 기법priming techniques이다. 기술이 발전해서, 특히 신호에 대한 자발적인 반응을 측정할 수 있게 된 덕분에 마케팅에서 사용되는 신호가 야기하는 정신적 개념을 분석적으로 평가할 때 주관적인 판단이나 뉴런 마커에 의존할 필요가 없게 되었다. 정량적 평가가 지닌 이점 중의 하나는 여러 국가와 문화의 내재된 연관성을 비교할 수 있다는 점이다. 특정한 문화에서 내재된 의미를 밝혀내는 일은 가능할 수 있지만 그 결과들을 여러 문화에 걸쳐 비교하기는 훨씬 어렵다. 바로 이러한 점에서 객관적이고 정량적인 측정은 가치를 더해줄 수 있다.

이제 하세뢰더가 재출시한 맥주의 6각형 병목으로 돌아가자. 그것은 무엇을 의미하는가? 그냥 관심을 끌기 위한 술책인가 아니면 더 많은 것이 담겨져 있을까? 사람들이 이 특징을 인식할 때 작동되는 의미, 즉 정신적 개념은 무엇인가? 모양이 각이 지고 울퉁불퉁하기 때문에 일반적인 둥근 모양보다 매끄럽지는 않다. 연구에 따르면, 각이 진 모양은 제품의 효능에 대한 인식에 영향을 미친다. 직선의 각이 진 모양은 일반적으로 둥글고 구부러진 모양보다 더 강하고 남성적인 것으로 인식된다. 반면 둥글고 구부러진 모양은 대개 더욱 부드럽고 온순하고 여성적으로 인식된다.

따라서 둥근 모양의 병목에 비해 6각형의 병목은 전체적으로 더욱 남자답게 보이고 남성적 브랜드라는 인식을 강화한다. "남자는 이유를 알기 때문이다."라는 하세뢰더의 주장을 고려해 보면 이러한 변화는 제품의 포지셔닝에 잘 어울리고 남성다움을 의미 있게 생각하는 맥주 소비자들이 인지하는 가치를 높여준다. 소비자는 이 맥주로 남성다움이라는 개념을 구매한다. 네덜란드 트웬테 대학 학자들은 연구를 통해 병의 모양(자연스러운 모양 대 인위적인 모양)이 광고 슬로건이 전달하는 개념과 일치하면 상품과 브랜드 평가 모두 긍정적인 영향

그림 3-15 새 포장 디자인은 다른 개념을 전달하기 때문에 기존 디자인과 비교했을 때 다른 가치를 전달한다.

을 받는다는 사실을 밝혀냈다. 따라서 하세뢰더의 브랜드 주장과 새로운 6각 병목 모양 사이에 형성된 개념상의 조화는 기업에게 추가적인 이득을 안겨준다.

트로피카나 포장 디자인에 위의 사실을 적용해 보면 새로워진 디자인으로 인해 제품에 대한 인식이 방해받았을 뿐 아니라 디자인이 유발하는 개념, 즉 의미가 크게 달라졌음을 확실히 알 수 있을 것이다.

새 포장 디자인에서 대표적으로 눈에 띄는 것은 오렌지주스 잔이다. 일상생활에서 이러한 모양의 잔은 대개 어디서 볼 수 있는가? 언제 이런 잔을 보는가? 이런 잔은 비교적 드물게 볼 수 있다. 이런 잔이 매일 아침 식사 테이블에 등장하는 집은 많지 않을 것이다. 그런 가정의 경우 그 잔은 그들에 대해 무엇을 말해 주는가? 그 잔은 어떤 가정과 어울리는가? 분명 잘 사는 유복한 집일 것이다. 그런 잔을 사람들은 언제 써봤을까? 아마도 호텔이나 기념행사에 초대받았을 때일 것이다. 아니면 저녁식사에 친구들을 초대했을 때일 것이다. 이 모든 경험이 〈특별한 경우〉라는 개념을 활성화시킨다. 그렇다면 그 잔은 이 제품이 어울리는 상황에 대해 무엇을 말하고 있는가?

이번에는 처음 디자인을 보자. 오렌지는 자연스럽게 이 제품이 무엇인지, 즉 오렌지주스임을 전달하는 동시에 그 외에도 훨씬 더 많은 것을 전달한다. 오렌지 밑에는 나뭇잎이 있다. 이와 비슷한 것은 어디에서 자주 보는가? 실제로 그 나뭇잎은 갓 딴 오렌지에서만 볼 수 있다. 따라서 이 나뭇잎은 신선함이라는 개념을 활성화시킨다. 하지만 잔은 그렇지 않다. 잔을 보고는 그 주스가 신선한지 아닌지 알 수 없다. 물론 주스는 신선할 수 있지만 그렇게 말해 주는 인지 가능한 신호가 없다. 이제 다들 알다시피 연상 기억은 인지 가능한 신호 없이는 자동적으로 활성화되지 않는다. 그리고 처음 디자인의 기억 속에서 빨대와 관련이 있는 것은 무엇인가? 그것은 어떤 종류의 빨대인가? 칵테일용 빨대인가? 그럴 리 없다. 왜냐하면 아이들이 주로 쓰는 색색의 고리로 되어 있는 빨대이기 때문이다. 따라서 그것은 매일 쓰는 빨대이다. 대체적으로 보면 새 포장의 경우 〈그것은 무엇인가?〉(알아봄)라는 질문에 답하기 힘들어 보일 뿐 아니라 새 디자인이 전달하는 의미 또한 근본적으로 바꾸어 놓았다.

새 포장 디자인의 목적은 더욱 고급스럽게 보이는 것이었다. 새로운 디자인이 더욱 세련된 것은 분명하기 때문에 그 목적은 달성됐지

그림 3-16 의미는 상황에 따라 달라진다.

만, 연상되는 개념이 소비자를 자극했는지의 여부는 급격한 매출 하락을 고려하면 의심스러울 수밖에 없다. 마케터들에게 개념의 차원은 이처럼 제품의 가치 인식을 관리하고 끌어올리는 데 핵심적인 부분이다.

　무언가를 알아보는 것과 마찬가지로 의미도 상황에 민감하다. 마케팅에 종사하는 사람들은 TV 광고나 포장에서 어떤 신호를 이용해야 할지에 대해 많은 시간을 논의한다. 그러나 마케터들은 상황을 체계적으로 고려하지 않은 채 키 비주얼(key visual, TV 광고에서 가장 중요한 포인트가 되는 한 화면) 같은 것만을 평가하는 경향이 있다. 〈그림 3-16〉은 마케터들이 키 비주얼 같은 것에 정신이 팔려 효율적이고 더욱 객관적인 토론을 하지 못하고 있음을 보여준다. 인식이나 기억과 마찬가지로 의미 역시 상황에 의해 좌우되기 때문이다.

상자 안 글자들을 서로 분리된 선이라고 생각하면, 대부분의 사람들은 첫 번째 줄의 가운데 신호를 〈B〉로 이해하고 아랫줄의 가운데 신호는 〈13〉으로 이해할 것이다. 그 둘이 똑같은데도 말이다. 분명 상황은 어떤 의미가 드러나는지를 규정한다. 전달 과정에서 다이아몬드를 상징으로 이용하려 한다고 치자. 다이아몬드는 한 가지 이상의 의미와 관련되어 있다. 그것은 단단함, 광택, 사치, 결혼을 나타낼 수 있다. 그 의미들 가운에 어떤 것이 소비자에 의해 인식되는가는 그것이 제시되는 상황에 따라 다르다. 건설 장비 광고에 다이아몬드를 넣으면 단단함이 주요한 의미가 될 가능성이 가장 크다. 하지만 염모제가 담긴 포장 디자인에 다이아몬드를 넣으면 광택의 개념을 활성화시킬 가능성이 높다. 따라서 실행을 논의할 때 상황을 고려하면 더욱 효과적으로 할 수 있다.

의미는 한결같아야, 신호는 새로워야

지위나 사랑 같은 개념을 표현하는 방법은 여러 가지가 있다. 장미는 사랑이나 연애의 의미를 전달하는 겨우 한 가지 방법에 불과하다. 반지나 화살이 꽂힌 심장도 같은 정신적 개념을 전달할 수 있다. 마케터들은 한 가지 개념을 여러 다른 신호들과 결부 짓는 뇌의 이러한 유연성 덕분에 브랜드 관리에서 부딪치는 한 가지 딜레마, 즉 새로움과 일관성 사이에서 조화를 이뤄야 하는 과제를 극복할 수 있다. 마케터들은 〈새로운 동시에 일관되어야 한다〉는 이 두 가지 요구를 모두 인정한다. 모두들 매출과 브랜드 점유율을 높이고 새로운 동기를 부여하여 고객을 되찾아오길 원하기 때문에 무언가를 바꾸고 싶어 한다. 그와 동시에, 역사적으로 중요한 현재의 강점을 유지함으로써 기존 고객들을 소외시키는 결과를 무릅쓰지 않고 꾸준히 인정받을 수 있기를 바란다. 한결같아야 한다는 점에도 충분한 이유가 있지만 새로워야 한다는 점에도 충분한 이유가 있다. 그래서 마케터들이 무엇을 지키고 무엇을 바꿀 수 있는지를 놓고 계속 논의한다고 해서 전혀 놀랄 게 없다.

인지 심리학자들은 오래전부터 인간의 뇌가 새로운 지식을 기존 지식에 통합시킬 수 있을 때 가장 잘 배운다는 사실을 알고 있었다. 따라서 익숙함은 효과적이고 효율적인 광고에서 매우 중요하다. 거기까지는 다들 알고 있는 얘기다. 그런데 인간은 새로운 것을 익히는 것을 왜 그렇게 어려워할까? 결국 그것은 뇌가 자극에 반응하는 방법 때문이다. 네덜란드 네이메헌의 라드바우드 대학 연구팀은 예상치 못한 새로운 정보와 익숙한 정보에 반응하는 뇌 신경세포의 활성도를 측정했다. 어떤 신호가 미리 예상된 경우, 즉 예상과 일치할 경우 이 정보는 더 이상 뇌에서 처리되지 않았다. 기대에 부합된 정보는 억제되며 이때 세포는 신경을 끄거나 다른 것들을 처리한다. 이렇게 신경세포가 관심을 꺼버리는 결과는 대부분의 자동차 사고가 가장 잘 아는 도로에서 일어나는 한 가지 이유이기도 하다. 사람들은 더 이상 충분히 집중하지 않고, 뇌는 기억으로부터 그 정보를 처리하는 일을 끝마친다. 무언가를 예상했다가 신호에 의해 자신의 가정이 확인되면 뇌는 곧바로 스위치를 끄고 다른 일을 처리한다. 이는 매우 효율적이다. 이미 무엇인지 알고 있는 것을 생각하느라 많은 시간을 보낼 이유는 없기 때문이다. 이 때문에 소비자가 알게 만들려면 충분히 새로워야 한다. 달리 말하면, 새로움이 없다면 기존에 있는 연상만이 활성화될 것이고 아무것도 학습되지 않는다. 새로움은 새로운 것이 전달되도록 문을 열어준다.

일관성과 새로움 사이의 딜레마에서 빠져나오는 방법은 인지 가능한 신호와 그 신호가 리코딩을 통해 유발하는 개념을 구분짓는 것이다. 일관성과 새로움 모두를 이용하기 위해서는 의미 차원에서는 한결같아야 하지만 신호 차원에서는 새로워야 한다. 하세뢰더 맥주병이 적절한 예이다. 6각형 모양의 병목은 새로운 신호지만 남성다움의 개념에 들어맞고 심지어 그 개념을 강화하기 때문에 〈남자들은 이유를 알기 때문에〉라는 브랜드 약속의 맥락에서 인지되는 가치를 높여준다. 또 다른 좋은 예는 링크스/엑스(Lynx/Axe, 유니레버의 남성용 바디샤워 및 데오그란트 제품)이다(그림 3-17). 이 브랜드는 의미 차원에서는 매우 한결같지만 매번 새로이 변형된 신호를 이용한다. 모든 링크스/엑스 TV 광고에서는 평범한 남자가 가장 아름다운 여자를 얻는다. 물론 이 경우에는 특별히 젊은층이 인지하는 가치가 높지만 이 메커니즘은 여러 가지 방식으로 변형된다. 특히 중요한 점은 이 브랜드의 모든 캠페인에서 특정 제품과 그 속성이 전체적인 브랜드 약속에 연결되어 있다는 사실이다. 그 결과 브랜드나 메시지 차원에서 익숙함이 성취되고 특정 제품은 그 익숙함에 연결된다.

그림 3-17 링크스/엑스: 신호는 새롭지만 의미는 늘 같다.

　　그렇다면 소비자는 어느 정도까지의 새로움에 대처할 수 있을까? 익숙함은 어느 정도까지 필요할까? 예상과는 완전히 반대로 진행되는 파괴적인 광고는 관심과 함께 더 많은 인지 활동을 일으킨다. 그러면 소비자는 이 일관성 없는 상황을 해결하려고 애쓴다. 하지만 이러한 광고는 예외적인 경우에만 장기적으로 계속될 수 있고 수용자의 높은 관여 또한 지속적으로 필요하다. 그러나 대체로 광고는 수용자의 관여도가 낮은 채로 진행된다(광고학자들도 이 점에 동의한다). 연구에 따르면 이용 가능한 가장 효과적인 전략은 MAYA(Most Advanced Yet Acceptable) 원칙, 즉 〈가장 앞서가지만 채택 가능해야 한다〉는 원칙이다. 많은 연구 결과는 예상을 〈적절하게 벗어난〉 메시지가 관심과 선호도, 상기도, 인식을 높이는 데 가장 효율적이라는 점에 동의한다. 의미 차원에서는 한결같고 신호 차원에서는 새로움을 안겨주는 것은 MAYA 원칙을 실행하는 한 가지 방법이라 할 수 있다.

보이는 것을 보는 게 아니라
원하는 것을 본다

이제까지 우리는 소비자의 의사결정 과정 첫 단계가 어떻게 전개되는지 살펴보았다. 뇌가 상품과 브랜드를 어떻게 알아보는지, 신호가 인지되는 상황을 이용하여 신호를 어떻게 정신적 개념으로 바꾸는지를 알게 되었다. 그래도 한 가지 중요한 의문이 남는다. 사람들은 신호에 자신들의 주의를 어떻게 배분할까? 특정 제품이나 광고, 포장 디자인에 주의를 기울일지의 여부는 무엇에 의해 정해지는가? 대부분의 사람들은 자신이 다른 것보다 특별히 더 자주 알아보는 것이 있으며 또한 그것은 시간에 따라 달라진다는 사실을 경험한다. 예를 들면, 부모가 된 사람에게는 갑자기 예전보다 더 많은 아이나 갓난아이들이 눈에 띈다. 그리고 어떤 자동차를 사는 데 관심을 가지면 갑자기 그 자동차가 사방천지에 있는 것처럼 보인다. 단순히 그 자동차만이 아니라 그 자동차 광고도 자주 눈에 띈다. 실제로 연구에 따르면, 어떤 자동차를 사기로 결정하고 나면 해당 자동차의 광고가 더 자주 눈에 띈다고 한다.

따라서 현재의 고객들은 자신이 관심 있는 것에 가장 많은 주의를 집중할 것이라는 점을 알아야 한다. 그렇다면 이 효과의 기초가 되는 메커니즘은 무엇인가? 그것은 어떻게 작동하는가? 이 질문들은 마케팅과 광고에서 가장 많이 거론되는 주제인 〈주의attention〉로 이어진다. 우리의 메시지, 브랜드, 상품이 소비자의 머릿속에 들어가는 과정에서 가장 먼저 등장하는 것은 주의이다. 우리에겐 사람들의 주의를 사로잡는 캠페인이 필요하다! 그리고 매장 진열대에 가할 더 큰 충격이 필요하며 혼란의 틈을 비집고 그 속에 들어가야 한다! 그러한 조건과 목표는 모든 마케터들에게 익숙할 것이다. 이제 과학이 주의의 작동 과정에 대해 무엇을 말해줄 수 있는지 알아보자.

이미 우리는 2장에서 우리 뇌에는 주변 인식과 초점 인식, 이렇게 두 가지 종류의 인식이 작동하고 있다는 것을 알게 되었다. 세상의 많은 부분을 가능한 한 명확하게 보기 위해서는 분명 눈을 움직여야 한다. 그렇게 하다 보면 초점이 움직인다. 그런데 그 과정은 어떻게 이루어질까? 사람들은 처음엔 어디를 보고 그 다음엔 어디를 볼지 어떻게 결정하는가? 이러한 종류의 결정이 1초에만도 2, 3번이 내려지고 (수면 시간을 감안하면 이러한 결정은 하루에 15만 번 정도 이루어진다.), 우리가 눈의 이러한 움직임을 알지 못한다는 사실을 고려하면 이 결정들은 의식적인 통제된 과정이 아니라 내재적이고 무의식적인 결정 과정에 기초할 수밖에 없다. 그렇다면 사람들이 자신의 작은 고해상도 감지기를 어디로 돌릴지, 어떤 상품이나 광고를 완전히 집중하여 볼지 여부를 결정할 때 기준이 되는 주요한 원칙은 무엇일까? 여기서도 이야기는 의사결정의 기본 원칙으로 돌아간다. 이 원칙은 〈가치〉를 근거로 한다.

한 옥외 마케팅 기업이 실시한 조사에 따르면, 와인 옥외 광고를 쳐다보는 사람들 중에는 맥주를 마시는 사람들보다 와인을 마시는 사람들이 3배 더 많았다(시선 추적을 통해 측정). 이에 대한 사람들의 첫 반응은 "그래서 어떻다는 거야? 당연한 거 아냐?"일 것이다. 와인을 마시는 사람이 왜 와인 광고를 쳐다보지 않겠는가? 하지만 이 조사 결과를 다시 보면 중요한 의문이 생긴다. 와인을 마시는 사람들이 실제로 와인 광고를 보기 전에 그 광고를 쳐다보게끔 만든 것은 무엇이었을까? 이는 맥주를 마시는 사람들보다 와인을 마시는 사람들이 와인 광고를 더 오래 본다는 얘기가 아니다. 또한 그들의 광범위한 시선이 더 자주 그 광고로 돌아온 것도 아니다. 중요하고도 놀라운 사실은 3배나 더 많은 와인 애호가들이 그 광고에 초점을 맞춰 감지했다는 점이다.

그렇다면 무엇이 그들의 첫 번째 눈길을 유발할까? 답은 우리가 막 알게 된 사실에 근거한다. 즉 주의는 지엽적이고 내재적인 주의와, 중심에 시선을 두는 외현적인 주의로 나뉜다는 사실이다. 이는 다음과 같이 작동한다. 새로이 들어온 주변 신호들은 우리 머릿속 자동 조종 장치에 의해 내재적으로 처리된다. 자동 조종 장치는 훨씬 더 넓은 시야로 주변 환경을 훑어보고 들어오는 모든 정보를 처리한다. 이때 어떤 대상(브랜드 로고나 옥외 광고, TV 광고 등)에 대한 정보는 2장에서 알게 된 보상 및 가치중추라는 뇌 영역으로 곧바로 전달된다. 이 보상중추는 자극이 시작된 뒤 80~130밀리세컨드(0.08~0.13초) 만에 활성화되는 것이 목격되었다. 이 시간은 눈을 깜빡이는 순간보다도 짧다. 이 과정에서 가장 중요한 부분은 자신이 인식하는 대상의 가치를 초기에 평가하는 것이다.

자동 조종 장치는 가치를 찾아다니는 사람처럼 우리가 인식하는 모든 것을 끊임없이 평가하고, 무엇이든 받아들인 것이 우리의 필요나 욕구, 목표에 부합한다면 그것에 높은 가치를 부여한다. 가치가 높으면 그것을 향해 눈 근육을 움직이라고 말하며 초점을 집중시킨다. 이

그림 3-18 주의는 어떤 특정한 시간에 가장 중요하게 생각하는 것에 쏠린다. 아래쪽의 두 사진은 배가 고팠거나(아랫줄 왼쪽 사진) 점심식사 후에 포만감을 느낀(아랫줄 오른쪽 사진) 피험자들의 시선 추적 결과를 보여준다. 배가 고픈 피험자들은 맥도널드 로고에 초점을 맞춘 반면, 포만감을 느낀 피험자 집단은 다른 매장 진열장과 로고에 더 많은 주의를 돌렸다.

장의 앞부분에서 소개한 MIT의 신경과학자 모시 바는 이 과정을 다음과 같이 정리하여 설명한다.

어떤 대상이 중요하다거나 관련이 있다고 혹은 가치가 있다고 신호를 보내는 것은 그 대상이 확인된 뒤 하나의 독립된 단계로서 발생하는 것이 아니다. 대신 정서적인 반응은 시각적 자극이 시작된 바로 그 순간부터 시각을 뒷받침한다.

따라서 뇌는 번개같이 어떤 대상을 알아볼 뿐 아니라 몇 분의 1초만에 그 대상의 가치를 평가한다. 그리고 이 평가는 우리의 눈이, 초점이 어디로 향할지를 결정한다. 〈그림 3-18〉의 사진에서 알 수 있듯이, 배가 고픈 사람의 경우 그 사람의 자동 조종 장치는 주변 환경을 훑어본 뒤 자신의 목표에 부합되는 신호에만 초점을 맞춘다. 이 사진의 경우에는 맥도널드 간판을 향한다. 신발을 찾고 있는 경우라면 초점은 신발 가게 진열장과 같은 다른 신호로 향할 것이다. 달리 말하면, 가치가 주의를 몰아가는 것이다.

이는 관련성이 주의의 주요한 동인임을 의미한다. 즉, 사람들은 〈자신이 원하는 것을 본다〉. 따라서 기본적으로 마케터는 자동 조종 장치가 감지하고 인식하는 방식으로 사람들이 찾고 있는 가치가 자사의 제품에 있음을 알려야 한다.

많은 연구 결과에 따르면, 현재의 목표에 따라 주의는 자동적으로 배분된다. 코카콜라 캔을 찾고 있다면 붉은색이라는 특정한 색깔에 대한 신경세포의 민감성이 늘어나면서 시각 정보에서 붉은색 영역이

그림 3-19 주의를 끌려면 제품이 보내는 신호가 소비자의 목표에 부합해야 한다.

더 많이 처리될 것이다. 따라서 붉은색 캔을 더욱 주의 깊게 본 결과 푸른색 캔에 비해 더 빨리 눈에 띌 것이다. 이 사실을 염두에 두고 세제 진열대 선반을 다시 살펴보자(그림 3-19).

소비자의 자동 조종 장치는 대부분이 흐릿한 정보를 근거로 이 포장 용기들 중에 자신의 목표에 가장 잘 들어맞는다고 말해 주는 신호를 찾아낼 것이다. 구체적으로 설명하면 이렇다. 검은색 옷을 세탁하는 데 좋은 세제를 원한다면 어떤 포장 디자인이 이 이점을 가장 강력하게 전달할까? 그리고 그 이유는 무엇일까? 이 점에 관한 한 이 세제가 올바른 선택이라고 자동 조종 장치에게 가장 훌륭하게 전하는 세제는 소비자의 관심을 받을 것이다. 당신이 모직옷 전용 세제를 원한다면 어떤 것을 찾겠는가? 아마도 분홍색 포장 용기의 세제를 찾을 것이다. 프랑스의 한 울세제 브랜드는 〈보호해 준다〉는 제품의 특성을 강화하기 위해 분홍색 용기를 아이보리 화이트 색깔로 바꾸었다. 그러자 매출이 뚝 떨어졌고 대부분의 소비자들은 분홍색의 경쟁 제품으로 옮겨갔다. 소비자가 특정 브랜드를 찾고 있는 경우에도 똑같은 얘기가 적용된다. 아리엘(Ariel, P&G의 세제 브랜드 이름) 브랜드를 찾고 있을 경우 어디로 시선을 보내겠는가? 아마도 가운데에 각진 모양이 있고 희미하게 붉은색이 있는 초록색 포장에 눈길을 보낼 것이다.

우리 뇌 속 자동 조종 장치는 마케팅 메시지의 문지기 역할을 한다. 이 장치는 메시지, 제품, 브랜드의 인지되는 가치가 높은 경우에만 문을 열어준다. 최신 유행 개념을 추구하는 아주 화려한 어린이집이라도 25세 미혼 남성과 연결지을 만한 활성화된 목표를 찾지는 못할 것이다. 그 때문에 그 남자가 남들 모르게 어린이집에 등록하더라도 그에게 영향을 미치거나 그의 행동에 영향을 미치는 것은 아무것도 없을 것이다. 여기서 한 가지 인정해야 할 중요한 것이 있다. 마케터 마음대로 사람들을 조종할 수는 없다는 사실이다. 그냥 좋은 사진 몇 장만 보여주면 소비자들이 공손하게 매장으로 줄지어 와서 자사 브랜드를 사주겠는가? 물론 그렇게 일이 진행되지는 않는다. 조종당하기 싫어하는 사람들을 조종할 수는 없다. 따라서 그 순간과 그 상황에서 무언가가 내재적인 목표나 외현적인 목표에 어긋나면 브랜드를 사주지 않을 것이다. 그뿐 아니라 그것을 인식하지도 못할 것이다.

마케팅이 보내는 신호가 맞아야
사람들도 반응한다

방금 전에 설명한 메커니즘은 가치에 의해 작동한다. 다시 말하면, 주의는 우리에게 중요한 것에 도움을 주며 각자의 목표와 필요에 기여한다. 그러나 순전히 신호만을 기초로 주의를 끄는 방법도 있다. 〈그림 3-20〉은 이 메커니즘이 어떻게 작동하는지 보여준다.

그림에서 Q와 F를 찾아보라. 대부분의 사람들은 Q는 쉽게 찾지만 F는 훨씬 더 찾기 어렵다고 느낀다(F는 여섯 번째 줄에서 열두 번째에 위치해 있다). Q와 F는 모두 E와는 다른 글자이지만, Q는 E와 글자 모양이 확연히 달라서 시각적으로 대비되기 때문에 더욱 두드러진다. 인간의 시각체계는 대비되는 것들을 감지하고 그것에 집중하는 데 일가견이 있다. 대비되지 않으면 배경으로부터 대상을 구분해 내지 못한다. 이 능력은 5만 년 전 주변 숲에서 호랑이의 얼굴을 구분해 내는 데 결정적으로 중요했다.

따라서 주위 사물로부터 두드러지고 싶다면 혹은 자사 제품에 눈길이 쏠리게 만들고 싶다면 다른 제품과의 인식 가능한 〈차이의 정도〉를 잘 다루어야 한다. 수많은 광고의 틈을 비집고 들어가거나 매장 진열대에서 눈에 띄기를 원한다고 말할 때는 바로 이것을 염두에 두고 하는 얘기다. 남과 다르게 하고, 상황을 흔들어 놓고, 눈에 띄게 함으로써 사람들의 초점을 사로잡고자 하는 것이다. 그러나 단순히 주의를 끈다고 해서 사람들이 그 제품을 사는 것은 아닐 것이다. E, F, Q가 제품이라고 치자. 누군가가 F를 찾다가 단순히 Q가 눈에 띈다는

```
EEEEEEEEEEEEEEEEEEEEEEEEEEEEEEEEEEEE
EEEEEEEEEEEEEEEEEEEEEEEEEEEEEEEEEEEE
EEEEEEEEEEEEEEEEEEEEEEEEEEEEEEQEEEE
EEEEEEEEEEEEEEEEEEEEEEEEEEEEEEEEEEEE
EEEEEEEEEEEEEEEEEEEEEEEEEEEEEEEEEEEE
EEEEEEEEEFEEEEEEEEEEEEEEEEEEEEEEEEEE
EEEEEEEEEEEEEEEEEEEEEEEEEEEEEEEEEEEE
EEEEEEEEEEEEEEEEEEEEEEEEEEEEEEEEEEEE
EEEEEEEEEEEEEEEEEEEEEEEEEEEEEEEEEEEE
EEEEEEEEEEEEEEEEEEEEEEEEEEEEEEEEEEEE
EEEEEEEEEEEEEEEEEEEEEEEEEEEEEEEEEEEE
EEEEEEEEEEEEEEEEEEEEEEEEEEEEEEEEEEEE
```

그림 3-20 주의는 대비에 의해서도 생긴다.

이유로 Q를 알게 된다 해도 그것이 현재의 목표에 맞지 않으면 사지 않을 것이다.

풀(pull, 제조업체가 최종 소비자를 상대로 적극적인 판촉 활동을 하여 결국 소비자가 자사 제품을 찾게 하여 중간상들이 자발적으로 그 제품을 취급하게 하는 방식) 전략과 푸시(push, 직접적으로 거래하고 있는 판매업자에게 판매 촉진 활동을 행하여 도매업자나 소매업자를 통해 자사의 제품을 푸시하는 방식) 전략을 통합한 훌륭한 예로는 얼룩 제거제인 배니시Vanish를 들 수 있다(그림 3-21). 배니시는 용기에 〈강렬한〉 형광색을 사용함으로써 돌출 효과pop-out effect를 내고 있다. 중요한 점은 강한 형광 분홍색이 이 상품 영역의 핵심

그림 3-21 어떤 색의 용기가 강력한 얼룩 제거제에 가장 적합한가?

편익인 〈강력한〉 클리닝 기능에 부합한다는 점이다. 노란색을 사용했어도 눈에는 띄었을 테지만 강력한 얼룩 제거를 원하는 소비자의 목표에는 들어맞지 않았을 것이다. 대부분의 나라에서 배니시의 색깔은 〈강력함〉의 개념과 연관이 있고 이는 확실히 얼룩 제거 제품에 도움이 된다.

정말 포크의 위치가 판매를 좌우할까

〈그림 3-22〉에 있는 두 장의 케이크 사진을 보자. 마케팅 교수인 라이

그림 3-22 포크의 위치가 설득에 영향을 미친다. 라이언 엘더의 허가 하에 재연함.
출처: 「광고에서의 시각적 묘사 효과The Visual Depiction Effect in Advertising」

언 엘더와 아라드나 크리시나는 이 사진들 중에 어떤 사진이 구매 의
도가 가장 높을지 알아내려 했다. 당신은 어떤 사진이 그럴 거라고 생
각하는가?

오른쪽이라고 생각했다면, 맞았다. 오른쪽 사진은 왼쪽 사진에 비
해 구매 의도를 20퍼센트 더 높였다(오른손잡이 피험자들의 경우). 그렇다
면 그 이유는 무엇이었을까? 유일한 차이는 포크의 위치이다. 이처럼
아주 사소해 보이는 차이가 실제로 사람들의 행동에 영향을 미치는
이유는 무엇일까? 이유는 간단한데, 그것이 (오른손잡이라면) 사람들이
평소에 인식하는 대상에 더 잘 들어맞기 때문이다. 따라서 처리하기
가 더 쉽기 때문에 자동 조종 장치에게 의미가 있다. 과학자들은 우리
에게 익숙한 것이 처리하는 데 노력도 덜 들고 그로 인해 자동 조종
장치에 의해 더욱 높게 평가받기 때문에 이를 〈지각적 유창성perceptual
fluency〉이라 부른다. 여기서 유창성이란 대상의 물리적 특성을 쉽게

인식할 수 있는 정도를 말한다.

마케팅에서 지각적 유창성은 관심을 끌고 고객에게 가치를 제공하는 원동력이다. 소비자는 우연히 밤에 TV 광고를 보고 그 광고에서 특정 아이콘을 은연중에 익힐 수 있다. 다음날 소매점 진열대에서 바로 그 아이콘을 보는 순간 전날 밤에 그것을 봤기 때문에 이 정보를 처리하기가 더 쉬워진다. 그것을 인식하는 데 드는 비용이 줄어든 덕에 증가한 유창성은 차이를 만든다. 이 효과는 특히 상품이나 브랜드의 인지 가치가 매우 유사한 영역에서 도움이 될 수 있다. 이 효과가 나려면 TV 광고와 포장, POS(매장 설치 광고) 간의 인지 가능한 시각적 연관성이 중요하다. 마케팅 분야에서는 한 팀이 ATL 커뮤니케이션(above-the-line communication, 미디어를 활용한 광고)을 전담하고, 다른 팀이 POS 커뮤니케이션을 전담하는 일이 허다하다. 그 결과 POS에서 이용되는 주요한 시각 자료가 TV 광고와 적절히 연결되지 못하는 바람에 유창성의 효과가 충분히 활용되지 못하기도 한다.

유창성이 제대로 작동하는 훌륭한 예는 다음과 같은 상황이다. 어떤 광고가 시작될 때마다 매출이 올라간다. 하지만 광고가 중단되면 매출은 다시 기본선으로 돌아간다. 이는 매출이 유창성에 의해 움직였음을 가리킨다. 즉 광고로 인해 그 브랜드가 정신적으로 더욱 유창해진 덕분에 매장에서 소비자들이 쉽게 그 브랜드를 처리할 수 있었던 것이다.

브랜드를 더욱 유창하게 만든 최근의 캠페인으로는 감자칩 1,560만 통을 추가로 판매하는 데 일조한 워커스(Walkers, 감자칩을 비롯한 여러 스낵을 제조하는 영국 기업)의 성공적인 샌드위치 캠페인을 예로 들 수 있다. 영국인들은 점심으로 샌드위치를 많이 먹는데 그들 4명 중 3명은 점심에 감자칩을 먹지 않는다. 워커스는 이러한 통계치에 근거하여 점심에 샌드위치는 먹으나 감자칩은 먹지 않는 소비자들을 타깃으로 광고 캠페인을 제작했다. 이 캠페인에서 워커스는 〈어떤 샌드위치도 더욱 신나게 만든다〉는 창의적인 아이디어를 극적으로 표현했는데 파멜라 앤더슨, 젠슨 버튼, 마르코 피에르 화이트 등의 유명인들을 켄트 주의 샌드위치Sandwich 마을로 데려가 지역 주민들에게 놀라움을 안기고 그곳을 더욱 흥미로운 곳으로 만들었다. 이 캠페인은 특별히 샌드위치라는 맥락 속에서 브랜드의 정신적 유용성과 더 나아가서는 유창성까지 높여놓았다. 매장에서 판매할 때 워커스 감자칩을 샌드위치 코너 옆에 진열한 조치는 캠페인에 부합하는 개념을 기초로 이러한 유창성을 높여주었다.

처리 과정이 용이해지고 효율성이 높아진다는 점에서 유창성이 영향을 미치는 또 다른 측면은 글자가 인식되는 과정이다. 대개 미적인 이유 때문에 혹은 두드러지기 위해 대문자로 쓴 정보를 자주 볼 수 있는데(그림 3-23), 안타깝게도 과학은 이러한 시도가 자동 조종 장치의 정보 처리 과정에 방해가 된다고 지적한다.

이유는 이러하다. 사람들은 읽는 법을 배울 때 모든 글자(알파벳)를 하나씩 읽기 시작한 뒤에 그것을 하나의 단어로 조합한다. 아이들을 지켜보거나 도와준 사람은 알 수 있듯이 이 과정은 더디게 진행된다. 그리고 늘 그렇듯 반복을 통해 상황을 장악하게 된 자동 조종 장치는 경험과 기억에 근거하여 더욱 효율적인 규칙을 적용한다. 즉 이제 단어는 더 이상 모든 글자를 하나씩 인식하는 것이 아니라 단어의 형태

Automatically	AUTOMATICALLY
Insurance documents	INSURANCE DOCUMENTS
Cauliflowers	CAULIFLOWERS
Celebrations	CELEBRATIONS

그림 3-23 대문자는 읽기에 더 어렵다.

나 모양을 추가된 정보로 이용함으로써 인식한다. 이때 단어의 형태는 주로 소문자로 제시된다. 이 덕에 우리는 아주 빠르게 읽을 수 있게 된다. 그런데 어떤 단어가 대문자로 제시되면 그 학습된 단어를 쉽게 이용할 수가 없다. 이 때문에 뇌는 이제 막 읽는 법을 배운 것처럼 행동할 수밖에 없다. 결과적으로 읽는 속도가 상대적으로 느려지고 만다. 대문자가 보기에는 좋아 보이고 임팩트를 더해준다고 생각할 수도 있지만 실제로는 유창하지 않다. 따라서 마케터가 포장이나 포스터, TV 광고 등에서 내보내는 메시지가 효율적으로 인식되어야 한다면 대문자는 덜 효과적이다.

얼굴, 낯익으면 더 신뢰한다

모든 광고에서 가장 흔하게 등장하는 시각적 신호 중의 하나는 사람의 얼굴이다. 실제로 얼굴은 인간의 뇌에 특별한 가치를 지닌다. (잘생긴) 얼굴을 보면 뇌의 보상중추가 작동한다. 보상중추 외에도 얼굴 인식에 전념하는 뇌 영역은 또 있다. 이 영역(방추상회)은 광고에 나오는 경우를 포함하여 얼굴을 볼 때마다 밝아진다. 동물, 만화, :-) 같은 유명한 스마일 이모티콘, 톰슨 할리데이/TUIThompson Holidays/TUI 브랜드처럼 얼굴과 비슷한 특징을 갖고 있기 때문에 인식의 대상이 되는 몇 가지 영역도 있다. 이 모든 것들은 기껏해야 인간의 얼굴과 아주 약간만 비슷하지만 뇌의 관점에서 보면 얼굴을 의미한다. 눈에 해당하는 전조등이 있고 라디에이터 그릴이 웃고 있는 듯한 자동차의 앞면은 바로 이러한 이유로 얼굴을 인식하는 뇌 영역을 활성화시킨다.

얼굴이 가치가 있기 때문에 사람들은 자동적으로 얼굴을 쳐다보는 경향이 있다. 따라서 광고에 얼굴을 이용할 때마다 처음에는 관심이 얼굴로 몰릴 것으로 쉽게 추정할 수 있다. 하지만 이보다 훨씬 더 흥미로운 사실은 공동 관심joint attention이라는 효과이다. 사람들은 다른 얼굴이 바라보는 방향을 쳐다보는 경향이 있다는 것이다. 몇몇 사람이 하늘을 쳐다보고 있는 모습에 점점 더 많은 사람들이 가던 길을 멈추고 같은 방향을 쳐다보는 상황을 다들 잘 알고 있을 것이다. 비록 특별히 볼 만한 것은 없는데도 말이다. 다른 사람들이 바라보는 곳을 쳐다보는 성향은 진화론의 관점에서 보면 의미가 있다. 한 사람이 시선을 이용하여 어떤 대상(예를 들면 사자)의 존재에 대해 다른 사람에게 알린다. 이 효과는 관심을 유도하는 데 이용할 수 있으며, 실제로도 광고에 등장한 모델 여성이 제품을 쳐다보자 앞만 바라봤을 때보다 더 높은 구매 의사를 유발했다는 것이 사전 테스트에서 이미 입증되었다. 유명인 모델을 이용한 맥주 광고 역시 이 유명인이 다른 곳보다 맥주를 쳐다봤을 때 매출이 훨씬 더 늘었다.

우리가 사람의 얼굴을 처리해온 경험은 1만 시간이 훨씬 넘는다. 따라서 얼굴 인식이 우리 뇌에 내재된 자동적인 과정이라는 사실은 크게 놀랍지 않다. 한 연구팀은 어떤 사람의 얼굴 구성 요소들을 모핑morphing이라는 디지털 조작을 통해 전혀 다른 낯선 얼굴에 섬세하게 (그리고 알아볼 수 없게) 합성시켰다. 그 실험 결과에 따르면, 합성 전 원래의 얼굴에 대한 신뢰 수준은 물론 합성된 낯선 얼굴에 대한 선호도 또한 높아졌다. 위스콘신 경영대학원의 로빈 태너 교수는 골프선수 타이거 우즈의 얼굴 35퍼센트와 모르는 사람의 얼굴을 디지털로 합성하는 흥미로운 실험을 했다. 이 합성된 얼굴은 타이거 우즈의 추문 이전에는 원래의 얼굴보다 더 신뢰할 수 있다고 인식된 반면 그의 평판이 추락한 뒤에는 결과가 뒤집혔다. 이 결과는 모든 피험자들이 타이거 우즈와 합성된 얼굴이 타이거 우즈 본인 얼굴과 닮았음을 알아채지 못했는데도 발생했다.

이러한 결과는 익숙함으로 인해 생긴다. 조종사 시스템을 통해 유명인을 의식적으로 알아보지 못했더라도 자동 조종 장치가 보기에 유명인과의 합성 얼굴은 낯이 익기 때문에 더 신뢰할 수 있다. 이 결과를 보면, 유명인이나 아주 친숙한 얼굴을 브랜드 모델로 전면에 내세우기보다는 낯선 일반인 모델 사진과 그들(혹은 더 잘생기거나 비슷한 사람들)의 얼굴을 미묘하게 합성하라고 제안하고 싶다.

실제로 일부 상황에서는 그러한 전략이 유명인을 드러내놓고 이용하는 전략보다 더 나은 결과를 낳을 수도 있다. 연구에 따르면, 광고

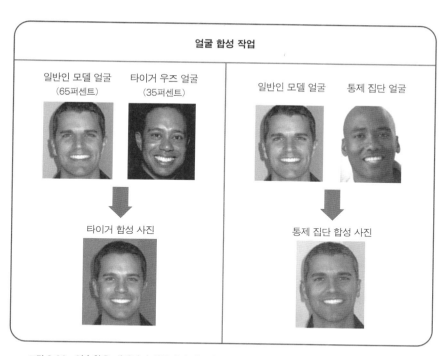

그림 3-24 익숙함은 내재적인 차원에서 작동한다. 로빈 태너의 허락 하에 복사하였다.
출처: 「타이거와 대통령: 감지하기 힘든 유명인의 얼굴 신호가 신뢰와 선호도에 영향을 미친다A tiger and a president: imperceptible facial cues influence trust and preference」

에서 상품을 설명하는 사람의 설득력은 이전에 노출되었던 그 사람의 모습이 생각나지 않을 때 향상될 수 있다. 이전 기억으로 인해 광고의 모델을 처리하면서 경험하는 지각적 유창성의 원인을 다른 데서 찾기 때문이다. 달리 말하면, 광고 모델이 정확하게 식별되었을 경우에는 유창성의 효과가 브랜드나 제품보다는 그 모델의 명성이나 익숙함 때문이라고 인식될 가능성이 높다는 얘기다.

가격을 낮추기보다
가격을 제시하는 방법에 해결책이 있다

인식을 다룬 이 장은 여섯 번째 감각, 즉 가격에 대한 감각으로 끝마치겠다. 드러난 바에 따르면, 인간의 뇌는 무언가를 보거나 듣거나 만질 때와 아주 유사한 원칙을 이용하여 가격을 처리한다. 가장 중요한 사실은 가격 인식 또한 인간의 모든 감각과 마찬가지로 상황의 영향을 받고 그 때문에 근본적으로 상대적이라는 점이다. 2장에서 우리는 가격이 제시되는 방법에 따라 가격 인식이 달라질 수 있음을 알았다. 가격을 생생하게 나타낸 그림이 가격을 인식하는 데 영향을 미친다는 사실은 쉽게 이해가 된다. 하지만 두 가격 간의 간격, 즉 공간적인 배치 역시 중요할까? 《소비자심리학저널》의 가격 책정 연구가인 키스 쿨터가 바로 이 문제를 연구했다. 그 결과는 어땠을까? 기준이 되는 가격과 할인 가격 간의 물리적인 수평 거리가 멀수록 두 가격 간의 인지되는 차이는 더 컸다(그림 3-25). 인지되는 가격 할인은 물리적인 거리가 멀수록 함께 증가하여 할인의 매력과 구매 가능성 또한 높아진다.

숫자는 수직보다는 수평으로 제시될 때 더 손쉽고 순조롭게 인식된다. 사람들이 그런 식으로 숫자를 읽고 처리하도록 배웠기 때문이다. 양손 간의 수평 거리로 크고 작은지를 나타내는 경우가 흔한 이유가 바로 이것이다. 그래서 큰 숫자를 설명하려는 경우 무언가를 늘리고 있는 것처럼 양손 간의 거리를 늘린다.

심리학 분야의 여러 연구에 따르면 숫자는 클수록 오른쪽에, 작을

프로 피자 커터

정상 가격   할인 가격

£7   £5

프로 피자 커터

정상 가격   할인 가격

£7   £5

그림 3-25 인지되는 가격 할인은 할인 전 가격과 할인된 가격 간의 표시 간격에 따라 영향을 받는다.

그림 3-26 베버-페히너 법칙: 숫자가 높아질수록 인지되는 차이는 더욱더 작아진다.

수록 왼쪽에 존재하는 정신적 수직선(실수의 크기를 무한히 펼쳐진 직선 위에 나타낸 것)을 따라 존재한다(그림 3-26). 수직선상에서 두 지점 간의 거리가 줄어들수록 그 둘을 구분해 내기는 점점 더 어려워진다. 그리고 숫자들이 커질수록 그것들은 점점 더 가깝게 붙어 있는 것처럼 느껴진다. 이는 베버-페히너 법칙Weber-Fechner law으로 알려져 있는데, 가격이나 할인에 대한 평가를 포함하여 모든 규모의 측정에서 중요하다.

여기서 중요한 점은 가격을 제시하는 방법이 그 자체로 강력한 수단이라는 것이다. 이 경우 제품은 말할 것도 없고 실제 가격도 바꿀 필요가 없다. 가격을 포함하여 숫자를 나타내고 처리하는 방식에 대해서는 많은 사실이 알려져 있으며, 따라서 마케터는 이 지식을 이용하여 실제 가격을 낮추기보다는 가격 인식을 효과적으로 활용할 수 있다.

따라서 자동차 구입비나 건물 증축을 위한 견적서같이 수백 아니 수천 파운드의 많은 비용과 마주한 경우라면 50파운드가 더 들거나 적게 들어도 큰 차이가 없다. 하지만 신발 한 켤레를 100파운드에 사는 경우라면 50파운드는 크게 영향을 미친다. 인식될 정도의 가격 차이를 만들려면 고가의 상품 영역보다는 저가의 상품 영역에서 절대적인 가격을 올리거나 내려야 한다. 따라서 가격을 내릴 때에는 그 제안된 할인폭이 정말로 인식할 수 있을 정도의 차이를 만들고 있는지에 대해 주의 깊게 생각해야 한다. 그렇지 않다면 수익은 물론 마진까지 떨어뜨리는 결과만 얻을 것이다. 물론 가격 인상의 가능성을 극대화하려는 경우에도 동일한 논리가 적용된다. 또한 대비의 효과도 고려해야 한다. 어떤 시장에서 새롭지만 비슷한 가격 제안이 계속해서 이루어지고 있다면 소비자는 그러한 제안에 익숙해지고 말 뿐이다. 이러한 상황에서는 주관적으로 경험하는 할인 대비 효과가 줄어들기 때문에 소비자의 고통을 덜어주는 효과가 상실된다.

이 장에서 알게 된 사실

- 인식은 과거의 학습 경험을 근거로 한 뇌의 능동적인 과정이다.
- 주변 인식 능력은 마케팅의 효과를 극대화하는 데 핵심적인 역할을 한다.
- 우리는 이미지 기억을 갖고 있지 않다. 인식은 가장 의미 있는 진단 신호와 상황에 의해 결정된다.
- 색깔에서 모양, 브랜드 로고까지 마케터가 소비자에게 보내는 신호는 학습된 연상 기억을 기초로 해서 정신적 개념으로 바뀐다. 대체로 사람들의 구매 결정은 그 신호들 자체가 아니라 이러한 정신적 개념에 기초한다.

이 사실이 마케터에게 의미하는 것

- 브랜드와 상품은 주로 흐릿한 주변 인식 능력을 통해 소비자에게 전달된다. 따라서 마케터는 이 흐릿한 시각을 통해서라도 자사의 메시지를 효과적으로 전달할 수 있는 신호를 이용해야 한다.
- 브랜드를 새롭게 하거나 재출시할 때 중요한 것은 얼마나 많이 바꾸는가가 아니라 〈무엇을 바꾸는가〉이다. 진단용 신호를 바꿀 때는 아주 조심해야 한다. 브랜드나 제품이 전달하고자 하는 정신적 개념을 알면 신호가 그 개념에 직관적으로 연결되어 있는 한 그것을 전달하는 방법에 있어서 유연성을 발휘할 수 있다. 이 덕분에 실행하는 데도 더 많은 자유를 얻을 수 있는 동시에 개념의 차원에서 일관성까지 보장받을 수 있다.
- 주의의 중요한 동인은 소비자의 목표에 부합하는 신호이다. 부합하는 정도가 클수록 소비자의 더 많은 주의를 끌 수 있다.

4

그 순간,
〈12퍼센트 할인〉보다
〈1인당 최대 12개〉가
더 끌리는 이유

이제 자동 조종 장치를 통한 여정에서 다시 한 걸음 내딛을 차례다. 마케팅에서는 사람들의 행동을 변화시키려면 먼저 태도를 변화시켜야 한다는 생각이 일반적이다. 이 장은 그런 시각에 이의를 제기하고 결정의 접점이 행동에 심오한 영향을 미친다는 사실을 보여줄 것이다. 또한 보이지 않는 핵심적인 결정의 규칙을 확인하고 그것을 이용하여 마케팅에서 최고의 효과를 낼 수 있는 방법을 알아볼 것이다

구내식당 탐방기,
왜 학생들은 갑자기 아이스크림을 사먹지 않을까?

어떤 대학교 총장이 학생들의 건강을 걱정하고 있다고 상상해 보자. 그는 학생들의 식습관을 개선하고 칼로리 섭취를 줄이려 한다. 이 목표를 달성하는 최고의 방법은 무엇일까? 학내에 캠페인을 벌여 학생들에게 몸에 좋은 음식의 이점에 대해 알려주고 칼로리 과다 섭취의 부정적인 결과에 대해 더 많은 내용을 알려주면 좋을 거라고 생각할수도 있다. 그런데 건강심리학 분야의 많은 연구 결과에 따르면, 그러한 캠페인은 실제로 고칼로리 음식에 대한 태도를 바꾸고 건강에 좋은 음식을 먹으려는 사람들의 의도를 높이는 데는 도움을 줄 수 있다고 한다. 하지만 그것이 실제 행동에 미치는 영향은 미미하다는 사실도 주장한다.

아마도 다들 이런 경우를 직접 경험해 봤을 것이다. 사람들이 정말로 마음먹은 대로만 행동한다면 흡연가는 훨씬 더 줄어들 것이고 체질량지수가 25를 넘는 사람도 드물 것이다. 그렇다면 총장으로서 취할 수 있는 다음 조치는 학생식당에 더욱 직접적이고 엄격한 조치를 취하는 것일 수 있다. 몸에 좋은 음식만 제공하고 몸에 좋지 않은 음식은 모두 제외시키는 것이다. 그러나 이 조치의 결과도 제한적이었을 것이다. 학교에서 가까운 햄버거 가게 같은 곳에 못 가게 막기는 힘들기 때문이다. 그렇다면 달리 어떤 선택을 할 수 있을까?

코넬 대학교 교수이자 베스트셀러인 『나는 왜 과식하는가Mindless Eating』의 저자이기도 한 브라이언 완싱크는 이 주제를 매우 다른 방식으로 접근했다. 그는 실험에서 메뉴의 항목을 바꾸지 않고 구내식당의 배치와 음식의 진열 방식만을 바꾸었다. 달리 말하면, 그는 제공하는 음식이 아니라 〈음식을 제공하는 방식〉을 바꿨다. 그는 〈결정의 접점〉을 바꾼 셈이었다. 구내식당 재배치가 어떻게 이루어졌고 그 조치가 음식 선택에 어떤 영향을 미쳤는지 몇 가지만 소개하면 다음과 같다(그림 4-1).

- 브로콜리는 점심 행렬이 시작되는 지점으로 옮겨졌다. 그 결과 브로콜리 소비가 10-15퍼센트 증가했다.
- 사과와 오렌지는 스테인리스 스틸 팬 대신 보기 좋은 그릇에 담았다. 그 결과 판매가 2배 이상 늘었다.
- 아이스크림 냉동고 뚜껑은 투명한 것에서 불투명한 것으로 바꿨다.

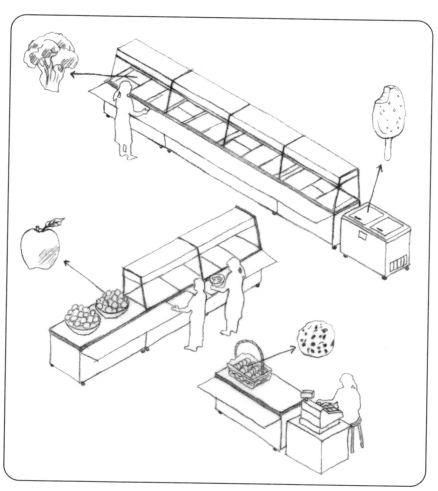

그림 4-1 완싱크의 구내식당 실험에서 이루어진 몇 가지 변화를 보여주는 그림

그 결과 아이스크림을 선택하는 학생들의 비율이 30퍼센트에서 14 퍼센트로 줄었다.

- 몸에 좋은 후식(과일)은 점심 세트 가격에 포함시키는 대신 과자같

이 몸에 좋지 않은 후식은 따로 계산하게 만들자 과일 소비는 71퍼센트가 늘고 과자 소비는 55퍼센트가 줄었다.

- 초코우유를 흰우유 뒤로 옮겨 도움 없이는 집기 힘들게 만들자 더 많은 학생들이 흰우유를 선택했다.
- 샐러드바를 벽에서 떨어뜨리고 계산대 앞에 두자 샐러드 판매가 3배로 증가했다.

특별히 뭐가 달라졌는지 학생들은 몰랐지만 그들이 먹는 음식의 전체적인 구성이 훨씬 더 몸에 좋은 쪽으로 바뀌었을 뿐 아니라 칼로리 섭취 또한 크게 감소했다. 하지만 구내식당 배치를 예전과 같이 되돌리자 과거의 섭식 행동이 다시 나타났다.

어떤 물건을 놓는 위치나 제품이 눈에 잘 보이는 정도, 어떤 제품을 얻는 데 드는 행동 비용 등 겉보기엔 시시해 보이는 그러한 변화는 어떻게 구매 결정에 그토록 큰 영향을 미칠 수 있을까? 평소의 배치와는 달리 결정의 접점에 약간의 변화를 준 것뿐인데, 다시 말하면 점심 행렬이 시작되는 바로 그곳에 브로콜리를 놓아두었을 뿐인데 왜 학생들은 브로콜리를 더 많이 사먹었을까? 여기서 기초가 되는 원칙들은 무엇일까?

브로콜리의 경우 그 변화란 구매 선택 과정의 초기 단계에 브로콜리를 노출하는 것이다. 따라서 학생들이 구내식당에 들어설 때 그들이 처한 상황이 중요하다. 이 경우 학생들의 자동 조종 장치가 신체적으로 포만감을 느끼려는 그들의 목표에 부합하는 선택을 찾도록 내부적인 동기로 작용했다고 생각하는 것이 타당하다. 따라서 이 상황에서 눈에 보이는 첫 번째 음식은 매우 소중하다. 그 결과 과거처럼 구내식당이 배치되어 학생들의 접시가 고기와 감자튀김으로 이미 꽉 차 있을 때보다는 접시가 빈 상태일 때 브로콜리의 가치가 훨씬 더 높게 인식될 것이다. 접시가 꽉 차 있으면 학생들은 이미 정신적으로 포만감을 느낄 것이고 그로 인해 뒤늦게 등장하는 음식의 가치는 줄어들기 마련이다. 배가 고픈 사람은 그 문제를 해결해 주는 첫 번째 음식으로 자기 접시를 채움으로써 다른 음식이 차지할 공간을 줄어들게 만들 가능성이 더 높다.

매력적인 과일 그릇에 오렌지를 담으면 과일이 다르게 표현되면서 포장과 마찬가지로 과일의 가치가 높아진다. 아이스크림 냉동고 뚜껑을 불투명한 것으로 바꾼 조치는 의사결정 과정의 첫 단계인 인식을 방해한다. 그 불투명한 뚜껑은 아이스크림 신호가 감지되는 것을 막으며 아이스크림을 먹겠다는 생각 또한 들지 않게 한다(아이스크림이 갖는 쾌락적 가치에도 불구하고). 다들 계산대 앞에 줄을 서서 기다리면서 이런 경우를 경험한 적이 있을 것이다. 기다리는 동안에는 단순히 초콜릿을 보기만 해도 초콜릿을 먹고 싶다는 욕구가 활발해진다. 아예 이 신호가 없으면 인간의 갈망은 발생하지 않을 것이다. 문자 그대로 눈에서 멀어지면 마음에서도 멀어진다.

같은 원칙이 우유를 재배치한 경우에서도 작동한다. 흰우유를 초코우유 앞에 놓으면 초콜릿 신호가 처리되는 것을 막을 수 있다. 또한 초코우유를 먹으려면 식당 직원에게 꺼내 달라고 부탁해야 하는데 이 때문에 행동 비용이 추가된다. 그리고 이 상황으로 인해 시간상의 압박이 유발되기 때문에 뒤에 있는 학생들이 기다리고 있다면 특히 더 마음이 불편할 것이다. 결국 학생들이 흰우유를 선택한 것은 더 쉽기 때문에, 즉 행동 비용이 덜 들기 때문에 발생한 결과였다.

과자를 사는 문제의 경우에는 학생들은 과자를 따로 구매하든 세트 식사에 포함된 것으로 구매하든 어쨌든 똑같은 값을 내야 한다. 그러나 인식의 관점에서 보면 이 두 가지 지불 방식은 매우 다르다. 세트 식사에 과자가 포함된 경우 과자의 구체적인 가격은 구매 순간에는 인지되지 않는다. 학생들은 과자를 먹으려면 돈이 든다는 사실은 알지만 이 경우에는 세트값에 과자값이 이미 포함되어 있기 때문에 과자가 정확히 얼마인지 알려주는 인지 가능한 신호가 없다. 따라서 인지되는 비용이 적다. 하지만 과자를 따로 구매하는 경우엔 과자값을 직접 내야 하기 때문에 가격이 두드러져 보인다. 이로 인해 고통이 뚜렷해지고 그 결과 인지되는 비용 또한 증가한다. 따라서 가치-비용 등식은 과자를 따로 구매할 가능성이 적어지도록 조정된다.

몇 년 전에 구글은 자사 구내식당에 비슷한 방식을 채택했다. 그들이 취한 조치들 중 몇 가지를 살펴보자.

- 사탕을 더 이상 알아보기 쉬운 용기에 담지 않았다. 대신 불투명한 통에 손을 넣어야 꺼낼 수 있게 했더니 불과 일주일 만에 사탕을 통해 섭취하는 칼로리가 9퍼센트나 감소했다.
- 사람들은 가장 먼저 눈에 띄는 음식으로 접시를 채우는 경향이 있기 때문에 구내식당에 들어가자마자 샐러드바를 마주치게 했다.
- 음식을 색깔별로 나눴다. 채소에는 초록색 라벨을 붙이고 대부분의 후식에는 빨간색 라벨을 붙였다. 분명한 신호를 이용하여 어떤 선

택이 건강에 좋고 나쁜지를 명확하게 만들었다.

• 과거에 물은 언제든 이용할 수 있었고 탄산음료는 냉장고에 들어 있었다. 이제는 눈높이에 맞는 선반에 병에 든 생수를 비치한 반면 탄산음료는 맨 아래로 옮겼다. 이러한 위치 변경으로 물 섭취가 47 퍼센트까지 늘었다.

이 경우에도 완싱크의 연구와 비슷한 결과가 뚜렷하게 나타나며 변경으로 인한 영향은 놀라울 뿐이다. 행동이 결정의 접점에 의해 크게 영향을 받는다는 원칙은 영양 전문가들 사이에서도 작동하는데 브라이언 완싱크는 다른 연구에서 이 사실을 입증한 바 있다. 이 전문가들은 한 동료의 성공을 축하하기 위해 아이스크림 파티에 참석하고 있었다. 완싱크는 그들에게 무작위로 큰 그릇과 작은 그릇을 나눠주었다. 그리고 아이스크림도 무작위로 많이 떠주거나 적게 떠주었다. 영양 전문가인데도 불구하고 그들은 큰 그릇을 받았을 때 전혀 눈치채지 못한 채 31퍼센트나 더 많은 아이스크림을 먹었다. 그들은 큰 컵으로 아이스크림을 받았을 때도 14퍼센트나 더 많이 먹었다.

이러한 예들이 보여준 결과는 음식 소비에만 국한되지 않고 의사결정학의 일반적이면서 기본적인 결과, 즉 결정은 〈무엇을 제시하는가〉뿐만이 아니라 〈어떻게 제시하는가〉에 의해서도 크게 영향을 받는다는 사실을 설명해 준다. 점심식사 항목의 객관적인 가치와 비용은 변하지 않았기 때문에 고전 경제 이론으로는 이러한 효과를 설명하지 못한다. 브로콜리는 점심 행렬이 시작되는 곳에 있든 중간에 있든 관계없이 브로콜리다.

그 순간, 사소한 신호가 발휘하는 힘

행동을 변화시키기 위해 생각을 변화시키는 일은 마케터들이 늘 해 온 핵심적인 작업이다. 마케터들은 소비자가 자사 제품을 사용하지 않는 것은 제품을 잘 몰라서 그렇다고 생각한다. 그래서 스스로 중요하다고 생각하는 것을 그들에게 말해줌으로써 제품을 사도록 설득하려 한다. 마케터들은 광고 시청으로 발생하는 긍정적인 효과가(사용자가 경험하는 느낌이라는 심리학적 의미에서) 브랜드에 대한 소비자의 태도에 긍정적인 영향을 미칠 거라는 희망을 품고 재미있는 TV 광고를 제작하여 긍정적인 태도를 유발하려고 한다. 일반적으로 이용되는 사전 테스트 방식은 제품에 대한 소비자의 태도만이 행동을 주도한다는 생각에 강력한 증거가 되어준다. 그 결과 마케터들은 주로 응답자가 말한 생각과 태도를 평가한다. 마케터는 제품, 포장, 광고가 브랜드 이미지에 어느 정도까지 기여하는지 평가하며 소비자가 긍정적인 태도를 보이는가에 따라 사전 테스트에서 설정한 자극이 유효한지를 결론짓는다. 이 경우 결정을 내리는 사람에게만 계속 초점이 맞춰지고, 그 사람이 결정을 내리는 상황에는 초점이 맞춰지지 않는다. 따라서 자사 제품과 브랜드에 대한 비고객의 태도를 변화시키려면 그들에게 설득력 있는 논거와 정보를 제공해야 하고 그렇게 할 때 적절히 조정된 구매 행동이 이어질 수 있다고 추정한다.

이는 분명 틀린 얘기가 아니지만 완벽한 것도 아니다. 첨언하자면, 구매 결정에 관한 등식에서 사람과 관련된 부분은 다음 장에서 살펴볼 것이다. 우리는 이미 행동이 외부의 상황적 요인들과 내면의 개인적 요인들 간의 상호작용이라는 사실을 알게 되었다. 구내식당 예는 태도나 목적이 아니라, 어떤 결정이 내려지는 바로 그 순간과 상황에서의 구체적이고 인지 가능한 경험을 기반으로 하는 의사결정 과정이 존재함을 보여준다. 지엽적이지만 분명한 신호와 행동으로 인해 발생하는 미세한 결과가 의사결정에 영향을 미친다는 사실은 결정이 태도에 의해서만 내려지는 것은 아니라는 훨씬 더 근본적인 문제를 제기한다. 따라서 행동이 변하려면 반드시 태도가 변해야 하는 것은 아니다. 결정의 접점을 변화시키고 그에 따라 〈결정의 순간〉에 감지 가능한 특징들을 규정하는 상황까지 변화시킴으로써 사람들의 선택에 영향을 미칠 수 있다.

생각을 바꾸지 않고도 행동을 바꿔놓을 수 있다는 사실은 행동경제학의 핵심적인 지식에 속한다. 이는 정말로 심오하기 때문에 영국과 미국 정부 모두 이 지식을 공공정책 분야에서 활용하는 부서를 설치했다. 양국 정부는 에너지 사용이나 의료, 범죄, 교통 안전 분야에서 국민의 결정을 더 잘 파악하고 그들의 결정에 영향을 미치는 데 이 지식을 이용하고 있다. 지방 정부들은 다가오는 자동차의 속도를 알려주는 도로표지판을 사용하면서 표지판에 웃는 얼굴을 나타내는 신호를 추가했다. 따라서 제한속도를 지키며 표지판 쪽으로 운전하는 사람은 늘 표지판 속에서 웃고 있는 얼굴을 볼 수 있었다(그림 4-2). 하지만 운전자가 너무 빨리 달리면 입 끝이 아래로 내려간 슬픈 얼굴이 표지판에 나타났다. 이러한 신호로 인해 속도를 지키는 운전자의 수가 늘어났고 그 결과 교통사고도 크게 줄었다. 이 표지판은 일반적인 속도 단속 카메라보다 아주 적은 비용으로 훨씬 더 큰 효과를 냈다.

그림 4-2 신호는 행동의 변화를 야기한다.

웃는 얼굴은 표지판에 나타나는 속도에 의미를 부여하기 때문에 효과가 있다. 기준점 없는 숫자는 자동 조종 장치가 이해하기 어렵기 때문이다. 또한 이것은 전통적인 해결책보다도 더 좋은 효과가 나는데, 몇 주나 몇 달 뒤에 벌금을 받는 것보다는 즉각적인 피드백을 받을 때 행동상의 변화가 더욱 강력하게 유발되기 때문이다. 찡그린 얼굴은 사람들의 머릿속 자동 조종 장치에게 직접 말을 걸면서 결정을 내려야 하는 순간에 속도가 지나치다고 알려준다. 차후에 부과되는 벌금과는 달리 찡그린 얼굴 신호는 결정이 내려지는 바로 〈그 순간〉에 뚜렷하게 감지된다.

소비자가 결정을 내리는 순간과의 근접성은 행동에 영향을 미치는 신호의 중요한 요인이다. 마케팅에서 흔하게 볼 수 있는 예로는 판촉 기법을 들 수 있는데 결정이 이루어지는 바로 그 순간에 소비자와의 접촉이 발생하기 때문에 그러한 효과를 완벽하게 낼 수 있다. 한 연구에서 학자들은 서로 다른 판촉 기법이 스니커즈 초코바 판매에 미친 영향을 살펴보았다. 첫 번째 판촉은 행동을 요구하는 콜투액션call to action만으로 이루어졌다("냉동실에 넣을 초코바 사세요."). 이 판촉은 1.4개라는 평균적인 판매로 끝났다. 그런 다음 그들은 "냉동실에 넣을 초코바 18개 사세요."라는 문구로 판촉을 바꾸어 행동상의 기준점을 추가했다. 이 문구가 터무니없게 보일 수는 있지만 그 영향은 상당했다. 두 번째 판촉으로 판매된 초코바는 평균 2.6개였다. 두 경우 모두 가격 할인은 없었다. 먼저 태도를 바꾸는 조치를 취하지 않았는데도 단순히 인지할 수 있는 분명한 기준점으로 더 높은 숫자를 추가하자 매출이 두 배로 올랐다.

이러한 지식이 특히 도움이 되는 분야는 쌍방향 미디어이다. 요즘엔 소셜 미디어, 쌍방향 미디어, 웹 2.0 같은 것을 포함시키지 않고는 브랜드 전략을 짜기가 거의 불가능하다. 다수의 전략 기획서에 등장하는 쌍방향 세상은 하나의 캠페인을 전방위로 확대해 놓은 결과물이다. 새로운 TV 광고와 함께, 페이스북 페이지, 유튜브 채널이 동시에 제작되기 때문이다. 행동경제학의 렌즈를 통해 보면 접점들의 역할을 더욱 정확하게 구분하여 그것들의 잠재력을 최대한으로 이용할 수 있다.

쌍방향 미디어가 어디든 존재하게 되면서 마케터들은 과거 그 어느 때보다도 더 많은 결정의 접점을 제공받는다. 그리고 그 덕분에 진실의 순간(moment of truth, 고객이 제품이나 서비스를 처음 만나는 순간)에 가까이 갈 수 있는 기회가 생겼다. 그 진실의 순간에 존재할 수 있는 이러한 능력 덕에 쌍방향 미디어는 구매 결정 과정에서 인지되는 가치를 만들어내고 인지되는 비용을 줄일 수 있을 뿐 아니라 새로운 결정의 접점까지 만들어낼 수 있다. 2장에서 다룬 SMA의 솔라체커 앱은 SMA 브랜드가 이전에는 접근하지 못한, 의사결정 단계에서의 새로운 접점을 보여준다. 또 다른 예로 웨스트팩 은행Westpac Bank을 들 수 있는데 로리 서더랜드의 TED 강연을 듣고 영감을 받은 이 은행은 고객들에게 돈을 더 많이 저축하도록 권장하려 했다. 그들은 이를 위해 사람들이 물건을 살 때 보이는 충동적인 행동을 저축할 때도 보이도록 유도했다. 사람들은 늘 저축을 하려는 좋은 의도를 갖고 있지만 행동 비용이 크기 때문에 그렇게 하지 못한다. ATM을 이용하거나 은행에 가야 하는 등 많은 노력이 필요해 보인다. 그래서 웨스트팩 은행은 충동적 저축인Impulsive Saver이라는 모바일 앱을 만들었다. 이 앱을 깐 고객은 화면에 보이는 커다란 붉은색 버튼을 누르기만 하면 일정액의 돈을 자신의 현재 계좌에서 예금 계좌로 송금할 수 있다(그림 4-3).

이는 단순한 모바일 접점에 그치지 않는다. 새로운 결정의 접점을 만들어내기 때문이다. 이 덕분에 소비자들은 행동 비용을 줄이면서 자신의 의도대로 곧바로 행동할 수 있고 그 순간에 존재할 수 있다. 은행에 가거나 인터넷 뱅킹에 접속할 때까지 기다릴 필요도 없다. 또한 저축액이 아주 적어도 되고 고객이 송금할 때마다 경험하는 고통이 점점 더 적어지는 결과도 발생한다. 겨우 2달러를 한 계좌에서 다른 계좌로 송금하기 위해 귀찮게 은행으로 차를 몰고 가서 ATM 기기 앞에서 줄을 서서 기다릴 필요도 없고 인터넷에서 똑같은 일을 하느

그림 4-3 누르기만 하면 저축할 수 있다.

라 접속을 하면서 시간을 쓸 필요도 없다. 따라서 접점은 고객이 저금하고 싶은 바로 그 순간에 존재함으로써 기능하며 그 덕분에 고객은 충동적으로 저축할 수 있다.

지금까지의 사례들은 소비자의 태도를 바꾸지 않고도 행동에 영향을 미칠 수 있음을 보여주었다. 그러나 이 새로운 기회에는 흥미로운 점이 또 있다. 접점에 의해 결정이 이루어질 뿐 아니라 그 결정으로 취해진 행동이 다시 태도를 바꿀 수도 있다는 점이다. 댄 에리얼리는 이를 〈자신을 따라하기self-herding〉라고 부르는데 사람들은 자신의 과거 행동을 근거로 무언가가 좋다고(또는 나쁘다고) 믿는다. 에리얼리는 『상식 밖의 경제학』에서 다음과 같은 예를 제시했다.

당신이 좋아하는 팀이 월드시리즈에서 우승한 경우처럼 당신을 기분 좋고 너그럽게 만드는 일이 일어났다고 상상해 보자. 그날 밤, 당신은 장모님 댁에서 저녁식사를 하기로 했다. 기분이 아주 좋아진 당신은 장모님에게 꽃을 사다드리기로 충동적으로 결심한다. 한 달 뒤, 우승으로 느낀 감정은 사라졌고 당신의 지갑 속 현금도 줄어들었다. 그런데 다시 한번 장모님 댁에 가야 할 시간이 찾아왔다. 당신은 좋은 사위라면 어떻게 행동해야 하는지에 대해 생각한다. 기억을 더듬어보니 지난번에 훌륭하게도 꽃을 사다드린 게 생각났다. 그래서 다시 꽃을 샀다. 이후 이러한 의식을 계속 반복한 결과 이제는 습관이 되었다. (일반적으로 이런 습관이 든다고 해서 나쁠 것은 없다.) 처음 행동의 근본적인 원인(월드시리즈 우승에 대한 흥분)이 더 이상 존재하지 않아도 당신은 이제 다음에 무엇을 할지 그리고 자신이 어떤 유형의 사위(장모에게 꽃을 사다주는 그런 사위)인지에 대한 표시로써 과거의 행동을 받아들인다. 처음의 감정이 끼친 결과는 그런 식으로 오랫동안 연이은 결정에 영향을 미친다.

자신을 따라하기는 공공장소에서 다른 사람들의 행동을 모방하기보다는 과거에 자신이 한 행동을 내재적인 지침으로 참조하는 것이다. 구내식당에서 먼저 봤다는 이유로 학생들이 브로콜리를 더 많이 소비한 종전의 예에서처럼 주변 상황의 요인들은 사람들의 결정에 영향을 미친다. 이 결정은 다시 브로콜리에 대한 사람들의 태도를 형성할 것이다. 다음번에 또 브로콜리를 선택할 경우 그들은 단순히 지난번에 선택했기 때문에 그것을 더 높게 평가할 것이다. 더욱 손쉬운 새로운 결정의 접점이 형성됨에 따라 브랜드나 상품과의 상호작용이 더욱 빈번해지고 그 결과 그 상품이나 브랜드에 대한 태도도 나아진다. 무언가를 자주 사용할수록 그것을 더욱 소중히 여기기 때문이다.

전달되는 가치가 대부분 형체가 없고 상호작용이 빈번하게 이루어지지 않는 서비스 브랜드의 경우에는 특히 이러한 마케팅 도구가 엄청난 기회를 제공한다.

이 효과는 브랜드 이미지 조사에서도 확인할 수 있다. 소비자들은 살면서 적어도 여러 번 사용한 브랜드에 대해서는 더욱 긍정적인 태도를 보여준다. 이렇게 조정된 태도는 구매 결정의 결과물이다. 행동은 단순히 선호도를 보여주는 것이 아니라 그것을 만들어내기까지 한다. 〈태도가 행동을 따른다〉는 이 관점을 따르면 행동은 선호도와 편향된 기억을 만들 수 있고 또한 그것을 강화한다. 따라서 구내식당에 들어온 학생들에게 브로콜리가 일찌감치 눈에 띄었기 때문에 그것을 먹기 시작했다면 브로콜리에 대한 학생의 태도는 결국 더 좋은 쪽으로 달라질 것이다. 그러므로 시험할 기회를 만드는 것이 태도를 바꾸는 데 결정적으로 중요하다는 결론을 자연스럽게 얻을 수 있다. 침투를 늘리는 것은 브랜드에 대한 태도에 영향을 미치는 방법이다.

결정의 접점은 매우 강력하지만 마땅히 받아야 할 관심을 받지 못하는 경우가 흔하다. 대개 사람들은 특정한 접점과 상황을 구매의 동인으로 생각하지 않는다. 그래서 그 접점과 상황은 관리상의 고려 대상이 되지 못한다. 구매 과정의 모든 단계에서 인지되는 가치와 비용을 내재적으로 살펴보면 판매를 늘릴 수 있는 새로운 가능성을 확인할 수 있다. 이 가능성을 일반심리학과 행동경제학의 지식으로 최적화하면 비즈니스의 의미 있는 원천이 될 수 있다. 행동의 변화를 이런 식으로 접근하는 방식은 사람과 그 사람의 목표 및 태도에 초점을 맞추는 방식을 보완해 준다. 이 방식의 주요한 이점은 구매 과정을 최적화한다는 것이다. 즉 가치를 높이고 장애물을 낮추는 것이다. 따라서 이번에는 행동경제학에서 도움을 받을 수 있는 마케팅의 접점을 살펴보도록 하자. 우선 소비자가 직접 소통하는 경우나 특정 시점에 응답하거나 결정을 내려야 하는 경우를 살펴볼 것이다.

도장 2개의 힘

마케팅 종사자들은 새로운 제품이나 제품의 특징을 개발하고 품질을 향상시킴으로써 경쟁사들에 대한 우위를 확보할 수 있는 가능성을 끊임없이 찾고 있다. 물론 이러한 행위는 필요하다. 그러나 방금 알게 된 사실에 따르면, 적은 비용으로 사소한 것들을 바꾸어 결정의 접점을 개선하면 경쟁 우위를 얻을 수 있는 좋은 기회가 생긴다. 그 파급력은 필요한 투자에 비하면 엄청나게 클 수도 있다. 정부와내각을위한영국연구소UK Institute for Government and the Cabinet가 정책 입안에 대한 정부의 행동경제학적 방식을 다룬 보고서는 다음과 같이 지적한다.

결정을 내리고 신호에 반응하는 환경, 즉 상황을 바꾸는 데 기초하는 방식은 비교적 적은 비용으로 행동의 큰 변화를 일으킬 수 있다. 세상에 대한 본질적인 반응에 가깝게 정책을 형성하면 개인의 행복과 사회 복지를 증진하는 효과적인 방법을 얻을 수 있다.

동일한 결론이 마케팅에도 적용된다는 사실을 이해하는 데는 많은 상상력이 필요하지 않다. 마케터도 세상에 대한 소비자의 본질적인 반응에 더욱 가깝게 마케팅을 실행하면 훨씬 더 성공하고 매출 증가를 위한 수단도 추가로 얻을 것이다. 이러한 결론이 어떻게 도움을 줄 수 있는지 더욱 구체적으로 살펴보자. 학자들은 세차장 고객들을 상대로 고객 카드를 결정의 접점으로 이용하는 현장 실험을 시행했다. 고객들은 세차장을 이용할 때마다 카드에 도장을 받았고 도장을 다 모으면 공짜로 한 번 세차를 받을 수 있었다. 실험에 참여한 세차장 고객 중 절반은 공짜 세차를 받기 위해 도장을 10번 받아야 했는데 작은 선물의 의미로 카드에 미리 도장이 2개 찍혀 있었다. 따라서 공짜 세차를 받으려면 8번만 세차를 하면 됐다. 반면 나머지 고객들도 비슷한 카드를 받았지만 이번에는 도장이 미리 찍혀 있지 않았고 대신 도장 칸이 8개만 있었다. 따라서 이 카드를 받은 사람도 공짜 세차를 받기 위해서는 도장 8개만 받으면 되었다(그림 4-4). 따라서 객관적으로 두 고객 집단 모두 공짜 세차를 한 번 받으려면 그 세차장에서 8번 세차를 해야 했다.

다들 두 카드가 동일한 결과로 이어졌을 거라 생각할 것이다. 두 집단 모두 동일한 보상을 제시받았을 뿐 아니라 그 보상을 받으려면 똑같이 8번 세차비를 지불해야 했기 때문이다. 하지만 현실에서는 완전히 다른 결과가 발생했다. 실험 결과에 따르면, 미리 도장 2개가 찍힌 카드를 받은 고객 집단은 공짜 도장이 없는 집단과 비교했을 때 그 세차장에서 8번 세차를 할 가능성이 2배 더 높았다.

도대체 무슨 일이 일어났을까? 도장 2개의 신호는 소위 〈과정의 보유process endowment 효과〉를 유발했다. 도장 2개가 미리 찍혀 있는 카

그림 4-4 도장 칸이 더 많아도 미리 도장이 찍힌 카드는 두 배의 세차건수를 유발했다.

드를 받은 고객은 처음 받았을 때부터 이미 카드를 채우는 중이었고 이 사실이 그 과정을 끝마치려는 목표를 활성화시켰다. 카드를 채우는 일을, 아직 시작하지 않은 일이라기보다는 이미 시작되어 끝나지 않은 일로 표현하면 사람들은 그 일을 끝마치는 데 더욱 전념하게 된다. 게다가 그들은 더욱 빨리 그 일을 끝마치려 한다. 결정의 접점에 이렇게 사소하면서 비용이 들지 않는 변화를 주자 매출은 크게 달라졌다. 또한 과정의 보유 효과는 프로그레스바progress bar가 모니터 화면에 표시되어 진행 정도를 보여줄 때 사람들이 다운로드나 프로그램 설치가 완료되기를 끝까지 기다릴 가능성이 더 높은 이유이기도 하다. 사람들은 이미 진행 중인 일은 끝까지 마치고 싶어 한다.

정보만으로는 설득되지 않는다

다음의 예는 겉으로 보기에는 사소하지만 결정의 접점에 변화를 주면 수익과 매출에 긍정적인 영향을 미칠 수 있음을 보여준다. 〈오늘의 특별 요리〉를 파는 식당 메뉴판에 작지만 인지 가능한 변화를 주었을 때 어떤 결과가 생기는지 생각해 보자. 코넬 대학교 연구팀은 가격을 표시하는 방법이 식당 매출에 어떤 영향을 미치는지 연구했다. 가격은 세 가지 방법으로 표시되었다(그림 4-5).

- 유로 표시가 있는 숫자: 10.00€
- 유로 표시가 없는 숫자: 10
- 글자 형태: 텐 유로

최고 매출에 관한 한 학자들은 글자만 있는 〈텐 유로〉 형태가 가장 성공적일 것이라고 예측했다. 숫자 대신 글자를 쓰면 계산을 통해 자신이 얼마나 주문했는지 통제하기가 더 어려워지기 때문이다. 그러나 이 경우는 그렇지 않았다. 유로 표시 없이 숫자만 있는 경우가 가장 성공적이었다. 그 경우 손님들은 나머지 두 경우에 비해 5유로를 더 지출했다. 2장에서 우리는 가격이 뇌의 고통 영역을 활성화시킨다는 것을 확인했는데, 이 결과를 보면 € 표시나 유로라는 글자가 분명하게 보일 때 고통이 더 크게 인지되었음을 알 수 있다. 소비자가 지불해야 하는 비용을 나타내는 분명하고 인지 가능한 신호, 즉 € 표시나 유로라는 글자가 없다면 가격은 크게 인식되지 않았다. 실행하기

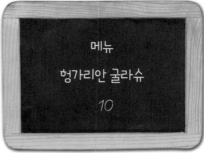

그림 4-5
가격을 제시하는 방법은 수익에 큰 영향을 미친다.

에 수월하고 비용도 전혀 들지 않는 이러한 사소한 변경이 고객들의 구매 결정에 큰 영향을 미치면서 식당 수익도 늘었다.

혁신과 아이디어에 영감을 불어넣는 출발점은 소비자와 어떤 접점을 갖고 있는지 살펴보는 것이다. 에너지 공급업체를 예로 들어보자. 다른 다수의 서비스 업체들과 마찬가지로 이 업체와 소비자 사이의 접점은 거의 없다. 모든 것이 대체로 잘 작동된다면 소비자는 에너지 공급업체와 접촉할 일이 없다. 가장 정기적인 접점은 아마도 고지서일 것이다. 미국의 오파워Opower라는 회사는 이 접점을 이용하여 어떻게 가치를 더하고 고객의 행동을 변화시킬 수 있는지 보여준다. 그들은 고지서에 막대차트를 그려서 개별 고객의 에너지 사용량을 같

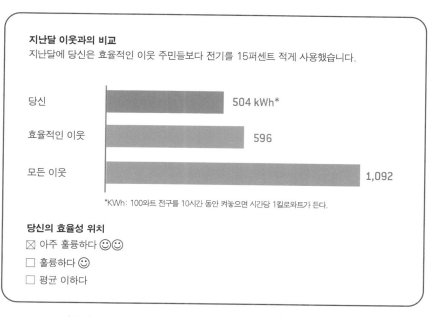

지난달 이웃과의 비교
지난달에 당신은 효율적인 이웃 주민들보다 전기를 15퍼센트 적게 사용했습니다.

당신   504 kWh*

효율적인 이웃   596

모든 이웃   1,092

*KWh: 100와트 전구를 10시간 동안 켜놓으면 시간당 1킬로와트가 든다.

당신의 효율성 위치
☒ 아주 훌륭하다 ☺☺
☐ 훌륭하다 ☺
☐ 평균 이하다

그림 4-6 이웃 사람들의 에너지 소비량과 비교하여 표시하면 미래의 행동에 크게 영향을 미친다.

은 거리에 사는 다른 고객들의 평균과 비교하여 보여준다. 그뿐 아니라 고지서를 통해 이웃 사람들보다 에너지를 덜 썼다고 고객을 칭찬하거나 이웃 사람들의 사용량에 필적하도록 미래의 사용량을 줄일 수 있는 에너지 효율적인 방법을 제안하기도 한다(그림 4-6).

이 간단하고도 저렴한 방법은 가격을 20퍼센트 인상할 때와 똑같은 에너지 절감 효과를 일으켰다. 장기적인 연구 결과에 따르면 이러한 행동상의 변화는 약화되지 않는다. 여기서도 캠페인이나 정보를 통해 설득하는 대신 사람들이 자주 사회적 규범을 따른다는 사실을 이용한다. 사람들은 주위 사람들이 이미 하고 있는 일을 따라하는 경향이 있다. 다들 일상생활을 통해 이러한 사회적 증거의 영향력을 알고 있을 것이다. 당신은 손님이 겨우 2명 있는 술집과 20명이 있는 술집 중에 어떤 술집에 들어갈 가능성이 높은가? 2명의 댓글이 있는 경우와 200명의 댓글이 있는 경우 어떤 아마존 평가를 더 믿겠는가? 다수의 과학적 연구에 따르면, 비슷한 상황에서 다른 사람들이 무엇을 하는지 전달하는 것은 행동을 바꾸는 데 효과적이다. 어떤 호텔이 수건을 재사용해서 환경을 구하자는 안내문을 객실에 걸자 35퍼센트의 투숙객이 안내문대로 행동했다. 그 안내문에 투숙객 대부분이 투숙 중에 적어도 한 번은 수건을 재사용한다는 글귀를 넣자 44퍼센트가 동참했다. 그리고 같은 방에 투숙한 이전 손님들이 투숙 중에 수건을 재사용했다는 글귀를 넣자 49퍼센트가 수건을 재사용했다. 사회적 규범의 힘은 가능한 밀접하게 타깃 수용자와 그 규범들을 관련지을 때 커진다. 예를 들면 이웃과 에너지 소비량을 비교하는 경우이다. 오파워의 경우 사회적 증거는 관련된 다른 사람들, 즉 이웃 사람들과의 비교를 작동시켰다. 모든 가치가 상대적이기 때문에 이 비교는 자신의 행동을 재평가하는 결과로 이어졌고 결국엔 행동의 변화를 일으켰다.

지금까지 살펴본 대부분의 예에서 나타나는 한 가지 원칙은 사람들이 동일한 액수일 경우 그만큼의 이익을 얻어서 좋아하기보다는 손실을 입을 때 더 싫어한다는 것이다. 한마디로 말하면, 사람들은 손실을 기피한다. 〈손실 기피 성향〉은 인간의 의사결정 과정에서 작용하는 기본적인 일면이다. 따라서 마케팅과 이러한 성향의 관련성을 더욱 자세히 살펴보는 것이 중요하다. 마케터들은 사람들의 구매를 유도하기 위해 종종 행동을 요구하는 콜투액션을 전달한다. 콜투액션에서는 일반적으로 소비자가 얼마나 많이 아낄 수 있는지를 알리는 데 집중한다. 이렇게 하면 인지되는 고통이 줄어들기 때문에 효과가 있다. 그러나 아끼는 방법은 차이를 만들어낸다. 미국의 한 에너지 회사는 고객들을 상대로 에너지 절약 모드로 스위치를 돌려놓으면 1년에 200달러를 아낄 수 있다고 전했지만 참여율이 매우 낮았다. 그런데 그들이 메시지를 바꿔서 에너지 절약 모드로 스위치를 돌려놓지 않으면 200달러를 손해 볼 거라고 하자 고객들은 상당히 적극적인 반응을 보였다. 이 조치 뒤에 숨어 있는 메커니즘이 바로 손실 기피 성향이다. 돈으로 따졌을 때 같은 가치의 무언가를 얻기보다 손실을 기피하는 행동이 훨씬 더 소중하게 여겨지기 때문이다. 돈을 따거나 잃을 확률이 50 대 50인 도박에 참여할지의 여부를 결정할 때, 대개 사람들은 딸 수 있는 액수가 잃을 수 있는 액수보다 적어도 2배는 많아야 참여한다(즉 100달러를 벌거나 50달러를 잃을 가능성이 50 대 50이어야 한다). 손실을 감수할지 말지를 결정할 때 대부분의 사람들은 어떤 물건을 얻게 될 경우보다 잃게 될 경우를 두 배 정도 더 중요하게 생각한다. 〈수중에 있는 새 한 마리가 숲 속에 있는 새 두 마리보다 낫다〉는 속담처럼 우리 머릿속 자동 조종 장치의 가치-비용 등식은 편향되어 있으며, 행동을 취하지 않아서 잃게 될 돈을 강조한다면 그들이 무엇을 아낄 수 있는지 알려줄 때보다 더 많은 동기를 유발할 수 있다.

손실 기피 성향은 브랜드를 바꾸거나 혁신을 채택하려는 사람들에게 심각한 장애물로 작용한다. 앞의 도박의 경우처럼, 자신이 소중히 여기는 무언가를 잃을 수도 있다는 위험은 그 가치의 2배를 제시받을 때만 무시할 수 있다. 가끔 우리는 포커스 그룹(focus group, 시장조사나 여론조사를 위해 각 계층을 대표하도록 뽑은 소수의 사람들)에서 이런 경우를 경험한다. 소비자들은 새로운 제품이나 서비스에 대해 긍정적으로 얘기하다가도 현재 사용하고 있는 제품을 새로운 브랜드의 제품으로 바꾸고 싶은지 물어보면 갑자기 기존 제품을 지지하면서 새 제품을 거부하기 시작한다. 따라서 가능한 최고의 가치를 전달하는 게 아니라 손실을 초래하거나 실망을 안길 위험을 피하는 것이 더 중요할 때가 자주 생긴다.

결정의 순간,
구매 효과를 일으키는 3가지 원칙

과정의 보유 효과나 사회적 증거, 손실 기피 같은 앞서의 사례들에서 기본적으로 작동하고 있는 메커니즘은 접점에 의해 작동되어 가치와 비용에 대한 인식에 영향을 미칠 수 있는 자동화된 결정 규칙, 즉 휴리스틱heuristics이다. 휴리스틱은 여러 가지 상황이나 환경에 대응할 때 이용하는 경험 법칙이다. 이것들은 완전히 자동으로 작동하기 때문에 신속한 자동 조종 장치의 의사결정이 쉽게 이루어진다. 이러한 결정 규칙의 이점은 에너지가 소비되는 사색적인 사고 없이 아주 빠르고 직관적으로 결정할 수 있다는 점이다.

휴리스틱을 체계적으로 이용하면 구매로 이어지는 과정에서 결정의 접점이 나타날 때마다 그 접점을 관리할 수 있으며 그 결과로 선택에 영향을 미치고 매출의 성장 기회를 만들어낼 수 있다. 포장된 소비재의 경우 고객과의 주요한 결정의 접점은 슈퍼마켓에서의 구매 시점이다. 상품 영역에 따라 모든 구매 결정의 40-70퍼센트는 아무런 사전 계획 없이 구매 시점에 이루어지는데 이는 구매 결정이 〈그 시점에 존재하는 신호〉에 크게 영향을 받음을 의미한다. 따라서 구체적인 신호는 소비자 본인이 무엇을 사고 싶은지 명확해진 것처럼 보이는 시점에도 영향을 끼친다. 로리 서더랜드는 다음의 인용문에서 이러한 사실을 언급했다.

의식적이든 무의식적이든, 중요하든 사소하든, 삶에 대한 것이든 어떤 행동을 하고 무엇을 살지에 대한 것이든, 어떤 결정을 내릴 때 상황과 체계, 결정의 접점, 수단, 결정에 도달할 때까지 거치는 경로 등은 그 결정의 장기적인 결과보다 우리가 취하는 결정에 더 큰 영향을 미칠 수 있다.

그러나 문제는 남아 있다. 이제껏 과학이 다루지 못한 내재적인 결정의 법칙들이 문자 그대로 수십 가지이기 때문이다. 때때로 실무자들에게 이러한 상황은 감당하기 힘들 수 있다. 따라서 이 흥미롭고 중요한 분야를 더욱 다루기 쉬운 것으로 만들기 위해 고객과 형성하는 결정의 접점이 지닌 설득력을 체계적으로 높여주는 유용하고도 중요한 원칙들을 살펴보도록 하자.

다음의 중요한 세 가지 원칙은 고객이 마케터가 바라는 대로 행동하지 않는 이유를 파악하여 결정의 접점을 최적화하는 데 도움을 준다.

1. 명백성: 휴리스틱을 유발하려면 분명하고 인지 가능한 신호가 있어

야 한다.

2. 즉시성: 자동 조종 장치는 미래의 보상보다는 즉각적인 보상을 선
   호한다.

3. 확실성: 자동 조종 장치는 안전하고 확실한 선택을 선호한다.

이후의 내용에서 알게 되겠지만 이 원칙들을 이해하면 구매로 이르는 과정과 각 결정의 접점을 최적화하는 데 엄청난 도움을 받을 것이다.

명백성,
신호가 없으면 행동도 없다

마케팅에 큰 잠재력을 안겨줄 수 있는 증강현실 기술을 통해 명백성이 무엇을 말하는지 설명해 보겠다. 레고Lego는 레고 상자를 화면에 비추면 상자 위에 완성된 제품을 보여주는 증강현실 시스템을 설계했다(그림 4-7). 레고는 부모와 자녀에게 그들이 구입을 고려하고 있는 제품의 완성된 모습을 구매 전에 보여주려 한다. 연구조사에 따르면 소비자가 어떤 상품을 오래 만질수록 그 상품을 구매할 가능성이 더 높기 때문에 레고 상자를 이 장치에 가까이 대기 위해 붙들고 있으면 그 자체로 이익이 될 수 있다. 소비자에게 가상의 제품을 보여주는 이 시스템은 제품의 가치와 편익을 더욱 명확하게 보여주기 때문에 매출을 일으키고 증가시킬 수 있다.

그림 4-7 증강현실이 상품을 더욱 명확하게 만들고 인지되는 가치를 증가시킨다.

　스위스의 시계 제조사인 티쏘Tissot 역시 길거리에서 구경하는 손님들에게 값비싼 시계를 차보도록 해줌으로써 이 원칙을 이용했다. 쇼윈도가 쌍방향 쇼핑 경험이 가능한 장소로 바뀐 셈인데, 3D 기술이 카메라와 터치스크린 시스템을 이용하여 종이로 된 손목밴드를 티쏘 시계로 바꾸어 놓는다. 소비자는 시계를 찼을 때 어떻게 보이는지 알 수 있을 뿐 아니라 시계의 나침반이나 고도계, 온도계 등에 해당하는 특징들을 터치스크린에서 실험해볼 수도 있다. 또한 (가상의) 시계를 찬 모습을 사진으로 찍어 트위터나 인스타그램에 올린 사람들은 이 캠페인 동안 매주 (진짜) 시계를 공짜로 받을 수 있는 기회를 노려볼 수도 있었다. 이 캠페인은 영국에서 티쏘가 이전에 실시한 어떠한 캠페인보다도 성공적인 결과를 얻었다. 티쏘 셀프리지스Selfridges 백화점 매장은 매출이 83퍼센트 증가했다.

프랑스의 명품보석 브랜드인 부쉐론Boucheron은 소비자에게 각자 집에서 혹은 스마트폰을 이용하여 가상으로 제품을 착용할 수 있게 해주었다. 그 결과 웹사이트 트래픽이 50퍼센트나 상승했다.

증강현실 기술은 모든 소매업자들에게도 흥미롭고 소중할 수 있다. 테스코의 혁신팀 부장인 안젤라 모러는 다음과 같이 말한다. "테스코 고객들은 물건을 사기 전에 사용해볼 수 있습니다. 이는 중요한 부분인데, 고객이 확신을 가질 수 있고 자신이 구매하고 싶은 물건을 마음속으로 그려볼 수 있기 때문입니다." 그러나 그녀는 고객이 느끼는 사용 경험을 간단하게 만드는 것이 중요하다고 경고한다. 달리 말하면 그 경험이 사람들의 자동 조종 장치에 잘 들어맞아야 한다는 얘기다. 그 경우에만 고객의 사용 경험은 실질적인 가치를 부여할 것이다. 단순히 어떤 기술이 유행이기 때문에 그 기술을 사용해서는 안 된다. 소비자의 경험에 가치를 더해주도록 기술을 사용해야 하는데, 기술은 추가적인 행동 비용(앱을 다운로드하거나 기술 사용에 시간을 투자해야 하는 등)을 의미하기 때문에 특히 그렇다.

구매 시점에 나타나는 명백한 신호는 사람들의 쇼핑 방식에 영향을 미칠 수 있다. 구강 관리 제품 코너를 생각해 보자. 대개 사람들은 치약이든 칫솔이든 자신에게 지금 무엇이 필요한지 알고 있다. 그러나 조사에 따르면, 매장 통로가 치아 건강처럼 광범위한 개념을 활성화시키는 신호를 보내는 경우 소비자는 자신이 사려던 제품만이 아니라 보완적인 제품까지 추가로 구매한다. 아주 구체적인 생각("치약을 사야겠어.")으로 그 통로에 다가간 소비자는 치약만 구입하기 쉽다. 하지만 더욱 일반적이고 광범위한 생각("내 치아 건강을 나아지게 하고 싶어.")을 갖고 있다면 그들은 보완적인 제품까지 구매할 가능성이 더 높다. 이 광범위한 생각은 주변 환경 속의 명백한 신호에 의해 유발될 수 있다. 이를테면 구강 관리 제품 코너 초입에 건강한 치아와 관련된 신호를 보내는 제품을 배치하는 방법, 다시 말하면 그 광범위한 생각을 이용하여 여러 제품을 홍보하는 방법을 이용할 수 있다.

원칙으로서의 명백성은 비용을 더 잘 파악하는 데도 유용하다. 마케터들은 메뉴판에서 유로 기호를 없앤 조치에서 증명된 것처럼 비용을 증가시키는 신호를 내보내지 말아야 한다. 적절한 예를 하나 들자면, 뱅크오브아메리카Bank of America가 실시한 〈킵 더 체인지Keep the Change〉 프로그램이다. 이 무료 서비스에 따르면, 고객이 물건을 살 때마다 그 구매액을 정수로 반올림하고 그 차액을 저축예금 계좌에 더해준다. 이렇게 하여 은행 고객은 추가의 행동 비용 없이 저축할 수 있었고 저축의 고통 또한 명확히 드러나지 않았다. 구내식당의 과자처럼 우리가 쓰는(혹은 저축하는) 돈의 액수가 명확히 드러나는지의 여부는 영향을 미친다. 2005년에 시작된 킵 더 체인지 프로그램 덕분에 은행은 1,200만 명이 넘는 신규 고객을 유치할 수 있었고 저축액은 31억 달러가 넘었다.

비용이 명확하게 드러나는가는 요금체계를 생각할 때도 고려할 만하다. 체육관 등록비 지불 방법을 결정해야 한다고 치자. 처음에는 등록비 지불 방식이 사업에 영향을 미치지 않을 거라고 생각할 수도 있다. 설혹 그럴 수 있다고 생각했더라도 1년치 요금을 선불로 내게 하면 나머지 기간 동안 그 고통이 드러나지 않을 거라고 생각할 수 있다. 그래서 이 방법이 더 나을 거라고 생각하게 된다. 그렇다면 1년치 회비 600파운드를 선불로 내게 하는 방식과 매달 50파운드를 내게 하는 방식 중 어떤 경우를 택했을 때 사람들이 더 많이 체육관을 방문하게 될까? 연구조사에 따르면 매달 회비를 내는 방식이 체육관에 돈을 쓴다는 사실을 더욱 자주 떠올리게 만들면서, 다시 말하면 비용을 더욱 명확하게 드러내면서 체육관을 더 자주 방문하게 만든다. 매번 회비를 낸 직후엔 방문이 급증하다가 결국 기준점 수준으로 천천히 떨어진다. 이 경우 비용을 더욱 명확하게 드러내는 것이 이로운 효과를 낸다. 방문자가 많아진다는 것은 더 건강해진다는 의미이고 따라서 인지되는 가치가 더 높아지는 것이다. 고객의 충성심은 월회비로 유발된 더욱 잦은 방문을 통해 증가한다.

이 효과는 비용의 명백성과 궤를 같이하는 매몰비용sunk cost의 휴리스틱에 기초한다. 사람들은 아무것도 아닌 것에 돈을 지불하는 짓은 피하려 한다. 만약 돈을 냈다면 그것을 사용하고 싶어 한다. 따라서 경우에 따라서는 비용을 숨기기보다 드러내는 것이 유리할 수 있다. 이는 마케터의 입장에서 보면 결정의 접점이 어떤 행동을 유발하길 바라는지, 즉 어떤 행동이 마케팅의 목적에 가장 잘 맞는지에 따라 달라진다.

즉시성,
"나중에 좋은 건 필요 없어, 지금 좋아야지!"

설득력 있는 결정의 접점에 대한 또 다른 주요 원칙은 즉시성이다. 자동 조종 장치는 바로 지금 이 순간 자신이 인식하는 것 때문에 강한 선입견을 갖는다. 따라서 아직 인식할 수 없는 미래의 결과는 사람들의 결정에 크게 영향을 미치지 않는다. 가치와 비용은 거리에 의해 무시된다. 멀리 있는 호랑이를 보면 호랑이가 가까이에 있을 때와는 다른 반응이 나타난다. 2010년에 캘리포니아 공과대학의 신경경제학자 안토니오 랑헬이 실시한 실험에 따르면, 사람들은 시각 자료나 문자로 보여준 경우보다 실제로 눈앞에 있을 때 패스트푸드 제품을 60퍼센트까지 더 많이 샀다. 또한 그냥 집을 수 있게 놔둔 게 아니라 제품을 유리 뒤에 두고 보여준 경우에는 지불 의사가 줄어들었다. 거리가 짧을수록 인지되는 가치가 더 높아지고 그것을 얻지 못하게 막는 장벽도 낮아진다.

이는 시간상의 거리에도 유효한 얘기다. 20년 후에 병이 든다는 얘기는 내일 두통이 생긴다는 얘기만큼 위협적이지는 않다. 사람들은 대개 먼 훗날의 더 큰 이익보다는 지금 당장 받을 수 있는 더 작은 이익을 선호한다. 내년에 200파운드를 주겠다는 약속보다 오늘 100파운드를 주겠다는 제안을 더 선호할 수 있다. 행동경제학자들은 이를 〈과도한 가치 폄하hyperbolic discounting〉라 부른다. 사람들이 현재보다는 미래를 아주 많이 무시한다는 얘기다. 이 때문에 담배를 끊는 문제나 운동을 꾸준히 하는 문제처럼 현재에 희생이 필요한 경우 미래를 아주 많이 무시한다. 미래에 아프지 않으려면 현재 더욱 건강한 생활 방식을 따라야 한다는 사실은 다들 알고 있다. 하지만 이 결과는 사람들에게 인지되지 않는다. 그래서 담배와 맥주가 주는 쾌락과 흥분의 가치를 지금 당장 이용할 수 있기 때문에 몸에 좋지 않은데도 그것들을 소비하기로 선택한다. 이러한 미래에 대한 가치 폄하는 신용카드를 사용할 때 돈을 더 많이 쓰기 쉬운 이유를 설명해 준다. 지불의 고통이 지금 당장이 아니라 미래의 어느 순간으로 미뤄지기 때문이다.

그렇다면 마케터들은 이 사실을 어떻게 이용할 수 있을까? 자동차 영역은 제조업체들이 정기적으로 특가 판매를 제시하는 좋은 예이다. 대부분의 특가 판매에는 할인 방식이 이용된다. 일례로 피아트Fiat는 미래의 가치를 폄하하는 자동 조종 장치를 매우 공공연하게 이용했다. 그들은 고객에게 구매 가격의 절반은 지금 내고 나머지 절반은 2년 뒤에 내라고 제안했다. 피아트 TV 광고는 첫 번째 지불금(5,900유로)을 강조함으로써 명백히 드러나는 비용을 낮추었다. 두 번째 비용은 시간상의 거리 때문에 고객의 마음에서는 할인되었다.

하버드 대학의 행동경제학자들도 〈짐 팩트gym pact〉라 불리는 비슷한 혁신을 만들었다. 그들은 극복하기 힘든 장벽인 정기적인 운동 문제를 다루고 있었다. 이 경우에서도 이익은 미래를 기반으로 하지만 사람들은 현재의 행동 비용과 금전 비용에 직면해 있다. 짐 팩트는 그러한 방식을 바꾸어 놓는다. 회원들은 매주 일정한 횟수만큼 운동하기로 약속한다. 그들은 이 약속을 지키면 일정액을 지불해야 한다. 하지만 계속해서 약속을 지킬 경우에는 다시 돈을 돌려받고 지키지 않으면 돈을 더 내야 한다. 따라서 회원들이 원래 약속한 대로 행동하지 않으면 오늘 내야 할 비용이 커진다. 그리고 그 같은 행동 때문에 과거에 짐 팩트 없이 운동할 때 약속을 제대로 지키지 않으면 나중에서야 깨달았던 부정적인 결과가 오늘 명백하게 드러나게 된다. 이런 식으로 즉시성의 원칙을 회원들의 운동에 적용하여 가치를 더하고 비용을 줄이는 기본 원칙으로 활용하자 놀라운 효과가 발생했다.

공짜 제비뽑기 같은 홍보 방식을 생각하고 있다면 이 원칙이 반응의 차이를 설명해줄 수 있다. 탈 수 있는 경품이 미래의 어느 시점으로 연기된다면 그 가치는 시차 때문에 줄어든다. 그래서 이 관점은 혁신적인 홍보 방식에 대해 생각할 때 유용하다.

독일의 스마트폰 앱 빈셴wynshen은 이 가능성을 이용한 성공적인 사례이다. 이 앱은 쇼핑몰의 소매업자와 쇼핑객 모두 쓸 수 있는 POS 앱으로, 쇼핑객은 매장에서 관심 있는 제품의 사진을 찍어 빈셴에 올린다. 그러면 앱은 곧바로 쇼핑객이 그 제품과 관련하여 추가로 무슨 이득을 얻을 수 있는지 보여준다. 그것은 그 상품이나 관련 제품의 할인권일 수도 있고 옆 매장 스타벅스에서 쓸 수 있는 공짜 커피 쿠폰일 수도 있다. 이 앱은 대기 시간을 거의 제로로 줄여주기 때문에 소비자는 먼 미래의 어느 시점이 아니라 바로 그 순간에 보상을 받을 수 있다. 따라서 빈셴 앱은 아주 적은 행동 비용으로 고객들이 인지하는 가치를 높여주며 매장에 머무는 시간과 매출까지 늘리는 데 성공할 수 있었다. 전체적으로 이 사례들은 사람들이 인지하는 가치와 비용이 문자 그대로 그 가치와 비용이 인지되는 실제 시간에 의해 크게 영향받을 수 있음을 보여준다.

확실성,
〈12퍼센트 할인〉보다 〈1인당 최대 12개〉에 더 끌리는 이유

명백성과 즉시성에 이은 세 번째 원칙은 확실성이다. 대체로 확실성은 보상 획득과 고통의 경험에 대한 예상 확률, 그리고 그 과정에서 인식되는 위험과 관련이 있다. 다시 말하면 확실성은 가치를 얻고 비용을 방지할 가능성을 얼마나 인지할 수 있는가를 말한다. 이 때문에 상금을 탈 확률이 높은 홍보가 더욱 효과적이다. 즉 10명의 고객 중한 명이 상금을 타는 판촉 활동이 100명의 고객 중에서 한 명이 상금을 타는 경우보다 더욱 효과적이다.

　확실성의 원칙을 설명해 주는 몇 가지 예를 살펴보자. 제대로 아는 브랜드가 없는 외국에서 물건을 산다고 생각해 보자. 당신은 어떤 브랜드를 고를 것인가? 아마도 진열대에서 가장 넓은 공간을 차지하고 있는 브랜드를 선택할 것이다. 그 사실을 통해 이 브랜드가 이미 다른 많은 고객들이 이용하고 있고 따라서 본인이 고른 물건을 통해 원하는 결과를 얻을 것임을 알 수 있기 때문이다. 이러한 선택은 구매 결정 당시 인지되는 위험을 크게 줄여주기 때문에 가치를 얻을 확실성을 높여준다. 또 다른 예는 사람들은 자신이 이미 소유하고 있는 것은 상당히 높게 평가한다는 사실이다. 내 손에 쥔 물건보다 더 확실한 것은 없다. 커피 머그컵을 공짜로 받은 소비자들은 다른 사람들이 그 컵을 적극적으로 사겠다고 하자 원래 컵값의 두 배를 요구했다. 행동경제학자들은 이러한 성향을 소유 효과endowment effect라 부른다.

　수천 년 전부터 희소 가치scarcity value는 우리 인간과 함께 존재해 왔

다. 사람들은 부족해 보이는 자원을 소중하게 생각한다. 언제 다시 그 것을 구할 수 있을지 모르기 때문에 그것을 확실하게 확보하길 원해 서이다. 희소성은 우리 조상들에게는 피할 수 없는 인생의 현실이었 지만 현대인의 생활에서도 영향을 미치는 문제는 아니다. 그래도 이 휴리스틱은 여전히 작동한다. 따라서 희소성의 신호는 어떤 물체의 가치를 높이기도 한다. 한 연구진은 캠벨Campbells 통조림 수프 홍보에 이 휴리스틱을 이용했다. 첫 번째 홍보 방식은 간단하게 가격을 〈12 퍼센트 할인〉해 주는 것이었다. 이로 인해 평균 3.3개의 캔이 판매되 었다. 두 번째 방식은 〈12퍼센트 할인, 1인당 최대 4개〉라는 희소성의 신호를 추가했다. 수량이 한정되었다고 알려지면서 평균 3.5개로 판 매량이 약간 상승했다. 그런데 세 번째 방식은 〈12퍼센트 할인, 1인당 최대 12개〉였다. 이 홍보는 평균 판매량에 극적인 영향을 미쳤다. 평 균 판매량이 7개로 늘어났던 것이다! 12가 일종의 기준점으로 작용 한 듯하지만 그 외에 희소성의 휴리스틱이 사람들로 하여금 이 홍보 에 반응하게 만들었다. 그 신호는 캠벨 수프가 희소한 것처럼 보이게 했고 덕분에 수프의 가치는 물론 그 수프를 갖고 있을 때의 가치 또한 상승하게 했다.

따라서 어떤 물건이 공급이 부족하거나 언제 구입할 수 있을지 모 를 경우 사람들은 본능적으로 사재기를 한다(지난 수천 년 전에 사람들이 겨울을 나기 위해 식량을 모았던 것처럼). 2012년 봄에 영국 정부는 유조차 운전사들의 파업을 이유로 자동차 운전자들에게 미리 연료를 가득 채우라고 권고했다. 주유소가 금세 장사진을 이룬 운전자들로 넘쳐 나자 기름은 빠르게 동이 났다. 행동경제학을 장려하는 정부가 자신들이 보낸 신호로 인해 희소성의 효과가 발생했고 이것이 결국 운전자들이 기름을 채우려고 길게 늘어선 다른 운전자들을 보는 바람에 자기실현적인 예언이 되어버린 사실을 정작 정부가 깨닫지 못했다는 것은 아이러니하다.

확실성의 원칙에 기반한 또 다른 사례는 정액제 요금에 대한 편견이다. 이동통신이든 인터넷이든, 사람들은 정액제 요금을 선호한다. 정액제 요금이 반드시 최적의 선택이 아닌데도 불구하고 종종 더 선호한다. 하지만 실제로는 정액제 요금을 선택한 이동통신 고객들의 절반 이상이 사용량에 따른 요금제를 쓰는 게 더 낫다. 그렇다면 왜 그들은 정액제를 선호할까? 소비자는 미래에 얼마의 비용이 청구될지 모른다. 따라서 예측할 수 없는 더 많은 비용이 청구될 위험이 상존한다. 연구조사에 따르면, 이동통신 요금 청구서가 고객의 예상 액수를 초과할 경우 예상했던 비용과 실제 비용 간의 차이는 크게 과장되어 인식된다. 이 격차 때문에 인지되는 비용이 훨씬 더 높아지고 그로 인해 소비자는 이러한 상황이 발생하지 않게 막으려 한다. 그래서 그들은 비용에 대해 안심하기 위해 아예 처음부터 정액제 요금을 선택한다.

다른 사람들이 하는 대로 따라하는 휴리스틱인 사회적 증거는 대체로 확실성의 원칙에도 근거한다. 책을 사려고 아마존에 접속하든 다음 휴가 때 묵을 호텔을 알아보느라 여행 사이트에 접속하든, 사람들은 위험을 피하고 자신이 낸 돈으로 얻을 수 있는 가치의 확실성을 최대화하기 위해 다른 사람들의 행동을 따른다. 사람들이 〈안전한 선택을 소중하게 생각한다〉는 사실은 디폴트default 상태, 즉 초기 설정 상태를 선호하는 경향과도 관련이 있다. 대부분의 사람들은 자신의 브라우저나 이동전화의 디폴트 세팅을 절대로 바꾸지 않는다. 대부분의 경우, 그리고 대체로 디폴트 상태가 큰 문제없이 괜찮은 편이고 안전한 선택이기 때문에 그 상태가 어떻든 그것을 유지한다. 또한 디폴트 상태로 인해 자동 조종 장치가 작동할 수 있고 그로 인한 인지적 편안함은 우리의 에너지를 덜 들게 한다.

이 디폴트 휴리스틱이 결정에 얼마나 영향을 미칠 수 있는지는 다음의 예에서 설명된다. 해마다 수천 명의 사람들은 제때에 장기 기증자를 찾지 못해 사망한다. 여러 국가의 정치인들과 의료 단체들은 장기 기증율을 높이려고 캠페인을 벌여왔다. 각국에서 실시한 조사를 통해 드러난 장기 기증 동의율을 보여주는 〈그림 4-8〉의 그래프를 보자. 일부 국가는 동의율이 매우 높은 반면(오스트리아와 프랑스 등), 동의율이 매우 낮은 국가들도 있다(영국과 독일 등).

이 국가들은 도덕성 수준이나 사회적, 종교적 성향이 다른 게 아니다. 단순히 기증 여부에 대한 조사에서 질문하는 내용의 설계 방식이 달랐던 탓에 사람들의 자동 조종 장치가 무엇을 정보로 받아들이는가가 달라지면서 발생한 결과이다. 영국 사람들은 "장기 기증 프로그램에 〈참여하고 싶다면〉 아래에 체크하세요."라는 질문지를 받았고 따라서 기증할 의사가 있으면 적극적으로 등록해야 하지만, 오스트리아 사람들은 "장기 기증 프로그램에 〈참여하고 싶지 않다면〉 아래에 체크하세요."라는 질문지를 받았다. 따라서 아무 체크도 하지 않고 가만히 있으면 자동으로 기증자가 된다(그림 4-9).

유일한 차이는 초기의 질문 사항 설정이고 이것은 의사결정에 큰

그 순간, 〈12퍼센트 할인〉보다 〈1인당 최대 12개〉가 더 끌리는 이유   199

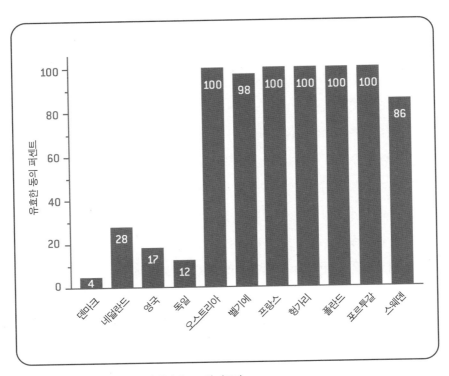

그림 4-8 장기 기증 동의율이 국가별로 크게 다르다.

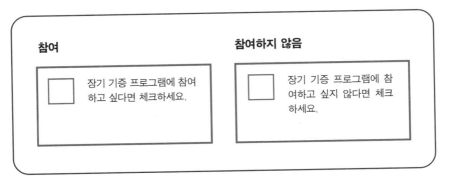

그림 4-9 〈참여〉 대 〈참여하지 않음〉이 큰 차이를 만든다.

영향을 미쳤다. 네덜란드의 경우에는 보건부가 모든 국민에게 서한("장기 기증 프로그램에 참여하고 싶다면 아래에 체크하세요.")을 발송했을 뿐 아니라 사람들에게 기증을 부탁하며 모든 집을 직접 방문하는 캠페인까지 벌였다. 그런데도 동의율이 28퍼센트에 그쳤다. 결국 질문의 초기 설정 상태를 〈참여하지 않음〉으로 설정하는, 단순하고도 비용이 들지 않는 변경이 훨씬 더 효과적인 게 분명했다.

또 다른 사례들에 따르면, 특정 이메일 수신 명단에서 본인은 빠지겠다고 의사 표시를 해야 한 소비자는 이메일을 받는 경우와 받지 않는 경우 중에 선택할 수 있었던 소비자에 비해 그 명단에 계속 남아 있을 가능성이 두 배 더 높았다. 사람들은 빈칸에 체크하는 행동을 무언가에 대한 동의와 자동적으로 결부짓는다. 이것이 객관적으로 사실인지 아닌지는 관계가 없다. 게다가 사람들은 경험에 근거하여 초기 설정 상태가 〈안전한 선택〉이라고 추정한다.

영리한 디폴트 설계는 매출에 실질적인 영향을 미칠 수 있다. 뉴욕시가 택시비의 신용카드 계산을 허용하면서 택시에 터치스크린 시스템 설치가 필요해졌다. 이에 따라 설치된 터치스크린에는 지불이 이루어지는 동안 세 개의 버튼이 등장했다. 팁 지불을 위한 초기 설정 상태는 각각 20퍼센트, 25퍼센트, 30퍼센트로 제시되었다(그림 4-10). 현금으로만 택시비를 낼 때는 평균 팁이 10퍼센트 선이었지만 이 시스템이 도입된 이후 팁은 22퍼센트로 껑충 뛰었다. 세 개의 버튼은 매년 1억 4,400만 달러의 팁이 추가되는 결과를 발생시켰다!

그림 4-10 터치스크린 초기 설정은 뉴욕 시 택시 승객들의 팁 비용을 상승시켰다.
출처: http://goodexperience.com/2011/02/how-a-taxi-button-cha.php

이 모든 것이 함께 작동하는 방식

어떻게 하면 행동경제학에서 얻은 지식을 이용하여 고객과 만나는 결정의 접점을 최대한 활용할 수 있을까? 〈그림 4-11〉은 이제껏 살펴본 원칙들을 요약해 놓은 것이다.

다음의 예는 하나의 접점 안에서 몇 가지 원칙과 휴리스틱을 이용하면 구매로 이어지는 과정을 최적화할 수 있음을 보여준다. 그루폰닷컴(Groupon.com, 〈그룹＋쿠폰〉의 합성어로 세계 최초 및 최대의 소셜커머스 기업)은 구글이 60억 달러에 인수 제의를 하면서 많은 관심을 받은 웹사이트이다(그들은 이 제의를 거절했다). 최근에 그루폰닷컴이 여러 가지 문

결정의 동인 / 행동경제학 원칙	가치	비용
명백성 무엇을 인지할 수 있는가? (지금이나 나중에)	가치를 명백히 드러내는 신호	비용의 신호를 줄여라 다시 표현하라
즉시성 가치/비용이 언제 전달되는가?	미래의 할인 현재 〉 미래 보상 지연을 최소화하라 보상 과정을 단순화하라	미래 〉 현재 비용 지연을 최대화하라
확실성 가치/비용의 확실성은 무엇인가?	보상의 확실성을 최대화하라 보유 효과 사회적 증거 희소성	손실을 초래할 위험이나 가능성을 최소화하라 초기 설정 상태, 만족시키기 비손실

그림 4-11 행동경제학의 주요 원칙들 요약

제에 직면하기까지는 많은 이유가 있겠지만 이 웹사이트의 디자인은 문제될 게 없다(그림 4-12). 온라인에서 쿠폰을 판매하는 것이 목표라면 이 웹사이트가 적임자이다. 그 이유를 더 잘 이해하기 위해 행동경제학의 원칙들을 적용해 보자.

첫 번째 원칙은 가치의 명백성이다. 소비자들은 이 사이트를 통해 자신이 무엇을 얻는지 바로 알 수 있다. 이 사이트에서 구매한 레스토랑 쿠폰의 가치는 사람들이 그 레스토랑에서 음식을 사먹을 것이기 때문에 매우 눈에 띈다. 이는 쿠폰의 광고 카피에 언급되었을 뿐 아니라 시각적으로도 묘사되어 있다. 또한 〈그림 4-12〉에서 보이는 것처럼 문자 그대로 정가를 정상 가격normal price이 아닌 가치value로 재구성하는 방법으로 보이게 했다. 〈구입 가능한 수량 한정됨limited quantity

그림 4-12 그루폰닷컴의 결정의 접점은 여러 가지 휴리스틱을 통합한다.

available〉이라는 표현은 희소성의 휴리스틱을 유발하고 시간상의 제약과 함께 인지되는 가치를 높여준다. 비용 면은 어떠한가? 객관적인 비용을 줄였다는 사실 외에 절약하게 될 액수를 두 가지 형식으로 뚜렷하게 보여준다. 할인율과 절약하게 될 액수를 모두 보여주고 있는 것이다. 정가는 절약하게 될 액수가 많아 보이게끔 만드는 기준점으로 작용한다. 즉시성은 눈에 띄는 〈구입Buy!〉 버튼에 의해 실행되고 있다. 소비자의 보상은 가장 중요한 그 버튼 하나만 누르면 얻을 수 있다. 시간 제한을 통해 급하다는 느낌이 유발되고 그로 인해 구입 버튼은 더더욱 두드러져 보인다. 또한 이미 이 제품을 구매한 사람들의 수는 잘 모르는 판매인으로부터 물건을 구입할 때 발생하는 불확실성은 물론 인지되는 위험까지 감소시키는 사회적 증거의 역할을 한다. 이는 인지되는 비용을 줄이고 손실 기피 성향도 방지한다. 또한 희소성은 지금 당장 행동해야만 보상을 확보하는 동시에 비용을 줄이는 확률이 최대로 높아지기 때문에, 다시 말하면 가치의 확실성이 최대화될 수 있기에 콜투액션에 해당한다.

　행동경제학의 원칙들이 성공적으로 이용된 또 다른 분야는 연금저축이다. 다들 미래에 잘살려면 지금 돈을 저축해야 한다는 사실을 알고 있다. 그렇다면 잘 알고 있는데도 왜 그렇게 하지 못할까? 이 문제를 다루기 위해서는 지금까지 살펴본 원칙들 중 몇 가지를 적용해야 한다. 이 모든 것이 인지 가능한 신호에 관한 문제이기 때문에 연금을 위해 저축을 하려면 어떤 가치와 어떤 비용을 인지할 수 있는지 살펴봐야 한다. 유일하게 명백한 신호는 매달 저축해야 하는 액수(비용)이다. 얼마만큼을 저축할지 결정해야 하는 바로 그 순간에 사람들은 고통을 경험한다. 현재의 저축에 돈을 양보해야 하기 때문이다. 이를 받아들이기 위해서는 그 행동을 통해 나타날 수 있는 가치를 알아볼 수 있어야 한다. 그러나 바로 그 순간에 가치를 인식할 수는 없다. 미래를 위한 저축이 좋고 올바른 행동이라는 것은 알지만 저축할 당시에는 아무런 가치도 경험하지 못한다는 얘기다. 가치가 먼 미래에 존재한다는 사실은 현재의 자동 조종 장치가 느끼는 가치를 깎아내린다. 그래서 사람들에겐 비용만 남고 그 비용은 실재한다. 그렇다면 어떻게 해야 비용을 눈에 띄지 않게 만들 수 있을까? 이 문제에 관심을 갖게 된 행동경제학자 리처드 탈러는 직장인들이 연금을 마련하는 혁신적이고도 성공적인 방법을 제안했는데 이를 〈점진적 저축 프로그램Save More Tomorrow〉이라 불렀다. 이 연금 플랜에 가입한 사람들은 다음번에 급여가 인상될 때까지는 한 푼도 내지 않는다. 그러다가 급여가 인상되면 일정액의 인상분이 한꺼번에 자동으로 연금 기금으로 이체된다. 객관적으로 이는 가입자 본인에게는 동일한 결과지만 그 경험은 매우 다르다. 먼저 비용이 든다는 직접적인 신호가 없다. 매번 급여에서 일정액이 인출되는 대신, 인상된 금액만 한번에 이체되니 연금 총액은 결과적으로 같을지라도 현재 더 많은 돈을 갖게 되었다는 신호, 즉 가치가 인지된다. 두 번째로, 가입자는 이미 받은 것을 내줄 필요가 없다. 즉 이미 자신에게 들어온 급여에서 따로 빠져나가지 않는다. 이는 인지되는 고통을 크게 줄여준다. 또한 미래의 추가 지불이 미뤄지면서(다음번에 급여가 인상되는 경우에만 인출되기 때문에) 시간상의 거리에 의해 체감되는 비용 또한 할인된다. 따라서 전체적으로 보면 명백성, 즉시성, 확실성의 원칙들을 이용한 결과로 장애물이 줄어들면서 결정의 순가치가 높아졌다.

미국과 이탈리아의
피자 주문 방식은 같을까 다를까?

내재적인 결정의 규칙들이 마케터에게 상당히 매력적일 수밖에 없는 또 다른 이유는 그것들이 전 세계적으로도 통하기 때문이다. 마케

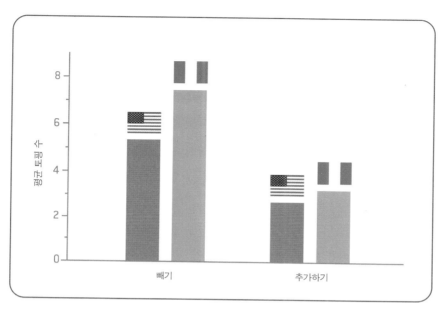

그림 4-13 결정의 규칙은 전 세계적으로 통한다.

터들은 세계적인 브랜드를 관리할 때 규모의 효율성과 나라별 목표점 사이에서 적절한 균형을 찾아야 하는 과제에 자주 직면한다. 결정의 접점들과 그 접점들이 실행하는 휴리스틱은 전 세계적으로도 통할까? 이 문제를 살펴보기 위해 일단의 연구자들은 판매 제품의 구성 방식에 따라 매출이 어떻게 영향을 받을 수 있는지 알아보려 했다. 그들은 미국과 이탈리아의 피자 주문 방식을 예로 이용했다. 소비자들은 기본 제품에 토핑을 추가하면서 피자를 주문하는 방법(즉, 초기 상태에는 토핑이 하나도 없었다.)과 모든 토핑을 추가한 제품에서 토핑을 하나씩 빼면서 피자를 주문하는 방법(초기 상태에는 토핑이 많이 있었다.) 중에 선택해야 했다(그림 4-13). 두 나라 소비자들은 토핑을 추가하는 대신 빼라고 했을 때 2배가 더 많은 토핑을 주문했다. 물론 이러한 결과는 판매자에게 더 높은 수익과 이익을 의미한다.

이와 관련된 연구에서도 풀 옵션 자동차에서 돈을 절약하기 위해 옵션을 뺄 수 있었던 소비자들이 기본 모델에 옵션을 추가할 수 있었던 소비자들보다 최종 지불 가격은 더 높았다. 옵션과 토핑을 추가하거나 빼는 일 모두 뚜렷하게 인지할 수 있는 과정이지만 결과는 매우 달랐다. 추가하는 작업은 가격을 높이는 데 관심을 집중시키는 반면, 빼는 작업은 비용을 줄이는 일과 관련이 있다. 이 사실이 마케팅에 미치는 영향은 분명하다. 많은 특징이나 재료로 시작하면서 소비자에게 줄여 나가도록 허락하면 기본 제품에서 시작하여 계속 추가하라고 요청하는 경우보다 더 높은 가격의 제품을 받아들이게 만들 수 있다.

피자 연구는 거의 모든 휴리스틱에 들어맞는 흥미로운 결과를 한 가지 더 보여준다. 휴리스틱이 모든 국가 모든 문화에서 통한다는 사실이다. 이 장에서 살펴보고 있는 자동적인 결정 규칙은 인간의 인지 활동이 작동하는 방식에 근거하고 있다. 따라서 대부분의 인구 집단이 이용하는 규칙들은 완전히 똑같지는 않더라도 비슷할 수밖에 없다. 모든 사람들이 손실을 기피한다고 추정해도 무방하다. 이러한 생각은 진화의 관점에서 볼 때 이치에 맞다. 때로는 상징, 색채 같은 신호는 여러 문화에서 서로 다른 의미를 지닐 수 있기 때문에 전 세계적인 광고 캠페인을 개발하기 어려울 때가 있을 수도 있다. 독일이나 프랑스, 영국에서 초콜릿 제품을 상징하기 위해 보라색 젖소를 사용하면 성공을 거둘 수 있지만 소가 종교적인 우상인 인도에서 이러한 시각 자료를 사용하는 것은 좋은 생각이 아닐 것이다. 하지만 휴리스틱은 아주 자동화되어 있고 인식이 작동하는 과정에 깊이 자리 잡고 있기 때문에 여러 국가나 문화에서 이용할 수 있는 기회를 제공한다.

이로써 결정의 접점을 최적화하는 데 적용되는 내재적인 결정의 규칙과 휴리스틱의 주요 내용에 대한 개요가 완성되었다. 하지만 아직도 중요한 문제가 미해결 상태로 남아 있다. 이를테면 그루폰닷컴 같은 곳을 사람들이 먼저 찾아가게 만드는 것은 무엇인가? 그 기초가 되는 동기는 무엇인가? 사람들의 구매 결정에는 보상의 명백성, 즉시성, 확실성 외에 다른 것이 또 있는 게 분명하다. 이러한 원칙들은 일단 사람들이 판매자와 만나는 지점인 접점을 방문하고 나면 판매 가능성을 크게 높여준다. 하지만 그들을 먼저 방문하게 만드는 것은 무엇인가? 피아트는 "50퍼센트는 2년 뒤에 지불하세요."라는 마케팅으로 성공할 수 있었지만 일단 사람들로 하여금 피아트를 고려하게 만드는 것은 무엇인가? 그보다도 애당초에 사람들은 왜 자동차를 원하는가? 이 문제에 답하려면 구매 결정의 또 다른 중요한 동인을 살펴봐야 한다. 그것은 다름 아닌, 소비자가 상품이나 서비스를 구입할 때 추구하는 목표goal이다.

이 장에서 알게 된 사실

- 결정의 접점은 사람들의 생각을 바꾸는 일 없이도 행동을 바꾸어 놓는다. 이 행동의 변화는 순차적으로 태도도 바꾸어 놓는다.
- 자동 조종 장치의 처리 과정이 인식에 의해 크게 영향을 받기 때문에 경험되는 순가치는 소비자가 감각을 통해 인식하는 신호에 영향을 받는다. 그 외 다른 모든 것은 자동 조종 장치에 영향을 미치지 않을 것이다.
- 결정의 접점에서 명백성, 즉시성, 확실성의 원칙을 이용하면 소비자의 의사결정에 영향을 미칠 수 있다.

이 사실이 마케터에게 의미하는 것

- 소비자의 태도를 바꾸어 놓는 중간 조치 없이도 결정의 접점에서 사용하는 신호를 활용하면 소비자의 행동에, 그리고 결과적으로는 구매에 직접적인 영향을 미칠 수 있다. 이는 태도 변화에 초점이 맞춰지는 비쌍방향non-interactive 접점의 일반적인 방식을 보완해 준다.
- 마케팅의 설득력을 극대화하기 위해서는 다음의 중요한 문제를 해결해야 한다. 소비자와의 접점을 어떻게 결정의 접점으로 바꿀 수 있는가? 달리 말하면, 소비자를 어떤 접점(예를 들면 TV 광고)의 수동적인 관찰자에서 적극적인 의사결정자로 어떻게 바꾸어 놓을 수 있는가?
- 인식과 경험이 소비자의 존재하는 전부이기 때문에 마케터의 가치 제안은 소비자의 감각을 통해 인지되고 경험될 수 있어야 한다. 그렇지 않으면 소비자의 자동 조종 장치에 미치는 영향이 크게 줄어들 것이다.

5

사람들이
정말로 원하는 건
드릴이 아니라
그것으로 뚫을 수 있는
구멍이다

사람들의 구매 결정 과정을 완벽하게 이해하려면 먼저 그들이 무슨 마음으로, 즉 무슨 목적으로 상품과 브랜드를 구입하는지 파악해야 한다. 사람들은 왜 특정 상품을 구입할까? 이 문제에 대답하기 위해 이 장에서는 우선 〈목표〉의 개념을 소개할 것이다. 목표는 심리학과 신경과학에서 인기 있는 주제이다. 목표 지향적인 가치 평가는 인간의 뇌에 존재하는 가장 섬세한 단계의 가치이다. 그리고 그것은 사람들이 왜 특정 제품을 사는지 그 이유를 찾으려는 우리의 여정에서 핵심적인 개념이다. 이 장은 목표의 개념이 마케팅에서 얼마나 강력하고 소중한지 보여줄 것이다.

좋아하는 마음보다
원하는 것이 더 중요하다

지금까지는 소비자들의 구매로 이어지는 과정에 등장하는 접점들을 최적화하는 유력한 방법들을 살펴봤다. 행동경제학에서 얻은 지식을 이용하면 고객이 느끼는 가치를 더하고 비용을 줄일 수 있는 매력적인 가능성이 생긴다. 휴리스틱은 자동차 같은 것을 판매할 때 필요한 가격 지불 방식이나 프로모션 활동을 최적화하는 데 이용할 수 있다. 하지만 먼저 소비자가 자동차를 사고 싶어 하는 이유는 무엇일까? 그리고 그들은 어떤 브랜드로부터 정보를 얻으려고 할까? 휴리스틱 외에 가치-비용 등식을 움직이는 단계가 추가로 존재하는 것이 분명한데 그 단계는 바로 〈동기motivation〉이다. 동기는 인간의 모든 행동을 일으키는 주요한 힘이며 그런 이유로 구매 행동을 일으키는 힘이기도 하다. 따라서 신경심리학적인 관점에서 동기가 무엇인지 더욱 자세히 살펴보는 것이 좋을 듯하다.

에모리 대학교의 그레고리 번스와 사라 무어는 「문화적 인기의 신경 예측인자A neural predictor of cultural popularity」라는 흥미로운 논문에서 동기가 부여된 선택의 특징을 밝혔다. 그들은 fMRI를 이용하여 무명에 가까운 가수의 노래를 듣고 있는 일단의 청소년들의 뇌 반응을 측정했다. 뇌 스캐닝이 끝난 뒤 두 사람은 피험자들에게 노래가 얼마나 마음에 들었는지 평가해 달라고 요청했다. 이 연구조사의 목표는 미래 판매량의 예측인자를 알아내는 것이었기 때문에 뇌 스캔 이후 3년 동안 이 노래들이 얼마나 판매되었는지도 합계를 냈다. 그런 다음 그들은 뇌 반응과 실제 판매량을 서로 연관지으면서 판매의 신경 예측인자를 확인해 내었다. 그렇다면 어떤 뇌 영역이 미래의 판매량을 가장 잘 예측했을까?

이미 우리는 2장에서 브라이언 넛슨이 동료학자들과 실시한 연구를 다루었다. 그들의 연구는 가격으로 인해 일정 수준의 고통을 느끼는 사람들의 보상중추가 활성화될 때 구매를 예측할 수 있음을 보여주었다. 번스와 무어는 보상을 기초로 한 바로 그 메커니즘이 일반 사람들의 구매 결정 또한 예측할 수 있는지를 살펴보았다. 실제로 그들은 보상체계(안와전두피질, 복측선조체)의 활성화와 미래의 판매 간에 강력한 상관관계가 있음을 알아냈다. 다시 말하면, 뇌의 보상중추를 많이 활성화시킨 노래가 그렇지 못한 노래에 비해 상당히 많이 판매되었다는 얘기다. 보상중추의 활성화가 판매된 제품 수와는 상당히 관련이 많았지만, 노래에 대한 주관적인 호감도는 판매를 예측하지 못했다. 번스와 무어는 이에 대해 다음과 같이 설명했다.

"이는 포커스 그룹의 단순한 주관적인 평가가 상업적인 성공을 예측하는 훌륭한 변수가 아닐 수도 있음을 가리킨다."

한동안 원하는 것과 좋아하는 것은 뇌의 서로 다른 신경회로에 의해 조절된다고 알려져 있었다. 사람들도 각자 살아가면서 이를 경험한다. 사람들은 집주변의 오래된 서점을 좋아하면서도 책은 아마존에서 구입한다. 마약 중독자들은 주사를 놓으면 아픈데도 반복적으로 모르핀을 자신에게 직접 주사한다. 이러는 이유는 좋아하는 것과 원하는 것에 대해 서로 다른 신경회로가 존재하기 때문이다.

따라서 좋아하는 마음보다는 원하는 마음과 보상에 대한 기대가 구매 행동을 일으킨다면 보상 또한 어떤 상품에 기꺼이 돈을 지불하려는 의사를 일으키는 주요한 동인이라고 생각할 수 있다. 실제로 최근에 신경경제학에서 이루어진 다수의 연구가 이 사실을 밝혀냈다. 기꺼이 돈을 지불하려는 의사는 그것이 경제학의 핵심, 즉 사람들이 상품과 브랜드를 구입하는 이유를 다루기 때문에 신경경제학 연구에서 중심이 되는 특성이다. 신경경제학계의 대표적인 학자들인 안토니오 랑헬, 존 오도허티, 힐케 플라스만은 배가 고픈 상태에서 경매 실험에 참여한 사람들의 뇌 영상을 찍었다. 이들은 물건을 구입하기 위해 값을 불러야 했다. 경매에 나온 물건들 중에는 식품이 아닌 것도 있었고 빵 같은 식품도 있었다. 이 연구의 주요한 결과는 안와전두피질의 보상중추가 식품에 기꺼이 돈을 지불하기로 결정한다는 것이었다. 배가 고픈 참가자들은 허기진 뇌가 식품의 보상이 더 크다고 평가했기 때문에 그런 물건에 더 많은 돈을 지불하려 했다. 이 결과는 안와전두피질이 점점 더 활성화됐다는 사실에 근거했다. 배가 부른 상태의 참가자들에게는 식품이 경매로 구입할 만한 물건이 아니었기 때문에 식품에 돈을 지불할 의사가 적었고 이는 그들의 안와전두피질의 활성화가 크게 줄었다는 사실에 부합했다. 따라서 허기를 느껴 무언가를 먹어야겠다는 목표를 갖게 된 사람은 자신의 이 유효한 목표에 들어맞는 제품을 높게 평가하고 그 결과 지불 의사가 높아진다. 이 실험은 사람들의 지불 의사를 일으키는 기본적인 원칙을 밝혀냈다는 점에서 흥미롭다. 어떤 상품이나 서비스가 사람들이 원하는 유효한 목표와 관련성이 많을수록 기대되는 보상이 더 높아지고 지불 의사 또한 높아진다. 신경과학자들은 이를 〈목표 가치goal value〉라 부른다.

　목표 지향적인 가치 평가는 인간의 뇌에서 가장 섬세한 단계의 가치이다. 새로운 뇌 영상 기법과 심리학의 영리한 실험 덕분에 이렇게 중요한 평가 단계에 대한 핵심적인 원칙들이 밝혀졌다. 상품과 브랜드는 높은 목표 가치를 제공하고 소비자들은 그것이 자신의 목표에 들어맞으면 높은 지불 의사를 보인다. 인간의 뇌가 새 자동차와 휴양지에서의 휴가처럼 전혀 관련없는 두 가지 중에 어디에 돈을 쓸지 결정하거나 서로 경쟁하는 두 브랜드 중에 어떤 것을 더 좋아하는지 결정할 수 있는 이유는 순전히 보편적으로 통용되는 이러한 목표 가치 덕분이다. 물론 사람들이 모든 상황에서 늘 일관된 유효 목표를 갖는 것은 아니다. 직장에서는 성취와 인정을 얻기 위해 노력하는 반면 가정에서는 화목과 가족애가 더 중요하다. 사람들은 입술 보호에 적합한 립스틱을 갖고 있는 동시에 매력적으로 보이기 위한 립스틱도 갖고 있다. 세제나 치약을 구입할 때와 자동차를 선택할 때는 서로 목표가 다르다. 인간의 뇌는 선택의 상대적인 목표 가치에 근거하여 상대적인 순위를 정한 뒤 최종 결정을 도출한다. 그런 다음 주어진 상황에 관련된 목표 가치가 가장 높은 옵션을 선택한다. 이는 일부 소비자들이 어떤 브랜드 구입을 고려하다가 결국은 구매를 포기하는 이유를 설명해 준다. 이러한 경우에 그 상품은 훌륭한 목표 가치는 제공하지만 〈최고의 목표 가치〉는 제공하지 못했다. 신경경제학자들은 이를 가리켜 〈승자 독식 효과〉라 부른다. 소비자의 목표 순위에서 1등인 브랜드만 선택된다는 것이다. 관련된 고려상표군에 포함되는 것만으로는 충분하지 않다. 브랜드는 2장의 아이스크림 사례에서처럼, 특정한 상황에서 1등이거나 자동차 상품군의 안정성같이 특정한 보상 부문에서 1등인 것이 중요하다.

사람들은 드릴이 아니라 그것으로 뚫을 수 있는 구멍을 원한다

식품이든 음악이든 서비스든 자동차든 상관없이, 목표 가치와 지불 의사에 대한 계산은 주로 보상중추에서 처리된다. 인간의 뇌는 자신의 경험과 기대를 기반으로 어떤 상품이 자신의 목표에 어느 정도까지 부합하여 그 목표 달성에 도움을 줄 수 있는지 계산한다.

　동기가 부여된 행동은 우리에게 아주 소중한 목표를 달성한다는 특징을 갖고 있다. 사람들은 직업을 갖고 싶어서 대학에 간다. 그리고 기성세대에게 반항하고 싶어서 펑크록 가수가 된다. 또한 흥분을 느끼고 싶어서 남아프리카로 사파리 여행을 떠난다. 배가 고픈 사람에게는 음식이 높은 목표 가치를 지니며 그로 인해 슈퍼마켓으로 자동차를 몰고 가거나 가장 가까운 맥도널드 매장을 찾게 된다. 식사를 마치고 배가 부른 상태로 식당을 나선 사람에게는 집으로 돌아오는 길에 지나치는 식당이 더 이상 목표 가치를 갖지 못한다. 목표 가치 상실로 인한 영향은 우울증 환자들에게서 뚜렷하게 나타난다. 그들의 뇌는 어떠한 것에도 목표 가치를 부여하지 못한다. 그들은 심지어 먹지도 않고 잠자리에서 일어나지도 않는다. 그들에게 동기를 부여하는 것은 더 이상 없다.

이 모든 얘기가 마케팅에는 어떤 의미가 있을까? 목표는 사람들이 왜 특정 상품이나 브랜드를 구입하는지 이해하는 데 필요한 핵심적인 개념이다. 사람들은 갈증을 해소하기 위해 음료수를 산다. 옷을 깨끗이 빨기 위해 세제를 사고, A에서 B로 이동하고 싶어서 자동차를 구입하고, 가장 안전하게 이동하고 싶어서 볼보 자동차를 구입한다. 물론 자신의 부를 과시하려는 사람들은 수천 파운드를 들여 포르셰를 사거나 롤렉스 시계를 산다. 무엇을 하든, 인생의 어떤 영역에서든, 인간의 목표는 자신의 할 일을 결정한다. 유명한 인류학자 로이 단드레이드는 다음의 글에서 이 사실을 강조했다.

사람들을 이해하려면 그들이 무엇 때문에 그렇게 행동하는지 알아야한다. 그리고 그들이 무엇 때문에 그렇게 행동하는지 알려면 그들의 목표를 알아야 한다.

상품과 브랜드는 소비자가 자신의 목표를 달성할 때 이용하는 수단이다. 유명한 하버드 대학 교수 테오도르 레빗의 말을 빌면, "사람들이 원하는 것은 드릴이 아니라 구멍이다." 하버드 대학의 마케팅 교수 클레이튼 M. 크리스텐슨은 저명한 학술지 《하버드 비즈니스 리뷰Harvard Business Review》에 발표한 「마케팅의 과오: 원인과 해결책Marketing malpractice: the cause and the cure」이라는 강력한 제목의 논문에서 소비자가 어떤 상품에 돈을 지불하는 이유가 되는 상품의 임무로 이 요건을 설명했다. 사람들은 처리해야 할 일이 있으면, 다시 말해서 성취하고자 하는 목표가 있으면 자신을 위해 그 일을 해주는 상품을 〈채용〉한다. 따라서 마케터들은 소비자의 이러한 목표를 실현시켜 주는 상품 경험을 만들어야 한다.

보기에는 간단해 보이지만 사람들의 목표가 무엇인지, 그들이 끝내려는 일이 무엇인지 묻는 행동은 마케터들의 시장에 대한 생각이나 시장 세분화 방식, 제품 개발 방식에도 큰 영향을 미친다. 위에서 언급한 논문에 소개된 다음의 예가 이를 명확히 보여준다.

한 패스트푸드 식당이 품질을 높여 밀크셰이크 매출을 올리고자 했다. 처음에 그들은 일반적인 방식을 따랐다. 그들은 밀크셰이크라는 상품 영역 속에서 시장을 규정하고 인구 통계와 성격 특성으로 소비자를 분류했다. 그런 다음엔 이 세분 시장들을 상대로 어떤 상품 특징을 원하는지(더 걸쭉하든지 덩어리를 첨가하든지), 소비자가 얼마에 사먹을 것인지 조사했다. 이 결과를 바탕으로 품질을 개선했지만 안타깝게도 매출에는 변화가 없었다.

하지만 목표의 관점으로 보자 그 문제에 접근하는 방식을 바꾸게 되었다. 소비자가 어떤 목표 때문에 밀크셰이크를 원했는지 알아내려 한 이 업체는 소비자의 구매 행동과 함께 구매와 소비가 발생하는 상황적 맥락을 분석했다. 실제 소비자의 행동을 연구한 그들은 밀크셰이크가 여러 가지 목표를 충족시킨다는 사실을 알아냈다. 그 중 한 가지 목표는 시간을 보내는 데(지루함을 더는 데) 도움이 되고 포만감을 주는 간식으로 밀크셰이크를 마시는 것이었다. 목표를 기초로 한 이 세분 시장의 소비자들은 아침에 주로 홀로 밀크셰이크를 구매한다. 그리고 긴 출근길에 자동차 안에서 셰이크를 마신다. 이 특정한 상황에서 대체 가능한 식품에 대해 물어보자 이 소비자들은 가끔 베이글이나 도넛을 먹는다고 밝혔다. 그들은 밀크셰이크를 살 때는 배가 고프지 않지만 점심시간 전까지 허기를 느끼지 않으려면 그것이 필요하다고 말했다. 밀크셰이크는 베이글이나 도넛 같은 대체물보다 그들의 목표를 더 잘 수행한다. 걸쭉한 덕분에 마시는 데 시간이 오래 걸리고 결과적으로 출근길 내내 마실 수 있기 때문이다. 빨대로 빨면 재미있을 뿐 아니라 자동차 안에서 마시기도 편리하다.

이 조사는 또 다른 목표를 지닌 세분 시장도 확인해 냈다. 이들은 밀크셰이크를 디저트로 이용한다. 부모들은 아이들이 디저트로 마실 밀크셰이크를 구입했다. 하지만 이들을 관찰한 결과에 따르면, 부모에게는 이 구매가 오히려 높은 행동 비용을 안긴다. 아이들이 얇은 빨대로 걸쭉한 밀크셰이크를 마시는 데 상당한 오랜 시간이 걸리기 때문이다. 이 긴 시간은 아이들을 데리고 패스트푸드 식당에 가는 전체적인 맥락과는 어울리지 않는다. 요약하자면, 결국 이 업체는 목표가 매우 다른 두 세분 시장과 함께 사람들이 밀크셰이크를 구매한 두 가지 목적까지 알아냈다.

　목표를 세분화한 시장은 제품 개선을 위한 명확한 지침을 제공한다. 그리고 매출 신장을 위해 커뮤니케이션이 촉발시켜야 하는 최적의 상태 또한 알아낸다. 밀크셰이크가 지루한 시간을 보내면서 먹을 수 있는 간식으로서의 목표를 가장 잘 전달하려면 걸쭉해야 하고 빨대는 가늘어야 한다. 또한 뜻밖의 기쁨의 요소(덩어리가 주는 식감)를 포함시키면 지루함을 더는 데도 도움을 줄 것이다. 그러나 아이들을 위한 디저트로 구입하는 목표를 가장 훌륭하게 전달하려면 빨리 마실 수 있는 상태여야 한다. 이전의 조사는 각각의 소비자가 밀크셰이크를 살 때 염두에 둔 목표의 특수성을 알아내지 못했다. 이로 인해 〈누구에게도 맞지 않는 조건〉(일부 소비자들은 더 걸쭉한 제품을 원하는 반면, 다른 소비자들은 진하지 않은 제품을 원한다.)으로 평균화된 제품 개선 제안이 탄생하고 말았다. 이 업체는 인구 통계와 성격 특성만을 이용하는 바람에 목표가 다른 두 세분 시장을 구분하지 못했다. 그 때문에 두 곳 중 어느 쪽에도 만족감을 안기지 못하고 말았다.

　이는 혁신이 실패하는 주요한 이유이다. 종종 혁신은 특정한 목표 가치를 개선하는 데에, 다시 말하면 그 과제를 잘 수행해 내는 데에 집중하지 않는다. 하지만 마케팅이 특정 상황에서의 중요한 목표를 주요한 기준점으로 이용한다면 좋아하기 대신 원하기(따라서 구매까지)를 유도할 수 있다.

　이 밀크셰이크 사례는 또 다른 점에서도 중요하다. 소비자의 목표가 뚜렷해지면 시장이 규정되고 그와 동시에 우리가 경쟁 우위를 달성하여 상대해야 할 경쟁 상대가 누구인지도 명확해진다. 이

때 뇌에서 작동하는 기본 원칙은 소위 목표 지향적인 범주화goal-based categorization라는 것이다. 내 앞에 도넛, 사과, 오렌지가 있다고 생각해보자. 건강에 좋은 제품들을 모아보라면 사과와 오렌지로 이루어진 그룹을 만들어낼 것이다. 하지만 빨리 먹을 수 있는 간식이라는 목표를 이용하여 나눠보면 도넛과 사과로 이루어진 그룹을 만들어낼 것이다. 소비자가 제품을 어떻게 구분 짓는가는 그들이 달성하려는 현재의 목표에 따라 달라질 것이다. 앞에서 소개한 밀크셰이크의 예에서 셰이크의 경쟁자는 단순히 다른 밀크셰이크만이 아니라 바나나나 도넛, 베이글도 될 수 있다. 마케터로서 특정 상황에서 소비자가 처리해야 할 과제, 즉 그들의 목표에 대해 생각하면 시장에 대한 시각이 달라지고 진정한 경쟁자에 대한 시각도 달라진다. 더불어 성장 가능성과 같은 기회도 열린다. 크리스텐슨의 말을 빌면 다음과 같다.

목표로 규정된 시장은 대체로 상품 범주로 규정된 시장보다 훨씬 더 크다. 시장 규모를 상품 범주와 동일시하는 정신적 함정에 빠져 있는 마케터들은 고객의 관점에서 볼 때 자신이 누구와 경쟁하고 있는지 파악하지 못한다.

"부디 내가 원하는 신호를 보내주세요.
그럼 바로 알아볼 수 있어요."

동기가 부여된 행동이 현재의 목표에 의해 발생한다면, 뇌가 들어오는 신호를 거르는 데 이용하는 중요한 기준으로써 목표가 작용한다는 주장은 타당하게 들린다. 우리는 이미 배가 고픈 사람이 세상을 어떻게 인식하는지 보여주는 사례를 살펴봤다. 그런 사람들은 맥도널드 로고처럼 음식과 관련된 신호에 더욱 집중한다. 인간의 자동 조종 장치는 주위 환경을 훑어보고 자신에게 들어오는 신호를 자신의 목표와 연결짓는다. 기운을 북돋워주는 샤워젤을 사는 게 목표라고 치자. 자동 조종 장치는 주변에서 이 목표를 달성하겠다고 약속하는 신호들을 찾아내는 데 주력한다. 그러다 자동차 엔진 오일 용기처럼 생긴 데다가 다이내믹 펄스라는 이름을 지닌 제품을 발견한다. 신호와 목표가 잘 어울리자 이 상품으로 주의가 집중된다. 이 상황을 달리 표현하면, 〈목표가 주의를 결정한다〉고 할 수 있다. 사람들은 어떤 사물이 높은 목표 가치를 알릴 때 그것을 알아본다. 이 사실은 그 자체로는 새로운 발견이 아니다. 러시아의 심리학자 알프레드 야르버스는 40년도 훨씬 전에 목표가 어떻게 주의를 지배하는지 실험했다. 그는 마음속에 다른 목표를 품고 있는 사람들에게 그림을 보여주는 전통적인 심리학 실험에서 그림에 묘사된 사람들의 나이를 판단하는 등의 여러 과제를 피험자들에게 부여했다. 동시에 그는 그들이 어디를 쳐다보고 있는지(시선 추적)도 측정했다. 〈그림 5-1〉을 보면 사람들이 자신의 목표에 따라 그림에서 매우 다른 사물에 주의를 기울였음을 알 수 있다. 가족의 경제적인 형편을 알아내는 것이 목표인 사람들은 벽에 걸린 사진들에 더 많은 주의를 기울였다. 하지만 그림 속 등장인물들의 나이를 추측해야 한다고 생각한 피험자들은 인물들의 얼굴에 초점을 두었다.

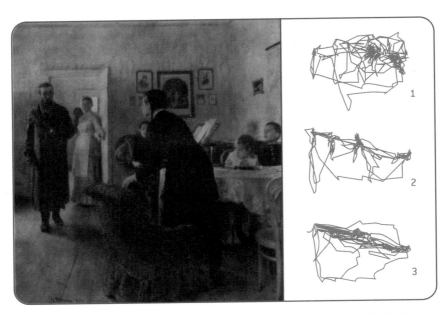

그림 5-1 러시아 심리학자 알프레드 야르버스의 고전적인 실험에서는 목표가 주의를 주도한다. 과제에 따라 시선 추적이 다르게 나타난다. (1) 그림 속 가정의 경제적인 형편을 평가하라. (2) 그림 속 등장인물들의 나이를 추측하라. (3) 방문자가 가족과 얼마나 오랫동안 떨어져 있었는지 판단하라.

마케팅 교수인 릭 피터스와 미첼 웨델의 연구에서 증명되었듯이, 목표는 사람들이 매체에 나온 광고를 바라볼 때도 주의를 결정한다. 다양한 실험 끝에 그들이 얻은 결론은 다음과 같다.

이 연구 결과는 사람들의 목표가 광고의 시각적 주의에 신속하고도 체계적인 영향을 끼친다는 사실을 입증한다. 또한 광고의 정보 내용이 고객이 광고를 보는 동안 갖고 있는 목표에 좌우된다는 사실도 보여준다. 사람들은 평균적으로 고작 4초 동안 광고를 관찰하지만 그들의 목표는 브랜드, 사진, 광고 문구를 관찰하는 시간도 결정했다.

목표 기반의 주의가 작동하는 과정은 벨기에 겐트 대학교 소속 줄리아 보그트의 최근 연구에 의해 더욱 자세히 밝혀졌다. 이 연구는 목표 가치가 높은 자극에 어떻게 주의가 쏠리게 되는지를 조사했다. 과학자들은 일단의 피험자들에게 플라스틱 바퀴벌레나 플라스틱 대변 같이 혐오스러운 물건을 만지게 하여 혐오감을 유발했다. 반면 통제 집단의 피험자들에게는 혐오스럽지 않은 물건들을 만지게 했다. 이후 다양한 사진에 대한 주의를 측정하는 테스트를 했는데 그 결과를 보면, 혐오스러운 자극에 노출되었던 피험자들의 주의는 비누를 쥐고 있는 손이나 물속으로 떨어지는 물방울처럼 깨끗함을 나타내는 사진에 쏠렸다. 혐오감을 느꼈던 피험자들에게는 깨끗함을 나타내는 사진이 높은 목표 가치가 있었다. 따라서 그들의 자동 조종 장치는 그 사진들에 더 많은 주의를 쏟았다. 여기서 얻을 수 있는 주요한 학습은 소비자의 목표를 제일 잘 완수할 거라고 약속하는 상품이 가장 많은 주의를 받는다는 것이다. 자사의 광고를 가장 눈에 띄게 만들고 제품 진열대에도 영향을 미치려면 소비자가 자사의 상품과 브랜드로 성취하려는 목표를 알아내야 한다.

마케팅의 일반적인 핵심 성과 지표(key performance indicator, KPI)로는 최초상기도 브랜드가 있다. 즉, 특정 상품 영역에서 어떤 브랜드가 가장 먼저 떠오르는지 소비자에게 물었을 때 그 브랜드가 1등이어야 한다는 얘기다. (예를 들면, 자동차에 대해 생각할 때 어떤 브랜드가 제일 먼저 떠오르는가?) 목표 기반의 주의는 먼저 생각나는 브랜드가 소비자의 유효한 목표에 따라 달라진다. 즐거운 운전 경험이라는 목표에 가장 잘 어울리는 자동차를 생각한다면 지위나 안전을 위한 자동차를 생각할 때와는 다른 브랜드가 떠오를 것이다. 이 사실은 포지셔닝과 전략 작업에 중요하다. 우리는 브랜드가 어떤 특성과 관련이 있는지를 묻는 대신, 어떤 목표가 그 브랜드를 활성화시키는지 물을 수 있다. 달리 말하면, 그 브랜드가 특정한 상황에서 사람들의 목표를 달성하는 수단으로써 얼마나 눈에 띄는가를 묻는 것이다.

에렌버그-바스 마케팅과학연구소 소장 바이런 샤프는 다음과 같이 지적한다.

"태도는 브랜드를 평가하는 문제와 관련되어 있다(당신은 그것이 좋은 브랜드라고 생각합니까?). 반면 현저성은 주로 소비자에 의해 떠올려질 가능성이 있는가의 문제이다(특정 구매 상황에서 그 브랜드를 알아보거나 떠올릴 수 있습니까?)."

포지셔닝 작업자의 입장에서 보면 바이런 샤프의 지적은 다른 브랜드는 아직 갖지 못한 목표에 자사의 브랜드를 연결 지을 수 있어야 차별성을 가질 수 있음을 확인시켜 준다.

사람들이 제품을 통해 이루려는 목표부터 명확히 알아야 한다

우리가 매일 내리는 수많은 결정을 생각하면서 자신의 뇌가 이 모든 목표를 어떻게 완수하는지 생각해 보자. 처음에 목표라는 말은 사람들이 철저하게 상황을 생각한 뒤에 결정을 내리는 것처럼 들린다. 그러나 주관적인 느낌으로는 오랜 심사숙고와 궁리 끝에 결정을 내리는 것 같지는 않다. 사람들은 하루 중의 매 순간마다 혹은 직장에 있는 매 순간마다 자신의 경력상의 목표에 대해 생각하지는 않는다. 대부분의 경우 사람들은 직관적으로 자동 조종 장치가 작동하는 상태에서 행동한다. 실제로 최근에 이루어진 연구에 따르면, 목표는 내재적인 차원에서 활성화시키고 감독할 수 있으며 따라서 일부 신경심리학자들은 이를 〈내재적인 목표 추구〉라고 부른다.

　자동 조종 장치가 작동하고 있는 상태에서 내재적인 목표 추구가 이루어지는 과정은 다음의 연구에서 밝혀졌다. 이 연구는 소비자들이 돈으로 많은 목표를 달성할 수 있음을 깨달았기 때문에 돈이 높은 목표 가치를 지니고 있다는 사실을 이용했다. 몇 가지 과제를 완수해야 했던 피험자들은 각각의 과제를 정확하게 끝마치면 얼마의 돈을 받을 수 있는지를 화면으로 보았다. 피험자들은 과제를 완수했을 때의 보상이 0.05유로에 불과하자 보상이 1유로인 과제를 수행할 때보다 열심히 하지 않았다. 이는 놀랍지 않다. 그런데 보상에 대한 이러한 여러 반응은 동공 확대를 비롯한 생리적인 반응처럼 내재적인 반응에 의해서도 확인되었다. 더욱 놀라운 점은 연구진이 화면으로 보상 액수를 너무 짧은 시간 동안 보여주었기 때문에 피험자들이 의식적으로 그것을 인식하지 못한 경우에도 금전적인 보상을 받으려는 목표가 활성화되었다는 점이다. 돈의 액수가 많은지 적은지에 대한 핵심적인 정보는 자동 조종 장치에 의해 내재적으로 등록되었다. 그리고 이 과정은 결과적으로 금액을 의식적으로 인식할 때와 동일한 수준의 목표 추구와 생리적 반응을 유발했다.

　또 다른 실험에서는 평소에 자전거를 타는 피험자와 타지 않는 피험자들 양측에게 동네 일주라는 목표를 미묘하게 미리 알려주었다. 그런 다음 피험자들은 자전거라는 단어를 얼마나 잘 받아들였는지 (즉, 그 단어가 얼마나 쉽게 생각이 나는지) 측정하는 테스트에 참여했다. 결과에 따르면, 처음에 내재적으로 동네 일주라는 목표를 알게 된 피험자들 중에서 평소에 자전거를 타는 사람들은 평소에 타지 않는 사람들에 비해 자전거라는 단어를 훨씬 더 쉽게 받아들였다. 흥미롭게도 동네 일주라는 목표를 미리 알지 못했을 때에는 양측 모두 자전거라는 단어를 받아들이는 정도에 차이가 나지 않았다. 이는 자전거를 타고 A지점에서 B지점으로 이동하는 것처럼 어떤 목표를 달성하는 특정 수단을 반복적으로 이용해온 사람들의 경우, 그 목표를 미리 알고 나면 해당 정보가 기억 속에서 접근하기가 더 쉬워질 수 있음을 보여준다. 어떤 브랜드가 먼저 떠오르는지 묻는 방법이 중요한 이유는 바로 이것이다. 목표와 브랜드 간의 연관성이 강할수록 그 목표가 활성화되고 나면 그 브랜드가 먼저 떠오를 가능성이 더 높아진다.

　내재적으로 활성화된 목표 덕분에 상품이나 브랜드는 더욱 다가가기 쉬운 상태가 될 뿐 아니라 그것에 대한 더욱 긍정적인 태도 또한 형성된다. 일련의 실험에서 피험자들은 어떤 목표(성공, 다이어트, 협력 등)와 관련된 단어들을 은연중에 알게 된 다음 내재적인 태도 측정을 했다. 이 실험 결과에 따르면, 목표를 미리 알게 된 피험자들은 목표 달성과 크게 관련이 있고 도움이 되는 자극에 더욱 긍정적인 태도를 보였다. 이를테면 날씬해지겠다는 목표를 은연중에 알게 된 사람들은 체육관이나 샐러드에 훨씬 더 긍정적인 태도를 보였다.

　내재적인 목표 추구에 대한 또 다른 실험에서 피험자들은 술집에서 여자를 낚으려는 남자에 대한 단편소설을 읽었다. 연구진은 이 소설이 남성 피험자들에게 어쩌다 만난 여성과 잠자리를 갖겠다는 목표를 활성화시킬 거라고 예상했다. 소설을 다 읽은 피험자들은 이후에 진행된 실험에서 여성 참여자나 남성 참여자에게 컴퓨터 과제에 대한 피드백을 제공해야 했다. 소설을 읽은 피험자들은 그렇지 않은 피험자들보다 여성 참여자에게(남성 참여자는 아니다.) 크게 도움을 주었다. 중요한 사실은 자신이 기꺼이 도왔다고 의식하는지에 관해서는 여자를 유혹하라는 목표를 은연중에 알게 된 사람들(즉 미리 소설을 읽은 사람들)과 그렇지 않은 사람들 간에 아무런 차이가 없었다는 점이다. 이는 여성을 유혹하려는 목표가 은밀하고도 미묘하게 여성 참여자에 대한 태도에 영향을 미치고 있었음을 의미한다.

　오래전부터 사람들로 하여금 목표를 추구하게 만드는 정신적 과정에는 의식적인 자각이 필요하다는 게 일반적인 생각이었다. 하지만 지난 10여 년 동안 이루어진 목표 추구에 대한 과학적 연구에 따르면, 이러한 과정은 의식적 자각 없이도 이루어질 수 있다. 위트레흐트 대학의 심리학과 교수인 루드 커스터스와 헹크 아츠는《사이언스Science》에 연구 내용을 다음과 같이 요약 발표했다.

　다수의 연구 결과들은 사람들의 목표 추구가 의식의 테두리 밖에서 시작될 수 있음을 가리킨다. 사람들은 주입된 목표나 그 목표가 자신의 동기나 행동에 미치는 영향을 알지 못하더라도, 바람직한 결과로 표현되는 목표를 미리 알게 될 경우 의욕을 갖고 자신이 할 수 있는 모든 것들 중에서 이용 가능한 행동을 보여주려 한다.

소비자의 내재적인 목표가 마케팅에서 결정적인 역할을 하기 때문에 이 부분에 대해서는 이 장의 뒷부분에서 더 자세하게 살펴볼 것이다.

커피와 수프,
우리는 보상받고 싶어 한다

목표가 중요할수록 제품의 가치와 그에 대한 지불 의사가 높아지며 그 결과로 상품의 관련성 또한 커진다. 아디다스의 다이내믹 펄스 샤워젤의 예를 다시 살펴보자. 이 제품은 샤워를 통해 힘을 재충전하고 새롭게 시작하려는 사람들에게 적합하다. 그러나 이 제품은 편안한 휴식의 목표에 적합하다는 신호는 보내지 않기 때문에 재충전보다는 휴식이 주요한 목표일 경우에는 관련성이 별로 없다. 따라서 샤워젤 진열대 앞에 서 있는 사람들은 샤워할 때 자신의 유효한 목표와 가장 잘 들어맞는 제품에 가장 많은 주의를 기울이고 그러한 제품을 구입할 가능성이 클 것이다.

콜로라도 대학교 연구진의 연구는 이 원칙이 실제로 작동하고 있음을 보여준다. 피험자들은 두 가지 식물용 비료 중에 한 가지를 선택해야 했다. 이들 중 한 집단은 사용하기 가장 수월해 보이는 제품을 골라야 했다. 다시 말하면, 힘이 덜 들어야 한다는 목표를 부여받았다.

그리고 다른 집단은 식물을 건강하게 기르는 데 가장 적합해 보이는 제품을 선택해야 했다. 즉 더 나은 결과를 얻겠다는 목표를 부여받았다. 실제로 두 제품은 제품 설명서만 달랐을 뿐이다. 한쪽 설명서는 힘이 덜 들어야 한다는 목표에 들어맞았고("2분의 1컵에서 1컵의 비료를 사용하세요."), 다른 제품은 더 나은 결과를 얻겠다는 목표에 들어맞았다.("30㎝ 미만의 식물에는 2분의 1컵을 사용하고 그보다 더 큰 식물에는 1컵을 사용하세요.") 그렇다면 제품 설명서가 고객의 목표에 부합하는 것이 중요할까? 결과는 매우 분명했다. 최소한의 노력을 목표로 한 사람들의 경우, 82퍼센트가 설명서가 자신의 목표에 어울리는 제품을 선택했다. 더 나은 결과를 얻는 것이 목표였던 사람들의 경우, 90퍼센트라는 높은 비율이 설명서가 자신의 목표에 맞는 제품을 선택했다.

　토론토 대학에서 실시한 실험에서 피험자들은 학교 다닐 때 축구 경기에 참여하지 못했거나 자신만이 유일하게 파티에 초대받지 못한 경우처럼 사회적으로 소외되었던 상황을 기억해 내어 적어내야 했다. 실험에 참여한 또 다른 집단은 휴가를 함께 보내는 경우처럼 친구들과 잘 지냈던 상황을 적어내야 했다. 연구진의 요청에 맞는 사회적 기억을 생각해낸 뒤 그것을 글로 옮긴 피험자들은 간식을 제공받는다는 핑계 하에 서로 다른 제품들 중에 하나를 선택해야 했다. 선택할 제품은 콜라, 크래커, 커피, 수프였다. 연구진은 서로 다른 두 사회적 경험이 제품 선택에 어떤 영향을 미칠지에 관심이 있었다.

　단순히 어떤 사회적 상황을 떠올리는 것만으로도 제품 선택에 분명 영향이 있었다. 그 이유는 무엇이었을까? 그것은 우연이 아니었다. 우선 수프와 커피의 공통점을 생각해 보자. 이 두 제품의 공통점은 온

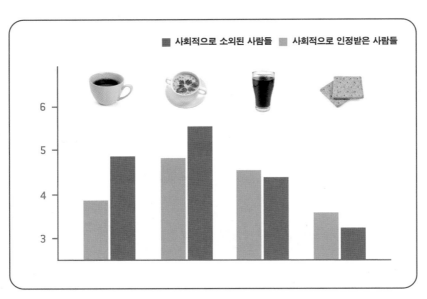

그림 5-2　첸보 종과 제프리 레오나르델리의 실험은 사회적 소외가 무언가 따뜻한 것을 바라는 마음을 키운다는 사실을 증명했다.

도이다. 콜라나 크래커와는 달리 커피와 수프는 둘다 따뜻하다. 이는 각 제품의 맛보다 사회적으로 소외되는 것을 경험한 피험자들의 선택에 더 큰 영향을 미치는 듯 보였다. 처음 보면 이러한 결과가 이상해 보인다. 따뜻함이라는 물리적인 특징과 사회적 소외 간의 연관성은 무엇일까? 자신이 사회적으로 소외당했다고 느낀 사람들이 뜨거운 음료를 선택한 이유는 무엇일까? 물리적인 온도는 정서적인 영향을 미친다. 아기였을 때 자신을 사랑해 주는 보호자에게 안겨 있는 것도 따뜻한 물체, 즉 또 다른 사람과의 신체적인 접촉과 연관이 있기 때문이다. 사회적 포용과 따뜻함 간의 연관성은 어린 시절에서 비롯되며, 〈동시에 발화한 것들은 함께 연결되어 있다〉는 학습 규칙을 통해 뇌에 각인된다. 따라서 이 실험에서는 사회적으로 소외감을 느낀 순간을 떠올리라는 과제가 따스함을 주지 못하는 다른 제품보다는 수프나 커피를 선택할 때 더 잘 처리할 수 있는 목표를(즉, 자신이 느낀 사회적 냉대를 보상하려는 목표를) 촉발한 셈이었다. 사회적으로 소외된 피험자들은 간식을 고를 때 마음속에 목표를 하나 더 갖고 있었다. 그들은 방금 끝낸 과제로 인해 느낀 따뜻함의 부족을 간식을 통해 보상받으려 했다.

이 실험은 피험자들의 제품 선택이 각자의 목표 달성과 관련이 있음을 보여준다. 따라서 그들 모두 크래커와 콜라를 좋아했지만 이 둘이 당시 그들의 주요한 목표와는 어울리지 않아서 선택되지 못했다고 생각해도 무방하다. 당시 피험자들의 내재적 목표는 사회적으로 소외당했을 때 느낀 불편한 감정을 없애는 것이었다. 그래서 그들은 사회적 포용이라는 목표를 가장 잘 달성할 수 있는 제품, 즉 따뜻함을 안겨주는 제품을 선택했다. 이 사례에서처럼 상징적일 뿐이더라도 제품이 소비자의 목표에 가까이 갈 수 있게 만드는 이러한 능력을 수단성instrumentality이라 부른다.

브랜드는 수단이다, 자신의 목표를 이루려는!

다수의 브랜드 포지셔닝 보고서에는 공감이나 신뢰성, 믿음, 진정성 같은 가치가 포함되어 있다. 그러나 브랜드가 소비자의 목적을 위한 수단이라면, 정말로 소비자가 브랜드로부터 인간적인 특성을 구입하려는 것인지 스스로에게 물어봐야 한다. 사람들이 브랜드로 성취하려는 목표가 정말로 공감일까? 소비자는 서로 다른 브랜드를 서로 다른 사람으로 생각할까? 브랜드와 소비자의 관계를 개인 간의 관계로 볼 수 있을까?

인간의 뇌가 브랜드를 사람이나 사물로 보는지의 여부에 대해서는 간단하게 대답할 수 있다. 우리가 사람들을 보고 판단할 때 활성화되는 뇌 영역이 어디인지는 알려진 사실이다. 또한 사물(이를테면 자동차나 칫솔)이 뇌의 다른 영역에서 처리된다는 사실도 알려져 있다. 따라서 뇌에서는 사물과 사람 간에 분명한 구분이 이루어진다. 이는 이치에도 맞는 듯하다. 그렇다면 뇌는 브랜드를 사물처럼 취급할까, 사람처럼 취급할까?

미시건 대학교 마케팅학과의 캐롤라인 윤 교수가 주도한 신경과학 연구는 바로 그 점을 자세히 검토했다. 뇌 스캐너에 들어간 피험자들은 자신이 알고는 있지만 사용하지 않는 브랜드는 물론 자신이 잘 알고 있고 사용하고 있는 브랜드(애플이나 맥도널드 등)도 보았다. 그 외에 피험자 본인의 이름과 함께 빌 클린턴 같은 유명인들의 이름도 보았다. 브랜드와 사람의 이름은 일반적인 브랜드 평가 테스트에 나오는, 믿을 만하다, 정직하다, 마음에 든다, 즐겁다 같은 다수의 형용사와 함께 제시되었다. 피험자들이 버튼을 눌러 특정 형용사가 어떤 브랜드나 사람과 어울리는지를 알릴 때 연구팀은 그들의 뇌 활동량을 측정했다.

실험 결과는 매우 분명했다. 피험자들이 사람(유명인이나 자기 자신)을 판단할 때에는 전두엽의 안쪽 부분이 활성화되었다. 이 뇌 영역은 사람들에게 반응한다고 알려져 있다. 그렇다면 브랜드의 경우에는 어땠을까? 브랜드는 사물에 반응한다고 알려진 뇌 영역을 활성화시켰다. 뇌에게 브랜드는 〈사물〉이다. 어쨌든 브랜드는 제품과 기업에 속해 있으니까. 따라서 뇌의 관점에서 보면 브랜드는 성격 특성을 지닌 사람이 아니다. 캐롤라인 윤 연구팀은 자신들의 연구 내용을 결론지으며 다음과 같이 지적했다.

"이 결과는 제품이나 브랜드가 사람과 비슷하다는 시각에 의구심을 제기한다."

물론 사람들은 브랜드와 관계 비슷한 것을 형성한다. 하지만 브랜드의 도움으로 목표를 달성한다는 정도일 뿐이다. 목표가 우리에게 중요할수록 해당 브랜드와의 관계는 더욱 강해진다. 그렇다고 뇌가 브랜드를 사람처럼 취급한다는 의미는 아니다. 사람들은 무언가를 할 수 있고 무언가가 되거나 무언가를 갖고 싶어서 상품이나 서비스를 구매할 뿐이다. 믿을 만하고 호의적이고 진정한 사람이 되려고 바디로션을 구입하는 것은 아니다. 따라서 마케팅에서 〈우리 브랜드와 제품을 구입하는 고객은 무엇이 되거나 무언가를 갖고 싶거나 무언가를 하고 싶어 한다〉는 문장을 사용하면서 브랜드 가치를 채운다면 그 포지셔닝이 목표 지향적인 가치 포지셔닝인지의 여부를 쉽게 알아낼 수 있다.

어쨌든 사람들은 친구나 지인과 함께 커피를 마시러 가기를 원할 때처럼 브랜드와 함께 커피를 마시러 가려는 것은 아니다. 브랜드는 소비자의 목표를 위한 수단이며 이는 소비자가 브랜드와 형성하는 관계의 특징이다. 브랜드가 소비자 본인을 확대한 존재로 사용된다고 해도 여전히 사람들은 자신의 어떤 목표를 달성하는 데 브랜드를 사용한다. 즉 브랜드는 세상과 나 자신에게 내가 누구인지, 내가 무엇을 갖고 있고, 무엇을 하는지 알리는 수단이다. 그린피스를 지지하는 사람은 그린피스 티셔츠를 입음으로써 자신이 신뢰할 수 있는 사람이며 환경의 지속 가능성에 대해 관심이 많은 사람임을 알린다.

듀크 대학교 연구진의 실험은 브랜드가 실제로 소비자의 목표 달성과 관련이 있다는 사실과 함께 목표가 내재적인 차원에서 활성화되고 관찰될 수 있음을 증명했다. 피험자들은 시력 검사를 핑계로 모니터 앞에 앉았다. 피험자들은 사진을 본 다음 숫자를 더하면서 사진을 오른쪽에서 볼지 왼쪽에서 볼지를 결정해야 했다. 동시에 처리해야 하는 이 과제들로 인해 그들의 (제한된) 조종사 시스템은 모든 능력을 발휘할 수밖에 없었다. 연구진은 사진을 보여주기 직전에 브랜드 로고도 보여주었는데 피험자들의 자동 조종 장치가 내재적으로 처리할 수밖에 없을 정도로 아주 잠깐만 보여주었다. 피험자들은 두 집단으로 나뉘어져서 한 집단은 IBM 로고에 노출되고 다른 집단은 애플 로고에 노출되었다.

실험이 끝난 직후에 피험자들은 창의성 검사를 받았다. 예를 들어 그들은 벽을 쌓을 때 같은 벽돌의 일반적인 용도 외에 벽돌을 어디에 더 사용할 수 있는지 즉흥적으로 대답해야 했다. 알다시피 벽돌은 문진이나 망치 등으로 사용할 수도 있다. 연구 결과는 놀라웠다. 애플 로고를 본 피험자들은 IBM 로고를 본 피험자들보다 훨씬 더 많은 아이디어를 제시했다. 또한 애플 로고를 본 그룹의 아이디어가 독립적인 심사위원으로부터 훨씬 더 창의적이라는 평가를 받았다. 따라서 어떤 컴퓨터를 구매할지 선택할 때 창의력이 목표라면(혹은 창의적으로 보이는 게 목표라면) 애플 컴퓨터가 올바른 선택이다. 하지만 능률성을 목표로 한다면 IBM이 목표에 더 잘 어울릴 것이다. 또한 이 연구는 사람들의 목표가 자동 조종 장치가 작동하는 상태에서 내재적으로 활성화되고 그것에 의해 내재적으로 관리될 수 있음을 보여준다. 애플 로고는 피험자들의 행동을 바꾸어 놓았는데 그들은 이러한 과정이 일어나고 있는지도 몰랐다.

사람들은 결국,
제품이 아니라 기대를 산다

평범한 젊은 남자가 천사들도 반해서 천상을 버리고 이 세상에 내려올 정도로 매력적인 남성으로 변하는 링크스/엑스 신규 광고를 본다고 치자. 당신은 매력적인 섹시한 여성을 만나는 일이 소중한 목표이기 때문에 밖으로 나가서 그 브랜드의 제품을 구입한다. 하지만 스프레이식 향수를 사용해도 실제로 당신에게는 아무 일도 일어나지 않는다. 여전사처럼 산을 타는 여성도, 천사도 당신을 쫓아오지 않는다. 실망감이 커야 하는데 실제로는 그렇지 않다. 브랜드나 상품 구입이 소비자의 목표 달성을 위한 것이라면 링크스/엑스 사용자들은 왜 목표가 이행되지 않았는데도 그 상품을 계속 구입할까? 이 중요한 문제에 대답하기 위해서는 브랜드가 소비자의 목표를 어떻게 충족시키는지 더욱 자세히 살펴봐야 한다.

요구르트를 먹을 참이다. 요구르트 용기를 볼 때, 용기를 집어들 때, 용기를 딸 때, 숟가락을 넣을 때, 과일조각을 저을 때, 냄새를 맡을 때, 첫 숟가락을 입에 넣을 때, 또 한 숟가락을 먹을 때, 이 중 어떤 단계가 가장 강하게 우리 뇌를 활성화시킬까? 이 질문을 받은 대부분의 사람들은 숟가락을 넣고 휘저을 때를 선택한다. 과학을 기초로 소비자에 대해 연구하는 기업인 뉴로포커스NeuroFocus의 최고경영자 A. K. 프레이딥은 뇌 측정 기법을 이용하여 요구르트 소비 과정을 실험한 연구 결과를 발표했다. 이 결과에 따르면, 요구르트 용기를 잡고 포장지를 벗길 때가 이 모든 과정 중에서 가장 강력하게 소비자의 뇌를 활성화시켰다. 첫 숟가락을 먹을 때보다도 더 강력했다! 이는 보상중추가 〈기대〉에 근거할 때 특히 강한 자극을 받는다는 것을 입증한 다수의 신경과학 연구 결과와 일치한다. 무언가를 평가하게 하고 그리하여 구매를 자극하는 것은 바로 그 제품을 통해 얻을 것으로 기대되는 보상이다. 이러한 결과는 전혀 놀랍지 않은데, 왜냐하면 선택을 내리기 전에 목표 가치를 계산할 때 기대를 근거로 평가를 내려야 하기 때문이다. 링크스/엑스를 사용하는 젊은 남성들이 반드시 가장 매력적인 여성을 만나는 것은 아니며, 그 제품을 사용한다고 해서 하늘에서 내려온 천사를 만나는 것도 아니다. 하지만 그들은 계속해서 그 브랜드를 구입하여 사용한다. 그들은 이 제품이 광고가 제안한 것을 정확히 전해주지 않는데도 실망하지 않는다. 왜냐하면 광고의 타깃 집단이 그 광고를 통해 그 제품의 사용과 매력적인 남성이 되려는 목표 간에 〈연관성〉을 형성했기 때문이다. 이 연관성으로 인해 링크

그림 5-3 광고는 제품과 현실 도피라는 목표 간의 연관성을 형성한다.

스/엑스 브랜드는 소비자의 목표를 달성하는 데 도움을 준다. 따라서 여자들의 관심을 끄는 게 주요한 목표라면 이 브랜드는 그 목표와 강력하게 연결되어 있지 않은 다른 브랜드에 비해 아주 높은 목표 가치를 갖고 있다.

바운티Bounty 초콜릿 광고를 보자(그림 5-3). 한 여성이 인적이 드문 다소 황량한 해변에 앉아 있다. 그녀가 바운티 초콜릿을 한 입 물자 황량했던 외딴섬이 화려하고 이국적이고 환상적인 숲속 풍경으로 변하면서 결국엔 매력적인 남성까지 화면에 등장한다.

바운티 초콜릿을 먹으면 실제로 이런 일이 일어난다고 믿는 사람은 아무도 없다. 이 광고는 동화나 소설 같으며 실제로도 정말 그렇다. 브랜드는 〈가능성〉을 창조하고 그 제품의 실질적인 효과를 표현하는 〈가공의 상징적인 보상〉을 제공한다. 따라서 목표 달성은 현실에서 일어날 필요가 없다. 그 일은 브랜드 사용과 목표 달성 간에 세워진 연관성을 근거로 상상 속에서 발생하기 때문이다.

마케팅의 세계는 위와 비슷한 사례로 가득 차 있다. 할리 데이비슨의 마케팅 담당자는 이렇게 말한다.

"우리는 검은 가죽옷에 할리 데이비슨을 타고 작은 마을들을 지나는 43세의 회계사가 다른 사람들에게 두려움의 대상이 되는 가능성을 팔고 있다."

실제로 스니커즈 초코바를 먹어도 더 오래 버틸 수는 없다. 하지만 확실히 그런 느낌이 든다. 문자 메시지를 보낸다고 해서 사랑하는 사람에게 물리적으로 더 가까이 갈 수는 없다. 하지만 그런 느낌을 받는다. 독한 알코올 음료의 라벨은 늘 좀 더 전통적인 방식으로 만들어야 한다. 독한 술은 젊은이들에게는 통과의례이고, 라벨은 그들에게 자신이 성인이 되는 단계에 접어들고 있다는 믿음을 주는 데 도움이 되기 때문이다. 그리고 그들은 술을 마심으로써 상징적인 차원에서는 성인이 된다. 우리가 상품이나 브랜드와 연결짓는 것은 바로 이러한 가능성과 상상의 산물이다. 브랜드는 전면에 나서지 않은 상태에서 작용하지만 기대를 일으킴으로써 소비자의 판단과 행동에 지속적인 영향력을 미친다. 그리고 다시 그 기대는 인식되고 경험되는 브랜드 가치에 영향을 미친다.

브랜드는 위약(환자에게 심리적 효과를 위해 주는 가짜약)처럼 작용한다. 이러한 위약, 즉 기대에 근거한 효과가 얼마나 강력한지는 아스피린과 관련된 실험에서 입증되었다. 피험자들은 새로운 두통약이 이미 시장에 나온 다른 약보다 더 나은지 시험한다는 얘기를 들었다. 피험자들은 두통이 생기면 곧바로 정제된 알약 두 정을 먹은 다음 한 시간 뒤에 상태가 나아졌는지, 나아졌다면 얼마나 나아졌는지 보고해야 했다. 피험자들 중 일부는 진짜 아스피린을 받고 나머지 피험자들은 위약을 받았지만 본인들은 모두 그 사실을 알지 못했다. 위약을 받은 집단은 진짜 아스피린 포장에 든 가짜약을 받았기 때문에 자신이 진짜 아스피린을 먹었다고 믿었다. 그렇다면 결과는 어땠을까? 단순히 포장 때문이었지만 (유효한 성분이 전혀 들어 있지 않은) 위약은 두통을 크게 줄였다. 진통 효과만이 아니라 실제적인 생리적 반응 또한 보고되었다. 아스피린 로고가 있는 포장이 진통에 대한 기대를 활성화시켰고 그 기대가 실제로 아스피린을 먹은 것처럼 신경활동 패턴까지 바꾸어 놓았다. 궁극적으로 이 연구는 강한 기대가 어떻게 인간의 신체 반응을 일으키는지 보여주었다. 이 분야 전문가인 콜롬비아 대학의 토르 웨이저는 이에 대해 다음과 같이 결론지었다.

"위약 효과는 단순히 피험자의 편향적인 정보 보고나 수동적 적응이 아니라 상당한 인지적, 가치 평가적 요소를 지닌 능동적인 뇌 과정이라 할 수 있다."

같은 성분을 주사로 투여하면 두 배의 효과가 나타난다. 이는 의학적인 이유 때문이 아니라 주사로 인해 기대가 상승했기 때문이다. 알약의 색깔도 생리학적인 효과를 바꾸어 놓는다. 붉은색 알약은 위약인데도 불구하고 혈압을 올리는 반면 푸른색 알약은 혈압을 내린다. 효과가 없는 알약 두 개는 많으면 많을수록 도움이 될 거라는 기대 때문에 알약 한 개보다 더 강력한 효과를 낸다. 암환자와 관련된 실험 결과에 따르면, 위약에 의해 완화 효과뿐 아니라 부작용도 생긴다는 사실도 알려졌다. 임상 연구에 참여한 환자들은 위약을 받은 집단과 진짜 약을 받은 집단으로 나뉘었다. 의사도 환자도 누가 위약 집단에 속해 있는지 알지 못했다. 그런데 위약 환자들 중 30퍼센트 정도가 생리식염수 주사를 맞았을 뿐인데도 메스꺼움이나 구토, 탈모 등 항암 치료제의 부작용으로 알려진 증상을 보였다.

기대에 기초한 이러한 메커니즘은 마케팅과 관련 있는 원칙들을 근거로 한다. 자신이 진짜 커피를 받았다고 믿은 피험자들의 경우 실제로는 카페인이 없는 커피를 받았는데도 불구하고 심박수가 높아졌다. 또 다른 연구에 따르면 할인된 가격에 구입한 에너지 음료를 마셨을 때 생리학적인 영향이 크게 줄어든 것으로 나타났다. 제품을 싸구려로 인식하면서 음료의 성능에 대한 기대가 낮아졌고 결국 효과가 떨어지는 결과로 이어졌다. 이는 또한 반대로도 작용한다. 에너지 음료의 효과를 다룬 광고를 보고 나자 객관적으로는 유효한 성분(시험된 제품은 가짜 에너지 음료였다.)이 없는데도 불구하고 음료의 생리학적인 영향력이 높아졌다. 어떤 경험이 얼마나 좋을지에 대한 기대를 형성할 수 있는 브랜딩, 가격 책정, 그 외의 마케팅 활동은 소비 경험의 인식뿐 아니라 그와 관련된 뇌 활동 과정에도 편향적인 영향을 미친다. 마케터에게 이 사실은 고객의 만족을 보장하기 위해서는 어느 정도의 제품 품질도 중요하지만 브랜드가 유발할 수 있는 기대 역시 똑같이 중요할 수 있음을 의미한다.

정신적으로나 상징적으로 목표를 이루는 인간의 뛰어난 능력에 근거하면 누가 우두머리 수컷인지 명확히 하기 위해 더 이상 육체적으로 싸울 필요가 없다. 이제는 롤렉스 시계나 신분 지향적인 메르세데스 벤츠를 사서 상징적인 경쟁을 벌일 수 있기 때문이다. 이는 위험하지도 않고 해롭지도 않다. 그리고 따뜻한 포옹이 필요한 사람은 배처러Batchelors의 즉석 수프를 먹으면 그 목표를 달성하는 데 도움을 받을 수 있다. 위에서 소개한 각각의 경우에서처럼, 각 브랜드와 상품 선택이 소비자의 주요한 목표를 달성하는 데 도움을 주는 최고의 선택이 될 것으로 그들이 〈기대하는〉 것으로 충분하다. 소비자는 상품이나 브랜드에 대해 알게 되고 경험한 모든 것으로부터 이러한 기대를 평가한다.

이러한 과정은 런던 유니버시티 컬리지의 과학자 제이 고트프리드가 주도한 연구에서 입증되었다. 고트프리드는 뇌 스캐너에 들어간 피험자들에게 장미수rose water 같은 좋은 향기를 10초 동안 맡게 했다. 그리고 몇 초 뒤 각 피험자에게 헬멧이나 공, 나무상자 등의 상징물을 하나씩 보여주었다. 이후 피험자는 몇 초 이내에 장미수 향기와 헬멧 같은 상징물을 창의적으로 연결한 짧은 이야기를 만들어내야 했다. 그런 다음 다시 다른 향기와 새로운 상징물이 제시되면 또 이야기를 지어내야 했다. 실질적인 기억력 검사는 대략 130가지의 상징물과 9가지의 다른 향기가 제시된 이후에야 시작되었다. 이 목적을 위해 고트프리드는 이전의 상징물과 새로운 상징물을 뒤섞었고 피험자는 앞에서 어떤 상징물을 봤는지 기억해 내야 했다.

결과는 놀라웠다. 이 기억력 검사가 이루어지는 동안에는 더 이상 향기를 맡지 않았는데도 피험자들이 전에 본 상징물을 알아볼 때마다 실제로 (그 상징물을 보았을 때 맡은) 향기에 반응하는 뇌 영역까지 활성화되었다. 일종의 가상의 향기가 이전에 형성된 연관성을 기초로 등장한 것이다. 자기충족적인 예언과 마찬가지로, 학습된 연관성은 기대된 경험을 만들어냈다. 따라서 소비자가 갈색 때문에(실제로는 바닐라 푸딩이었는데도) 초콜릿 푸딩 맛을 느낀 실험에서 알게 된 동일한 원칙이 목표 가치에도 적용된다. 사람들은 자신이 기대하는 것을 경험한다.

마케팅 일을 하다 보면 기대에 근거한 이런 메커니즘의 징후를 만나는 경우가 흔하다. 일례로 광고 추적을 하다 보면 여러 해 심지어는 수십 년 동안 방송되지 않은 브랜드의 특정 광고를 기억하는 사람이 수없이 많음을 알 수 있다. 피지 팁스PG Tips라는 홍차 브랜드의 침팬지 광고는 15년도 넘게 방송되지 않았지만 최근의 연구에서도 종종 인용된다. 소비자들은 그 광고를 볼 것으로 기대하기 때문에 그것을 봤다고 믿는다. 사람들의 기대는 기억을, 즉 자신이 배운 모든 것을 근거로 한다. 따라서 질문을 받으면(그래서 자극을 받으면) 실제 경험이 아니라 자신의 기대에 따라 응답하기가 쉽다.

"저건 함정이야. 코롤라가 고장날 리 없잖아."

이제까지 우리는 가치-비용 등식에서 가치 측면의 주요한 동인이 브랜드의 목표 가치임을 살펴봤다. 이 사실을 염두에 두고 아디다스의 다이내믹 펄스 샤워젤을 다시 한 번 생각해 보자. 이 제품이 의미가 있으려면 소비자의 목표에 부합해야 한다. 이 상황에 관련된 목표는 무엇보다도 향기, 보습, 피부 보호이다. 이러한 목표를 충족시키는 제품은 시장에서 경쟁할 자격을 얻는다. 하지만 그러한 목표들이 제품의 차별성이 되는 것은 아니다. 모든 성공한 샤워젤 브랜드는 기본적으로 이러한 목표를 모두 만족시킨다. 그러나 다이내믹 펄스는 그 외에 남성다움과 에너지와 관련된 신호(자동차 엔진 오일 포장 코드)를 이용함으로써 소비자가 인지하는 가치를 높인다.

이제 우리는 이에 대한 이유를 더 잘 이해할 수 있다. 다이내믹 펄스는 이러한 신호를 통해 샤워젤이라는 제품의 일반적인 목표 외에도 활력 보충이라는 심리적인 목표를 추가로 달성할 수 있다고 자동 조종 장치에게 말한다. 목표 가치의 이러한 상징적인 단계는 활력 충전이 주요 목표인 소비자들에게 더 많은 순가치를 안겨준다. 물론 이는 소비자들마다 다를 수 있다. 또 같은 소비자라도 상황에 따라 주요 목표가 달라질 수 있다. 아침에 샤워할 때는 활력 충전이 일반적인 주요 목표지만, 저녁에는 직장에서 힘든 하루를 보낸 뒤라 편히 쉬길 원하기 때문에 편안함과 휴식의 느낌을 주는 샤워젤이 더 높은 목표 가치를 지닌다.

또 다른 예를 보자. 도요타가 최근에 문제가 있긴 했지만, 소비자들을 상대로 도요타를 선택하는 이유를 물어보면 신뢰도를 주요 요인으로 꼽는다. 그런데 바로 그 소비자에게 다른 자동차 브랜드에 대해 물어도 그들은 또 신뢰도를 꼽을 것이다. 그렇다면 신뢰도나 품질같이 필요한 (기본적인) 요인들을 충족시키는 것 외에 소비자가 특정 브랜드를 선택하게 만들려면 〈차별화된 목표〉가 있어야 한다.

〈그림 5-4〉에 제시된 도요타 코롤라Corolla 광고를 보면 도요타의 차별화된 목표에 대해 많은 것을 알 수 있다. 친구 두 명이 자동차를 타고 시골길을 달리고 있다. 그들은 남자를 유혹하는 듯한 차림새의 매

그림 5-4 이 광고는 신뢰도를 명확하게 전달하며 운전자의 현명하고 분별력 있는 모습과 도요타 브랜드를 내재적으로 연결짓는다.

력적인 여성 한 명이 자동차의 보닛을 열고 그 위로 몸을 구부린 채 서 있는 모습을 본다. 두 남자는 기대감에 찬 얼굴로 서로를 잠시 쳐다본다. 그들은 여성의 자동차에 다가간다. 하지만 차를 멈추기 직전, 운전석에 있던 남성은 속도를 높이며 가던 길을 계속 간다. 조수석에 있던 친구가 놀란 표정을 짓자 운전하던 친구는 자신 있는 미소를 지으며 이렇게 말한다. "저건 함정이야. 코롤라가 고장날 리 없잖아." 그리고 실제로 우리는 그 매력적인 여성이 대머리의 못생긴 남자이며 화가 나서 가발을 벗는 모습을 본다.

물론 이 광고에서는 신뢰도라는 목표가 다루어졌지만 더욱 내재적인 다른 면도 담겨져 있다. 광고의 줄거리에는 코롤라를 운전하는 남성은 유혹을 잘 견디고, 자제력이 있고, 이성적으로 행동한다는 것이 포함되어 있다. 그는 착각에 빠지지 않는다. 또한 합리적이고, 현명하고, 분별력이 있다. 도요타는 이러한 심리적이고 내재적인 목표를 제공한다. 분명 자동차는 이동이라는 목표 때문에만 구입하는 것이 아니다. 그렇지 않다면 다들 릴라이언트 로빈(Reliant Robin, 영국의 릴라이언트 사가 제조한 바퀴가 3개 달린 자동차)을 몰 것이다. 자동차는 자신의 정체성을 확대한 존재이며, 자신에게 중요한 것을 상징하는 물건이다. 자신의 자동차를 다른 사람들이 알아보기 때문이다. 따라서 도요타를 운전하면 슬기롭고 분별력 있는 사람이 되려는 혹은 그런 사람으로 보이려는 목표를 〈상징적으로〉 달성할 수 있다. 다른 브랜드도 객관적으로 믿음직하지만 도요타는 다른 브랜드가 멋으로 덧붙이는 부수적인 특징 말고 오히려 분별력 있어 보이려는 추가적인 심리적 목표에 도움이 되는, 즉 소비자가 그 제품을 통해 제대로 보상을 받는지를 의미하는 수단성이 가장 높은 브랜드이다. 그러나 그 목표 가치는 분별력 있게 보이는 것이 주요 목표인 사람들에게만 높다. 자동차를 구매하여 즐거움이나 자유를 느끼려는 사람들은 도요타에서 가치를 인식하지 못할 것이다. 그들은 BMW 미니나 지프Jeep에서 훨씬 더 많은 가치를 찾을 것이다.

이러한 예들은 두 가지 차원의 목표, 즉 상품 영역 특유의 〈외현적인 목표〉(보습 효과, 자동차의 신뢰성, 얼룩 제거 등)와 더욱 일반적이고 심리적인 차원(활력을 불어넣거나 분별력 있게 보이기, 재미 혹은 지위 등)에서 작동하는 〈내재적인 목표〉가 존재함을 보여준다. 마케팅 종사자들은 상품 영역 특유의 외현적 목표에 크게 집중하는 경향이 있다. 하지만 어떤 바디로션이 피부에 영양분을 제공한다고 주장하지 않겠는가? 어떤 보험회사가 혹은 어떤 가스업체가 자신들의 회사가 믿을 만하고 유능하고 평판이 좋다고 주장하지 않겠는가? 소비자의 외현적인 목표 달성을 위해 상품이 존재하는 것이기 때문에 시장에서 살아남으려는 모든 경쟁 기업들은 일단 이 목표를 기본적으로 충족시켜야 한다.

브랜드나 제품에 대해 물어보면 소비자는 외현적인 목표 차원에 집중하여 품질이나 신뢰도, 가격에 대해 이야기할 것이다. 물론 그 이유는 배후에서 작동하는 내재적인 차원이 소비자에게 던지는 외현적인 질문으로는 전면에 드러나지 않기 때문이다. 그러나 특히 성숙시장인 경우에는 외현적인 차원에서는 경쟁 제품들 간에 차이가 거의 없다. 가능한 가장 높은 목표 가치를 전달하고 타당한 차별성을 제공하려면 브랜드와 제품, 커뮤니케이션을 통해 연관성 있는 내재적인 목표를 다루어야만 한다. 켈로그 경영대학원의 스테판 브라운 교수는 이렇게 말했다.

"마냥 소비자의 희망을 따르다 보면 제품은 대체 가능해지고, 광고는 모방 수준에 멈추며, 시장은 정체하고 만다."

내재적인 목표는 소비자의 외현적인 희망보다 더 깊이 침투하기 때문에 의미 있고 적절한 방식으로 차별화하는 데 도움을 줄 수 있다.

또 다른 예로 도브Dove의 자연미 광고 시리즈를 살펴보자(그림 5-5). 자연미는 적절한 주장이지만 독특하지는 않다. 바디숍Body Shop도 자연미를 제시한다. 그렇다면 도브의 광고가 전달하는 독특한 목표 가치는 무엇인가? 이를 위해 브랜드 신호를 더 자세히 살펴보자.

우선 도브 광고에 등장한 여성들은 삼삼오오 등장했기 때문에 혼자가 아니었다. 배경이 파자마파티 같아서 엉덩이 크기나 피하지방, 몸매가 전혀 문젯거리도 안 되었던 시절을 생각나게 만든다. 도브는 안도감relief이라는 심리적 목표를 달성하는 데 도움을 준다. 이 안도감은 고백을 하거나 용서를 빌었을 때 느끼는 안도감이 아니라, 끊임없이 조심하거나 자기 자신을 최적화해야 할 때 느껴지는 긴장감으로

그림 5-5 도브의 자연미 캠페인은 안도감이라는 내재적인 목표와 브랜드를 연결짓는다.

부터의 안도감이다. 또한 문제가 있는 사람이 자기 혼자가 아님을 알았을 때 느끼는 안도감이기도 하다. 도브는 기분이 좋아지기 위해 약간 조정할 수 있는, 오래된 개인용 체중계 같다. 따라서 캠페인이 성공한 이유는 단순히 정상적인 여성과 진정성을 보여준 데서는 찾을 수 없다.

이후 이 광고 캠페인은 여러 번 모방되었지만 항상 성공적이었던 것은 아니다. 진정성 자체는 목표가 아니다. 그것이 브랜드에 대한 호감을 높일 수는 있지만 그것만으로는 구매로 이어지지 않는다. 안도감을 내세우는 제안은 캠페인이 시작되었을 때 차별성을 만들어냈고 이는 바디케어 상품 영역에서는 의미가 있었다. 그러나 심리적인 내재적 목표로서의 안도감은 화장품이나 모발 관리 제품 같은 영역에서는 관련성이 크게 떨어진다. 이들 상품의 주요 목표는 변신과 최적화이기 때문이다. 이 사실은 도브가 왜 이들 상품에서는 성공하지 못했는지 설명하는 데 도움이 된다.

외현적 목표와 내재적 목표 간의 연관성은 중요하다. 코코넛이 들어간 바운티 초콜릿의 경우 그 제품의 경험은 현실 도피라는 내재적 목표의 기초를 이룬다. 코코넛으로 이미 형성된 연관성은 야자수와 무인도 등 현실 도피라는 내재적 목표로 이어지는 믿을 만한 다리를 제공한다. 비슷하게 그 제품의 독특하고 사치스러운 질감과 그 제품을 먹을 때의 감각 또한 내재적 목표와의 확실한 연관성을 제공한다. 이를테면 스니커즈 같은 제품과 바운티를 비교해 보라. 견과류를 함께 씹어야 하는 스니커즈의 경우 현실 도피라는 내재적 목표와의 연관성은 기능상의 목표와의 연관성보다 믿을 만하지 않다.

심리적 목표라는 암호 풀기

관련성을 높이고 그에 따라 소비자의 지불 의사까지 높이려면 두 가지 차원에서 목표 가치를 높이는 것이 중요하다. 그 두 차원은 바로 앞에서도 언급한 특정 상품 영역에만 해당하는 외현적인 차원과, 상품이 존재하기 훨씬 전에 등장한 내재적인 심리적 차원이다. 목표의 심리적 차원은 외현적인 목표 가치를 뛰어넘는, 차별성 있는 제안을 수립하는 데 핵심적인 부분이지만 체계적으로 포착해 내기가 무척 어렵다. 우선 소비자에게 그것이 무엇인지 물어볼 수가 없어서인데, 다행히도 감정신경과학과 인간의 동기를 연구하는 심리학의 최근 발전 덕분에 사람들에게 동기를 부여하는 내재적인 차원을 체계적으로 관리하여 차별성 있고 타당성 있는 제안을 수립할 수 있는 탄탄하고도 유효한 기초가 마련되었다. 지금부터는 이러한 연구 발전 덕분에 알게 된 가장 중요한 내용이 무엇인지 그리고 그것들을 마케팅에 어떻게 이용할 수 있는지 살펴보겠다.

뇌에서 동기를 부여하는 가장 기본적인 두 가지 요소는 다음과 같다.

1. 향상: 접근, 전진, 싸움, 오르기, 이익 등
2. 예방: 회피, 보호, 손실 기피 등

이 두 가지 동기는 인간에게 깊이 자리 잡고 있다. 이 두 요인의 기원은 생존을 위해 싸우거나(접근) 달아나는(회피) 선택을 내려야 했던 고대까지 거슬러 올라간다. 두 요인은 동전의 양면과도 같다. 염색 모발용 샴푸 사용자의 관심을 끌고 싶다면 이 샴푸가 모발을 더욱 화려한 색으로 빛나게 해준다고 주장함으로써 성취 동기를 처리할 수 있다. 혹은 이 샴푸가 색이 없어지는 것을 막는 데 도움이 된다는 예방적인 제안을 내놓을 수도 있다. 두 제안 모두 가능하다. 관련성을 극대화하려면 어디에 초점을 맞추는 것이 다수의 고객에게 가장 중요한지 알아야 한다.

전동 드릴을 예로 들자. 사람들은 구멍을 뚫기 위해 전동 드릴을

그림 5-6 이 광고는 사용자의 힘과 자기 효능이라는 내재적인 목표를 다루고 있다.

사용한다. 이것은 외현적인 기본 목표이다. 그러나 드릴은 더욱 내재
적인 추가의 목표도 충족시킨다. 드릴이 사람들의 물리적인 힘과 에
너지를 절약해 주지만, 가장 중요하게는 사용자의 힘과 자기 효능감
을 강화시켜 주기 때문이다. 기계의 성능이 좋고 강력할수록 사용자
가 얻는 가치는 더 많아진다. 따라서 내재적인 핵심 역할을 하는 드
릴은 향상의 목표에 적합하다. 그리고 이러한 제안은 〈그림 5-6〉의
메타보Metabo 전동공구 광고에 훌륭하게 표현되어 있다.

 카피가 독일어로 되어 있지만 전달되고 있는 향상의 목표를 해독하
는 데는 아무런 문제가 없다. 드릴이 무기로 표현되어 있기 때문이다.
제목은 다음의 제안을 뒷받침한다. "콘크리트는 희생자가 아니라 적

을 필요로 한다." 예방에 초점을 맞춘 광고라면 분명 달라 보일 것이다. 소비자가 향상에 집중하는지 예방에 집중하는지 아는 것이 광고의 효율성에 직접적인 영향을 미친다. 소비자가 향상에 집중할 경우 그것에 초점을 맞춘 광고를 실행해야 더욱 설득력이 있다. 반대의 경우도 마찬가지이다.

물론 인간의 동기는 예방이나 향상보다는 더욱 정교하다. 감정신경과학이나 동기심리학 등 다양한 과학 분야는 인간에게는 예방과 향상이라는 가장 기본적인 동기 외에 생리적 변화에 기초를 두고 있고 내면 깊은 곳에서 작동하며 보편적이라고 할 수 있는 〈빅 3 동기 시스템〉이 발달되어 있음을 보여준다.

■ 안전 보장security : 감정신경과학에서 〈공포와 두려움의 시스템panic and fear system〉이라 부르는 이 시스템의 목표는 두려움을 방지하고 보살핌과 사회성(애착, 신뢰, 단란함, 보살핌, 전통 등)을 얻는 것이다. 인간의 뇌는 진화를 통해 부모(주로 엄마)가 자식을 돌보고 자식은 자신이 보살핌의 대상임을 알리는 강력한 감정 시스템을 갖출 수 있도록 보호 장치를 제공해 주었다. 이 시스템은 앞장에서 살펴본 손실 기피나 사회적 증거, 지위 유지 성향, 디폴트 상태 같은 여러 휴리스틱의 동기가 되는 기초이다. 이 시스템의 주요 목표는 위험을 방지하고, 변화를 피하고, 현재의 상태를 유지하고, 불확실성을 피하고, 안정성을 추구하고, 에너지를 낭비하지 않는 것이다.

■ 주체성autonomy : 〈분노 시스템range system〉이라 불리는 이 시스템은 다른 사람들보다 우월해짐으로써(지위나 실행 능력을 통해) 패배와 화

를 피하려 한다. 이것의 목표는 궁극적으로 위계체계 내에서 높은 자리에 오르고 저항을 극복하려는 것이다. 전동 드릴은 변신과 아름다움을 약속하는 노화 방지 크림처럼 이러한 목표에 도움을 준다. 이 시스템을 자세히 분석한 스위스의 신경과학자 발터 헤스는 동물의 피질하 영역 일부를 자극하면 분노를 일으킬 수 있다는 연구 결과로 노벨상을 수상했다. 분노 시스템을 조절하는 주요한 호르몬으로는 테스토스테론이 있다. 다수의 연구에 따르면 테니스 같은 시합에서 이길 때 테스토스테론 분비가 늘어난다고 한다. 이 시스템의 주요 목표는 다른 사람들보다 더 좋은 결과를 내고, 자기 자신을 내세우고, 자신의 힘과 영향력을 키우고, 자기 영역을 확대하고, 지배력을 유지하는 것이다.

■ 흥분excitement : 〈추구 시스템seeking system〉이라 불리는 이 시스템의 목표는 자극이나 변화, 혁신을 추구하여 지루함을 피하려는 것이다. 놀고 싶어 하는 동기는 이 시스템과 밀접한 연관이 있다. 진화론적 관점에서 보면 추구 시스템이 발전하면서 사람들은 자신들의 근거지를 떠나 자신과 섞일 수 있는 새로운 유전자를 찾아내게 되었다. 따라서 이 시스템은 사춘기 중에 아주 활발하게 작동하며 소비 목표를 강하게 주도한다(마약에서 패션까지). 이 시스템은 도파민에 기초한다. 이 호르몬은 학습을 위한 핵심적인 기초이다. 이 시스템과 관련된 뇌 영역을 자극할 수 있는 버튼을 동물에게 줄 경우 그 동물은 곧바로 레버 작동 방법을 익혀 계속해서 스스로를 자극하다가 결국엔 지쳐 쓰러질 것이다. 이 시스템의 주요한 목표는 새롭고 낯선 자극을 찾고, 익숙한 것에서 벗어나고, 주위 환경을 분석하고 찾아내고, 변화를 추

구하고, 지루함을 피하고, 주위 사람과 다르게 사는 것이다.

과학의 여러 분야에서 이루어진 연구들은 이 세 가지가 인간의 행동을 일으키는 주요한 동기임을 제각기 확인해 주었다. 각각의 동기를 담당하는 뇌 부위는 피질 하부의 신경 구조를 포함한 복잡한 신경망으로 이루어져 있다. 그리고 이 세 동기는 태어난 순간부터 인간의 행동을 일으킨다. 차례대로 한 가지씩 설명하자면, 태어난 지 몇 달 안 된 아기에게는 부모와 가까이 있고 위험으로부터 보호받고 안전한 것이 가장 중요하다(안전 보장). 그 결과물은 신뢰와 애착이다. 조금 뒤 아기가 기기 시작하고 특히 걷기 시작한 이후에는 두 발로 서서 주위 환경을 조사하기 시작한다. 아기는 경험을 얻고 다른 것을 시도해 보고 싶어 한다. 그러한 행동은 호기심에 의해 이루어진다(흥분). 이렇게 하면서 아기는 부모로부터 점점 더 멀어진다. 이 시점이 되면 아이는 이미 자신의 영역을 탐험하고 부모로부터 독립심을 키우기 시작한다(주체성). 적어도 유치원에 가면 아이는 서열 때문에 싸우기 시작할 것이다. 아이는 힘과 지배력에 의해 움직인다. 흥분과 주체성 시스템은 20세나 30세 정도에 최고조에 달하는 반면, 안전 보장 시스템은 인생의 맨 처음과 끝 무렵에 절정에 달한다.

〈그림 5-7〉은 인간의 기본적인 동기 시스템에 대해 이제까지 배운 내용을 정리한 것이다. 향상과 예방 동기는 기본적으로 뚜렷하게 구분되며 인간이 진화함에 따라 더욱 섬세한 빅 3의 동기가 형성된다.

상품과 브랜드는 이러한 내재적인 목표에 어떻게 도움이 될까? 메타보의 전동 드릴은 사용자에게 힘을 부여함으로써 주체성이라는 목

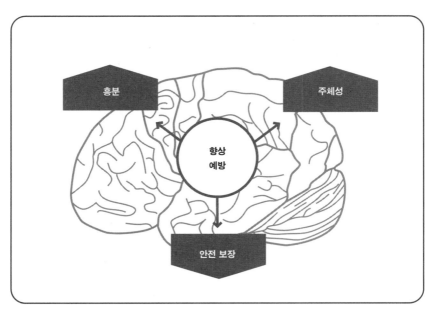

그림 5-7 인간의 뇌에 존재하는 기본적인 내재적 목표 시스템

표를 충족시킨다. 다른 브랜드는 혁신적인 특징과 창의성에 집중함으로써 자사의 드릴을 흥분의 목표로 표현할 수도 있다. 또 다른 브랜드는 수명이나 내구성과 함께 드릴을 만드는 데 사용되는 견고한 재료까지 강조함으로써 소비자에게 안전 지향적인 목표를 제시할 수도 있다. 볼보는 안전함을 강조하는 프레이밍을 통해 안전 보장이라는 목표를 충족시키고, BMW는 운전의 즐거움을(흥분), 메르세데스는 우월감과 독립성(주체성)을 다룬다. 칼스버그는 아마도 세계에서 가장 훌륭한 저장 맥주일 것이고(주체성), 칼링 맥주는 안전성(남자들의 동료애)을 활용한다. 반면 코브라Cobra나 타이거Tiger 같은 외국 맥주는 흥분의 영역에 무게 중심을 두고 있다(그것들은 인도 같은 이국적인 국가에서 들

여온다).

실제로는 혼합형을 추가하여 세 가지의 기본적인 목표 유형을 보완하는 것이 타당하다. 예를 들어 암벽 등반은 주체성(정상까지 올라가기, 성과 등)과 흥분(활력, 재미, 발견) 목표를 섞어놓은 것이다. 반면 웰니스(wellness, 웰빙well-being과 피트니스fitness를 결합한 말로 행복하고 건강한 삶을 뜻한다.)는 안전과 흥분 목표를 섞어놓은 것이다. 이러한 작업을 거치면 내재적인 목표로 이루어진, 즉 기초가 튼튼하면서 대단히 관리하기 쉬운 시스템이 탄생한다. 이 시스템은 내재적인 목표에 대해 체계적으로 생각할 수 있는 총 여섯 개의 동기 영역으로 구성된다(그림 5-8).

- 안전: 보살핌, 신뢰, 친밀감, 따뜻함
- 즐거움: 휴식, 근심 없음, 솔직함, 기쁨
- 흥분: 활력, 재미, 호기심, 창의력, 변화
- 모험: 자유, 용기, 저항, 발견, 위험
- 주체성: 자부심, 성공, 권력, 우월함, 인정
- 규율: 정확성, 질서, 논리, 이성

사람들은 특정 상품으로 성취하려는 목표가 다르다. 도요타 운전자는 이 브랜드로 규율의 목표를 달성하지만 롤렉스 시계로 자신의 지위를 과시할 수 있다. 그 반대로 하는 사람들도 있다. 즉 메르세데스를 운전하지만 세콘다Sekonda 스포츠 시계를 차기도 한다. 내재적인 목표는 모든 사람들에게 존재하고 깊이 배어 있기 때문에 여러 가지 면에서 이용될 수 있다. 사람들은 그 목표를 달성하는 방식에 있어

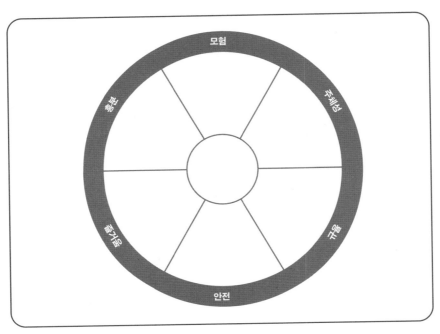

그림 5-8 목표 해독 지도는 마케팅과 관련된 내재적인 목표들을 담아낸다.

서 매우 유연한 태도를 보인다. 내재적인 목표가 기능적인 목표 같은 하나의 범주에 근거하는 것이 아니라 기본적인 인간의 동기에 기반을 두고 있기 때문이다. 사람들은 지위 같은 주체성의 목표를 달성하기 위해 시계나 자동차, 신발, 의자를 이용할 수 있다. 휴식을 원할 때는(즐거움) 잠시 여행을 떠나거나 요가를 하거나 온천에 가거나 샤워젤을 사용할 수도 있다. 결과적으로 하나의 상품 영역은 여러 가지 목표를 처리할 수 있다. 아이스크림은 후식을 위한 실용적인 선택이 될 수 있다. 고가의 아이스크림인 경우에는 주체성과도 연결될 수 있다. 또한 원기를 회복하거나 현실 도피 및 탐닉 혹은 욕구 충족의 목표를 달성하는 데도 도움이 될 수 있다.

내가 속한 회사는 마케팅 컨설팅을 실행하면서 수백 건의 다국적 프로젝트와 세제부터 화장품, 전기통신에 이르기까지 다양한 상품 영역에서 목표 해독 지도decode goal map를 이용해 왔다. 이 작업을 통해 얻은 주요한 깨달음은 이 여섯 가지 차원이 인간의 핵심적인 동기를 나타내기 때문에 거주 지역과는 관계없이 모든 사람들이 그것들을 선험적으로 이해한다는 점이다. 또 다른 주요한 깨달음은 이 지도가 상품 영역, 브랜드, 커뮤니케이션의 동기 부여 요인을 분석하는 데 중요한 모든 것을 담고 있다는 점에서 완벽하다는 사실이다. 세 번째 알게 된 사실은 이 지도가 특정 상품 영역의 구체적이고 외현적인 목표와 연결될 수 있기 때문에 브랜드를 분석 및 관리하고 브랜드의 포지션을 정하는 데도 크게 도움이 된다는 것이다.

〈초콜릿이 든 몸에 좋은 제품〉은 실패하고, 〈몸에 좋은 재료로 만든 초콜릿〉은 성공하는 이유

외현적인 목표, 내재적인 목표 모두 많다. 그렇다면 어디에서부터 시작해야 할까? 물론 외현적인 목표로 시작해야 한다. 이 목표를 충족시키지 못하면 비즈니스는 망하고 만다. 그리고 제일 중요한 점은 가장 중요한 외현적인 목표를 점유한 브랜드가 바로 시장 주도 기업이라는 것이다. 탈취제 시장에서는 땀과 냄새로부터 보호하는 외현적인 목표에서 가장 우수하다고 여겨지는 브랜드가 시장 주도 기업이다. 섬유유연제 시장에서는 부드러움을 소유한 브랜드가 시장 주도 기업이 될 것이다. 마케팅 종사자들은 종종 어떻게 차별화할지에만 집중하다 보니 가끔 그 상품 영역의 기본적이고 외현적인 목표를 잊어버린다. 그러한 접근 방식은 기본적인 목표를 망각하는 바람에 관련성을 놓쳐버리는 위험을 초래할 수 있다.

외현적인 목표 차원에서 성과를 내지 못할 때의 위험은 마스Mars의 건강에 좋은 초콜릿바 발리스토Balisto에 의해 증명되었다. 1980년대는 처음으로 녹색 물결이 등장한 시대였다. 모든 것이 환경친화적이고(전력을 아끼거나 폐수를 줄이는 등) 건강에 좋아야 했다. 발리스토는 이 트렌드에 정확히 들어맞았다. 그것은 몸에 좋은, 가공하지 않은 재료를 초콜릿으로 덮은 제품이다. 이에 걸맞게 광고도 자연에서 온, 몸에 좋은 것임을 암시했다. TV 광고에는 밀을 실은 수레를 끄는 말과 농부가 등장했다. 광고의 엔드라인은 〈바삭바삭한 맛이 나는 자연〉과 〈자연적으로 다른〉이었다. 그러나 시간이 조금 지난 뒤에 마스는 이 포지셔닝으로 인해 발리스토가 제한된 타깃 집단에게만 접근했음을 알게 되었다. 결과적으로 그것은 제품과 브랜드의 성공을 제한하고 말았다.

그래서 마스는 바로 그 이유 때문에 새로운 포지셔닝을 찾아냈고 다음과 같이 너무나도 뻔해 보이는 질문을 제기함으로써 아주 간단한 해결책에 도달했다. 사람들은 왜 초콜릿바를 살까? 마스는 이 질문에 대한 답을 통해 초콜릿이라는 상품의 구매 동기가 되는 목표를 신속하게 찾아낼 수 있었다. 그것은 바로 맛있는 것을 먹을 때 느끼는 즐거움이다. 광고 카피는 〈초콜릿이 든 건강에 좋은 자연 그대로의 것〉에서 〈건강에 좋은 자연 그대로의 재료로 만든 초콜릿〉으로 바뀌었다. 마스는 사람들이 몸에 좋은 영양분을 얻기 위해 초콜릿을 구매하는 것이 아님을 깨달았다. 사람들은 즐거움을 위해 초콜릿을 구입했다. 그것은 초콜릿이라는 제품이 만족시켜야만 하는 기본적인 목표이다. 바로 그러한 이유 때문에 기본적인 목표를 최우선으로 제공하는 것이 중요하다.

당시의 트렌드는 즐거움을 얻기 위해 초콜릿을 먹지만 그와 동시에 몸에 좋은 초콜릿을 먹는 것이었다. 마스의 새로운 포지셔닝은 기본적으로 즐거움의 목표에 기여하는 동시에 몸에 좋다는 점을 보완했다는 사실도 중요했다. 매출은 급상승했고 몇 년 뒤에 발리스토는 독일의 초콜릿바 시장에서 시장 주도 제품이 되었다. 초콜릿은 우선 초콜릿이어야 하고 다른 추가적인 목표에 기여하기 전에 맛이 좋아야 한다. 그러나 외현적인 목표에만 집중하다 보면 차별화를 위한 여지가 남지 않는 경우도 아주 흔하다. 하얀데 더 하얗게? 깨끗한데도 더 깨끗하게? 외현적인 목표를 달성할 수 있는 차원에서 인지 가능한 차별성을 전달하기가 어렵다면, 내재적인 차원이 관련성을 증가시킬 뿐 아니라(내재적인 목표를 달성함으로써) 적절한 방식으로 브랜드와 상품을 차별화할 수 있는 가능성까지 제공해 준다.

따라서 고객에게 관련성 있고 차별화된 최고의 가치 제안을 제시하려면 외현적인 목표와 내재적인 목표를 밀접하게 관련지어야 한다. 이 과정이 어떻게 이루어지는지 살펴보기 위해 새로운 자동차 브레이크 시스템의 가치 제안을 수립해야 한다고 생각해 보자. 새로운 브레이크 시스템의 핵심적인 이점은 적절할 때 운전자에게 위험을 알

	신호	⇄	외현적인 목표	⇄	내재적인 목표
메르세데스	자동 브레이크 시스템	⇄	더 짧아진 제동거리	⇄	우월성
BMW	자동 브레이크 시스템	⇄	더 짧아진 제동거리	⇄	운전의 즐거움
볼보	자동 브레이크 시스템	⇄	더 짧아진 제동거리	⇄	안전 보장

그림 5-9 가치 중심의 제안: 상품의 특징을 외현적, 내재적 목표와 연관짓기

리고 자동차를 세우는 것이다. 이 시스템이 완수하는 외현적인 목표는 명백하다. 자동차를 더욱 빨리 서게 만들어서 사고를 막는 것이다. 그렇다면 목표 가치를 높이기 위해 이 외현적인 목표를 어떤 내재적인 목표와 연결지을 수 있을까? 안전이 확실한 후보이다. 사람들은 사고를 방지함으로써 자기 자신과 가족을 보호하려 하기 때문이다. 흥분의 영역 또한 이 특징과 더불어 외현적인 목표와 연결될 수 있다. 이 시스템 덕분에 더욱 신속하게 반응할 수 있기 때문에 더 빠르고 더 역동적으로 운전을 즐길 수 있다. 주체성 또한 연결지을 수 있는데 자동차에 이러한 첨단기술이 갖춰져 있다는 점이 우월함을 제공해 주기 때문이다. 그 결과로 탄생한 가치 제안은 외현적인 기능상의 목표와 내재적인 심리적인 목표를 밀접하게 연결하고 있다(그림 5-9).

이제 세 가지의 가능성 있는 가치 제안을 수립했다. 그렇다면 이 세 가지 중에 적합한 것을 어떻게 선택할까? 이 시점에서 브랜드가 개입하기 시작한다. 가치 제안이 믿을 만하려면 브랜드와 적절하게 들어맞아야 한다. 볼보에게는 안전 보장 제안이 믿을 만하다. 다음의

TV 광고는 제품과 안전성의 목표를 연결한다. 광고는 레이스 경주로에 놓인 볼보를 보여준다. 고객은 통상 아이들이 앉는 뒷좌석에 앉는다(안전 보장을 위한 효과적인 신호). 운전석에 앉은 엔지니어는 이제 무엇을 할지 설명해 준다. 자신이 또 다른 차를 향해 곧장 운전하면 차가 저절로 멈출 것이라 말한다. 고객은 다소 겁먹은 표정을 지으며 단단히 손잡이를 잡는다. 시범이 시작되고 자동차는 빠른 속도로 맞은편 차를 향해 달린다. 이어 브레이크 시스템 때문에 저절로 멈춘다. 고객은 눈에 띄게 안도한 모습을 보이면서 안심하는 듯하다.

반대로, 메르세데스의 경우에는 우월성의 제안이 가야 할 길이다. 그리고 이 제안은 〈올드 파더 타임Old Father Time〉 광고로 훌륭하게 탈바꿈했다. 한 남자가 메르세데스 자동차를 타고 숲속을 지나간다. 갑자기 죽음의 신이 그의 옆에 앉는다. 남자는 그를 뚫어져라 쳐다본다. 죽음의 신이 웃음을 지으며 말한다. "미안합니다." 그 순간 브레이크 시스템이 작동하기 시작하면서 자동차가 길을 막고 있는 트럭 앞에서 멈춘다. 운전하던 남자는 잠시 충격을 받은 듯하더니 죽음의 신 쪽으로 몸을 돌려 말한다. "미안합니다." 브레이크 시스템은 죽음보다도 뛰어나다는 것을 은유적으로 보여준다.

메르세데스는 후속 광고를 제작했다. 한 남자가 차를 타고 숲속을 지나가다가 길 한가운데 서 있는 사슴 한 마리를 갑자기 발견한다. 브레이크 시스템 덕분에 그는 멈출 수 있었다. 이어 그 사슴을 비롯한 여러 동물들이 비지스의 노래「스테잉 얼라이브Staying Alive」를 부르는 존 트라볼타처럼 춤을 추기 시작한다.

이 후속 광고는 외현적인 목표는 확실하게 보여주지만 내재적인 차원이 부족하다. 이 광고의 전개 방식은 브레이크 시스템과 그 결과로 짧아진 제동거리가 내재적인 목표 달성에 도움이 된다는 사실을 알리지 못한다. 광고는 재미있고 즐거움 역시 사람들에게 목표가 된다고 주장할 수도 있다. 확실히 재미는 목표가 될 수 있다. 사람들이 TV를 보는 것도 그 때문이다. 사람들은 즐거움을 느끼고 싶어 한다. 그러나 사람들이 인식하는 목표 가치는 상품, 브랜드, 소비자 목표 간의 연관성을 기초로 한다. 따라서 브랜드와 관련된 목표가 즐거움을 주는 것이라면 뇌는 브레이크 시스템과 즐거움 간의 연관성을 깨달아야 한다. 이는 우월성을 제시해야 하는 메르세데스 광고와는 관계가 없는 얘기다. 이런 관점에서 보면 메르세데스의 후속 광고가 불과 2주 만에 TV에서 사라졌다는 사실은 전혀 놀랍지 않다.

이 장에서 알게 된 사실

- 목표 지향적인 가치 평가는 인간의 뇌에서 가장 섬세한 단계의 가치이다. 그리고 그것은 소비자가 특정 상품을 구매하는 이유를 밝히려는 우리의 여정에서도 핵심적인 개념이다.
- 브랜드와 상품은 소비자의 목적을 위한 수단이고, 목표를 달성하는 데 수단으로 이용되는 이러한 특성은 구매 동기를 부여하는 진정한 힘이다.
- 브랜드가 소비자의 목표를 달성하는 데 수단으로 이용된다는 사실은 브랜드와 소비자 목표 간의 학습된 연관성에 근거한다. 이러한 연관성은 브랜드의 목표 가치를 결정하는 기대감을 불러일으킨다. 구매 결정은 이 목표 가치를 근거로 이루어진다.
- 목표 가치에는 외현적 및 내재적 두 차원이 존재한다. 목표 가치를 극대화하려면 브랜드를 외현적, 내재적 차원 모두와 연결지어야 한다. 제품의 가치 제안은 외현적인 목표와 내재적인 목표를 서로 관련지을 때 소비자에게 최고의 가치를 안겨준다.

이 사실이 마케터에게 의미하는 것

- 시장 규정에서 포지셔닝, 연구 개발, 세분화까지 모두를 아우르는 전략이 매출에 강력한 영향을 미치려면 소비자의 관련된 목표로부터 전략을 도출해야 한다. 어떤 시장의 관련된 목표를 알아내어 파악하면 포지셔닝의 잠재력을 평가할 수 있다. 다시 말하면, 어떤 특정한 목표가 얼마나 많은 소비자에게 우리 상품을 구매하는 주요한 동인이 되는지 알아야 한다.
- 관련성의 기본은 적어도 경쟁 기업들만큼 시장의 외현적인 주요 목표를 충족시키는 것이다. 외현적인 목표와 강력하게 연관되어 있으면 하나의 상품 영역에서 활동할 권리를 얻을 수 있다. 경험 법칙: 하나의 상품 영역에서 외현적인 주요 목표를 점유한 브랜드가 시장 주도 기업이다.

- 외현적인 목표에서 우월할 수 없는 경우 내재적인 목표가 차별화의 수단을 제공한다. 그렇게 해서 선택된 그 특수한 내재적인 목표는 외현적인 목표와의 관련성을 높여주고 적절한 차별성도 보장해 준다.
- 가치 제안은 외현적인 목표와 내재적인 목표 간의 관계로 구성된다. 예를 들면 자동 브레이크 시스템이 자동차를 더욱 빠르게 정지시킨 덕분에 운전자가 우월감을 느낄 수 있다. 외현적 목표와 내재적 목표 간의 관계는 독단적으로 이루어지지 않는다. 어떤 내재적 목표가 외현적 목표와 확실하게 연결될 수 있는지는 모든 제품 경험에 의해 결정된다.

6

신호를 잘 사용하는 것은
감정에 호소하는 것보다
훨씬 더 효과 있다

지금까지 우리는 인식 작용에서부터 동기가 부여된 행동에 이르기까지 마케팅의 내재적인 차원을 여러 측면에서 살펴보았다. 이 장에서는 어떻게 하면 목표 지향적인 전략을 효과적이고 효율적으로 실행하여 제품 경험과 커뮤니케이션을 만들 수 있는지를 중점적으로 살펴볼 것이다. 그리고 그 실행이 확실하게 전략에 부합하는지 판단하는 방법 또한 알아볼 것이다

어디에 함정이 있는 걸까

앞장에서 알게 된 내용을 요약하다 보니 마케팅이 표면적으로는 상당히 간단해 보인다. 외현적 목표와 내재적 목표로 이루어진 제품의 가치 제안을 만들고 내재적인 목표를 외현적인 목표에 연결지은 뒤 소비자의 정신적 개념을 활성화시킬 신호로 이 제안을 바꾸면 끝인 것 같으니 말이다. 만약 이 정신적 개념이 경쟁 기업들에 의해 활성화된 것보다 소비자의 유효한 목표에 더 잘 들어맞으면 소비자는 우리의 브랜드나 상품을 구매할 것이다(그림 6-1).

보기에는 상당히 간단한 일 같지만 설득력 있는 마케팅 전략을 수립하여 모든 접점에서 그것을 실행하는 일이 얼마나 어려운지는 모두들 알고 있다. 전략을 논의하기만 하는 데도 여러 달과 수백 시간이

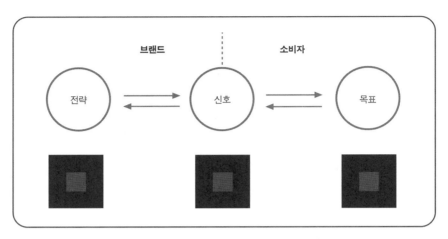

그림 6-1　실행: 마케팅 전략을 소비자의 목표를 처리하는 신호로 바꾸기

걸릴 수 있고 수십 번의 회의가 필요할 수 있다. 전략을 실행하는 단계가 되면 논의는 점점 더 치열해진다. 어떤 창의적인 아이디어가 최고의 효과를 낼까? 핵심 장점을 전달하는 최적의 방법은 무엇일까? 어떤 음악이나 추천을 선택할까? 어떤 신호가 전략을 가장 잘 실행해 내는지의 문제는 종종 장황하면서 열띤 논의와 논쟁의 주제가 된다. 시장조사를 통해 피드백을 얻고 나면 상황이 더 나빠지는 경우도 흔하다. 좋은 효과를 내는 요소가 있는가 하면 그렇지 못한 요소도 있다. 어떤 나라에서는 잘 통한 방법이 다른 나라에서는 실패를 맛본다.

　그렇다면 마케팅 전략을 실행할 때 문제는 정확히 어디에 존재할까? 전략 실행이 그토록 힘든 이유는 무엇일까? 어디에 함정이 있고 그 함정에 빠지지 않으려면 어떻게 해야 할까? 우선 소비자 의사결정의 외현적, 내재적 차원과 이제까지 알게 된 내용이 여기서 어떻게 도움이 될 수 있는지 알아보자.

새롭게 선보인 트로피카나 포장 디자인의 사례를 다시 살펴보자. 트로피카나는 새로운 포장을 선보인 지 두 달 만에 3,000만 파운드의 손실을 입었는데 이 사례는 아주 전형적인 몇 가지 위험을 여실히 보여주고 있다. 일단 오렌지주스라는 제품 영역부터 시작하면, 오렌지주스의 외현적인 목표는 신선하고 맛있는 음료를 마시는 것이다. 이 목표는 바뀌기 이전 원래의 트로피카나 포장 디자인이 완벽하게 처리해 주었다. 과일을 직접 빨아서 마실 때보다 더 맛있고 신선할 수 있겠는가? 이것은 건강상의 이익을 직관적으로 연상시키는 과일에서 직접 얻은 주스라는 것을 보여준다. 그리고 오렌지주스가 가장 기본적으로 소비되는 시점이 아침이라는 것을 고려해 보면 이 목표는 특히 의미가 있다. 아침에 무언가를 마시는 행위의 외현적인 목표는 어떤 음료로도 이룰 수 있지만, 물이나 청량음료 같은 대체품과 비교해 보면 오렌지주스는 더욱 신선할 뿐 아니라 건강에도 좋게 여겨진다.

그렇다면 부모가 가족에게 오렌지주스를 줄 때는 어떤 내재적인 목표를 성취할까? 오렌지주스는 안전의 영역과 관련이 있다. 즉 가족을 돌보고, 가족을 위해 무언가 좋은 일을 하고, 비타민을 제공해 가족을 보호하려는 목표 말이다. 동시에 이 목표는 간단하면서 실용적인 방식으로 충족된다. 신속하게 그리고 행동상의 비용을 적게 들이고도 이룰 수 있기 때문이다(직접 오렌지를 썰어서 짜는 경우에 비해서). 따라서 트로피카나의 목표 지향적인 가치 제안은 다음과 같이 표현할 수 있다. 가족에게 맛있고 신선한 오렌지주스를 제공함으로써(외현적인 목표) 가족을 돌보는(내재적인 목표) 간단한 방법. 이제 트로피카나의 새 포장 디자인을 보면 그것이 내보내는 신호가 이전과는 근본적으

그림 6-2 트로피카나의 새 포장 디자인은 매우 다른 소비자 목표를 다루고 있다.

로 다르기 때문에 위에서 언급한 목표들에 부합하는 정도가 떨어진게 분명해진다. 유리잔은 더 이상 신선함을 알리지 않는다. 따라서 외현적 목표의 달성률은 크게 떨어진다. 새 포장은 깨끗하고 깔끔하고 멋지고 현대적인 디자인의 특성에 부합하기 때문에 고급스러움을 상징하는 프리미엄 브랜드의 표준 디자인을 보여준다. 하지만 내재적인 차원에서 고급스러움은 안전의 영역과는 정반대인 거리감과 분리를 나타내는 암호이다. 〈그림 6-2〉는 디자인 변경으로 인해 트로피카나라는 브랜드가 (상품 영역과 브랜드를 고려해볼 때) 관련성이 크게 떨어지는 매우 다른 목표 영역에 위치하게 되었음을 보여준다.

물론 그러한 실패를 단순히 특정 브랜드와 그 관계자들 탓으로 돌리는 것은 잘못이다. 비슷한 실수가 많은 기업에서 매일 일어나기 때문이다. 그렇다면 우리는 이 사례로부터 무엇을 배울 수 있을까? 트로피카나의 새 포장 디자인을 맡았던 디자이너 피터 아넬에 따르면, 새로운 디자인의 목적은 〈활기를 다시 불어넣고, 재설계하고, 다시 생각하고, 대중문화에 다시 참여하면서 소비자와 감정적으로 연결되는 것〉이었다. 이는 효율적인 실행을 막는 주요한 요인이 무엇인지 명확히 보여준다. 마케팅의 전략 문서, 특히 보고서류는 소비자와 소비자의 외현적 및 내재적 목표에 초점을 맞추는 대신 기업이 성취하고자 하는 내부적인 목적으로 이루어지는 경우가 흔하다.

또 다른 주요한 문제는 〈소비자와의 감정적인 연결〉이라는 목적이 매우 모호해서 주관적인 해석의 여지를 많이 제공한다는 점이다.

감정에 호소하는 것은
마케팅에 도움이 안 된다

소비자와 감정적으로 연결되어야 한다는 말은 다들 사용해 왔고 들어온 얘기다. 소비자와 유대감을 갖고 브랜드와 상품에 감정을 담아내야 한다는 얘기 말이다. 〈감정〉이라는 말은 마케팅에서 매우 중요한 개념이다. 따라서 이 개념을 더욱 자세히 살펴보자. 감정은 실제로 효율적인 마케팅을 가로막는, 각각의 접점에서 마케팅 전략을 실행할 때 특히 방해가 되는 장애물 중의 하나이다.

그렇다면 감정은 대체 무엇일까? 마케팅 종사자들은 신경세포나 정신생리학적인 측면에는 크게 관심이 없지만 구매 결정을 주도하는 소비자의 감정적 편익에는 집중한다. 특히 시장조사에서 드러난 사람들의 반응에 영향을 받는다. 종종 소비자들은 특정 상품의 구매 이유를 설명할 때 그 제품을 사면 행복하다거나 기분이 좋다는 얘기를 한다. 따라서 기분이 좋다는 긍정적인 감정은 구매 행동을 일으킬 만한 요인처럼 보인다. 하지만 과학은 동기가 부여된 행동에서 〈감정의 역할〉에 대해 뭐라고 말하는가? 저명한 심리학자인 찰스 S. 카버와 마이클 F. 셰이어는 『인간 행동에 대한 옥스퍼드 안내서*Oxford Handbook of Human Action*』에서 다음과 같이 지적했다.

"목표 지향적인 행동에 대한 감정은 그 행동이 목적을 얼마나 잘 달성하는 듯 보이는지에 따라 긍정적이거나 중립적이거나 부정적일 수 있다."

달리 말하면, 감정은 목표 달성에 대한 피드백을 제시한다.

테니스 경기를 이기고 싶은데 몇 차례 경기에 졌다면 분노나 좌절감이 생긴다. 이러한 감정은 승리라는 목표를 생각하는 사람의 현 위치를 알려주는 피드백 신호이다. 목표 달성은 행복과 좋은 기분을 일으키는데, 소비자는 자신의 내재적인 목표에 제한적으로밖에 접근할 수 없기 때문에 구매 이유를 물어오면 근저에 깔린 진정한 동기 요인보다는 자신이 내린 결정의 결과, 즉 좋은 기분에 대해 말한다. 긍정적인 감정은 목표를 달성했기 때문에 생긴다. 사람들은 포르셰를 몰든 맛있는 초콜릿을 먹든 좋아하는 셔츠에 묻은 얼룩을 제거하든, 자신의 목표를 이루면 행복을 경험한다. 그것은 자동 조종 장치 내에서 이루어지는 내재적인 평가 과정에 대해 갖고 있는 유일한 의식적인 경험이다.

요즘의 광고 캠페인을 보면, 광고를 보면서 느끼는 긍정적인 감정이 소비자와의 소통에 있어서 주요한 한 가지 목적으로 간주되는 듯하다. 광고가 재미있고 즐거움을 주는 한 사람들이 광고를 좋아할 것이고 그렇다면 결과적으로 소비자 설득에도 도움이 될 것이라고 믿는다. 이로 인해 마케터들은 광고대행사를 상대로 획기적이고 즐거움을 주는 재미있는 광고를 만들라고 요청한다. 광고를 보면서 생기는 긍정적인 감정이 물론 나쁜 것은 아니다. 즐거움은 브랜드 연상망의 일부가 될 것이다. 하지만 어떤 소비자도 단지 광고가 재미있다고 해서 제품을 구매하지는 않는다. 부정적인 감정을 전달하는 브랜드는 거의 없다. 그렇다면 긍정적인 감정을 기초로 어떻게 차별화할 수 있을까? 경쟁사들보다 훨씬 더 웃기고 재미있으면 될까?

과학적으로 일일이 따지지 않더라도 감정이라는 용어에는 현실적으로 심각한 문제가 있다. 가격 및 상품이 안기는 편익과 감정적 편익 중에 무엇이 더 중요한지를 놓고 종종 토론이 벌어진다. 이미지 광고에 투자하고 싶은가, 아니면 제품 설명형 광고에 투자하고 싶은가? 구매 결정을 주도하는 것은 브랜드인가 아니면 상품인가? 이러한 논의의 근저에는 확실한 사실(가격, 상품 특징 등)은 이성적인 반면, 유연한 요소(브랜드, 이미지)는 감정적이라는 기본 가정이 깔려 있다. 마케터들이 소비자가 구매를 결정할 때 서로 대립되는 감정적인 모델과 이성적인 모델을 이용한다고 생각하기 때문에 상품과 브랜드는 맞교환 대상으로 간주된다.

그런데 왜 우리는 그렇게 많이 논의할까? 광고가 얼마나 감정적이어야 하는지, 이성적이어야 하는지를 놓고 왜 그렇게 논쟁을 벌일까? 그 이유는 바로 이 두 가지 측면이 완전히 다른 신호로 이어지기 때문이다. 이성적인 광고는 감정적인 광고와 확실히 달라 보인다. 감정적인 광고나 포장 디자인은 유용한 정보를 주는 이성적인 광고나 디자인과는 완전히 다르다. 우리는 감정적 편익과 이성적 편익 둘 다 중요한지를 놓고 논쟁하는 게 아니다. 마케팅에서 종종 논쟁으로까지 이어지며 논의되는 내용은 이 두 가지 측면 중에 무엇이 더 중요하고 고객의 우선사항인지이다. 결국 이 논의는 개인적으로 무엇을 믿는가로 요약된다. 즉 누군가는 감정의 힘을 믿고, 또 다른 누군가는 사실에 근거한 이성적인 정보의 설득력을 믿는다. 이 모든 과정의 유일한 문제는 어떤 시점이 되면 결정을 내려야 한다는 점이다.

이로 인해 이 두 차원을 이어주는 연결고리가 사라지고 말았다. 감정적 모델과 이성적 모델의 대립 구조는 종종 TV 광고에서 제품을 몇 초 동안 보여줘야 하는지를 놓고 벌어지는 지루한 논쟁과 타협으로 이어진다. 도대체 감정적인 측면과 이성적인 측면을 합치는 일은 왜 그리 어려울까? 왜 이 일로 우리는 그토록 고심할까? 이러한 생각이 어디서부터 시작됐는지 잠시 살펴보면 이 문제를 더 잘 이해하는 데 도움이 될 것이다. 감정과 이성이 반대되는 개념이라는 생각은 고대 그리스의 철학자 플라톤과 관련이 있다. 그는 감정이 이성과 합리성을 상징하는 흰 말이 조종해야 하는 검은 말이라고 말했다. 이 이원론은 데카르트, 칸트 등의 철학자들을 거치며 역사적으로 발전해 왔다. 오늘날 이러한 생각은 마케팅 종사자들의 회의에서도 그대로 드러난다. 마케터들은 감정적 편익과 기능적 편익을 따로 구분하는 경향이 있다. 그리고 대개 그 둘은 서로 연결되지도 않고 밀접하게 관련되지도 않는다.

그러나 목표라는 개념은 이 이원론을 받아들이지 않는다. 〈제품〉은 외현적 목표를 충족하고 〈브랜드〉는 내재적 목표를 충족한다고 생각하면 외현적 목표와 내재적 목표를 함께 엮은 가치 제안을 만드는 데 아무런 문제가 없다.

사람들의 감정보다 그들이 원하는 것부터 파악하라

저칼로리 과자라는 것을 전달하는 것이 목표라면 〈그림 6-3〉의 두 포장 디자인 중에 어느 것이 더 적합할까?

뇌가 가벼운 것과 관련하여 알게 된 사실은 무엇일까? 가벼운 물체

그림 6-3 어떤 디자인이 저칼로리 과자를 더 잘 전달할까?

는 어디로 가는가? 이러한 질문에 바로 나오는 답은 〈가벼운 물체는 위로 뜬다〉이다. 아무리 가벼운 물체도 중력 때문에 결국에는 아래로 떨어지지만, 무거운 짐을 옮길 때처럼 일상생활의 경험을 통해 무거운 물체는 우리를 아래로 끌어내린다는 사실과 가볍다가 무겁다의 반대말이라는 사실은 다들 알고 있다. 뇌는 〈가볍다〉와 〈위쪽〉이 함께 나타나는 수많은 상황을 통해 두 신호가 연결되어 있음을 알게 된다. 따라서 인간의 연상 기억 속에는 가볍다와 위쪽 간에 연관성이 존재한다. 달리 말하면, 위쪽은 가볍다의 암호로 변한다. 마케팅 종사자들은 건강 유지나 다이어트라는 목표에 필수적인 신호인 가벼움, 즉 저칼로리임을 알릴 때 이 기억을 빌려올 수 있다. 따라서 오하이오 주립대학교 연구진의 실험연구에서 앞의 질문을 받은 대부분의 사람들이 과자가 아래쪽에 있는 디자인이 더 무거운 제품을 나타낸다고 생각한 사실은 전혀 놀랍지 않다. 그렇다면 이 얘기는 결과적으로 과자가 위에 있는 디자인이 더 낫다는 의미일까? 맞는지 틀린지의 답은 소비자가 그 제품으로 달성하려는 목표에 따라 달라진다. 높은 칼로리가 긍정적인 속성으로 간주되는 제품(초콜릿 과자)인 경우 응답자들은 제품을 아래쪽에 보여준 포장 디자인을 선호했다. 그러나 저칼로리 다이어트 제품의 경우에는 위쪽에 제품을 보여준 포장을 더 선호했다. 이 결과를 보면 고객의 눈에 무엇이 더 좋고 만족스럽게 보이는지가 아니라, 그들이 제품으로 달성하려는 목표가 무엇인지가 더 중요한 듯하다.

앞의 예는 소비자의 목표를 고려하여 작업할 때 얻어지는 또 다른 실질적인 이득을 보여준다. 목표는 신호와 직접적인 연관이 있기 때문에 소비자의 목표를 생각하며 전략을 구상하는 한 브랜드 전략을 실행하는 데도 도움이 된다. 이를 더 잘 이해하기 위해 다시 감정에 대해 생각해 보자. 감정 분야의 대표학자로 손꼽히는 폴 에크만의 연구에 따르면 세상에는 표현하고 이해할 수 있는 기본 감정이 여섯 가지가 있다. 그 여섯 가지 기본 감정은 분노, 혐오, 두려움, 기쁨, 슬픔, 놀람이다. 이 목록을 보면 긍정적인 감정은 기쁨과 놀람 이 두 가지밖에 없음이 분명해진다. 따라서 광고대행사를 상대로 브랜드에 감정을 불어넣으라고 하면 광고 대상이 은행이든 소매업체든 자동차든 관계없이 행복해 하는 사람들이 나오는 광고가 자주 제작된다. 그게 아닌 경우에는 소비자가 광고를 보며 즐거움을 느낄 수 있게 오락적인 요소에 초점이 맞춰진다.

광고를 통해 감정을 전달하는 방식은 격렬한 논쟁을 불러일으킨다. 새로운 트로피카나 포장이 감정적인가? 그렇다면 왜 그런가? 그렇지 않다면 왜 그렇지 않은가? 감정적인 편익을 경험하는 여성은 어떤 모습을 보여야 하는가? 꼭 집어 말하기 어렵지 않은가? 감정이라는 용어는 너무 모호해서 마케팅의 실행 과정을 효과적으로 이끌어가지 못하는 반면, 소비자의 목표는 매우 정확하다. 인간의 뇌가 어떤 제품이 자신에게 맞는지 감지해 내는 필터로 목표를 사용하기 때문에 인간의 연상망에는 〈목표와 신호〉 간의 많은 연관성이 이미 자리 잡고 있다. 목표를 달성하고 자동 조종 장치로 목표 달성 과정을 주시하기 위해서는 무엇을 찾아야 하는지를 알아야 한다. 따라서 어떤 신호가 구매자의 특정 목표와 관련이 있는지 알아야 한다.

목표를 이용하여 브랜드와 상품의 포지션을 잡으면 소비자의 연상

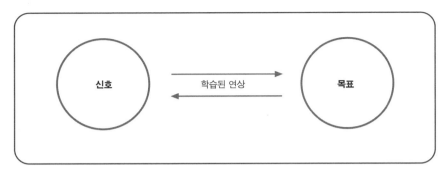

그림 6-4 신호와 목표는 학습된 연상에 의해 연결되어 있다.

기억 속에서 브랜드의 목표와 연결되어 있는 신호 때문에 실행을 위한 명확한 지침을 얻을 수 있다.

색이나 모양, 크기 같은 제품 신호는 소비자에게 그들이 그 제품으로 어떤 목표를 달성할 수 있는지 알려준다. 그리고 소비자는 현재의 목표를 위해 그것의 달성과 관련 있는 신호를 내밀하게 찾아다닌다. 앞에서 우리는 허기진 사람들이 맥도널드 로고에 초점을 맞추는 시선 추적 사례를 살펴보았다. 더욱 일반적으로 말하면, 사람들은 자신이 원하는 것을 본다. 코카콜라 캔을 찾는 사람의 경우에는 붉은색에 대한 신경세포의 민감도가 높아지면서 시각 자료 중에 붉은색으로 된 영역을 더 빨리 처리한다. 달리 말하면, 사람들의 목표는 신호에 직접적으로 그리고 즉각적으로 연결된다. 이 사실은 마케팅 실행에 엄청난 도움이 되는데 신호 선택을 위한 분명한 지침이 뒤따르기 때문이다.

따라서 감정이라는 용어는 구매의 진짜 원인을 등한시하게 만든다. 또한 감정은 마케팅 전략을 이끌어가는 데 거의 도움이 되지 않고 고객과의 접점에서 브랜드를 체계적으로 관리할 수 있게 해주지도 못한다. 그러나 〈감정 대 이성〉 모델은 사람들에게 너무나도 뿌리 깊이 자리 잡고 있기 때문에 그것을 조만간 대체하는 일은 실제로 비현실적인 것처럼 보인다. 따라서 감정이라는 말과 〈브랜드 대 상품〉이라는 이원론적인 모델을 계속 사용하려면 감정적 편익을 목표로 생각해야 한다.

섬유유연제, 부드러움 그리고 복숭아

브랜드 전략을 구상하여 실행하는 과정에서 만나는 커다란 문제 중 하나는 경쟁업체들과의 차별화이다. 브랜드 전략이 성공하려면 차별화가 열쇠임을 다들 알고 있다. 외현적 차원에서 상품과 브랜드를 차별화할 수는 없기 때문에 다른 부분에서 차별화를 추구해야 한다는 게 합리적인 생각이다. 하지만 이 접근 방식에는 외현적 목표를 망각함으로써 브랜드나 제품과의 연관성이 부족해지는 위험이 잠재해 있다. 이러한 위험은 앞장에서 소개한 몸에 좋은 초콜릿바 발리스토의 예에서 알 수 있다. 사람들은 우선 상품의 영역을 구입한다. 이 점은 소비자의 쇼핑 목록에 그대로 나타난다. 알다시피 쇼핑 목록에 브랜드를 적는 경우는 거의 없고 대개 상품 영역을 적는다. 네스카페나 하인즈, 플로라 대신 커피, 수프, 마가린을 적는다.

따라서 외현적인 기본 목표부터 충족시키는 것이 중요하다. 외현적 목표를 장악한 브랜드가 시장 주도 기업이라는 사실은 흥미롭다. 우리는 세제, 화장품, 전기통신 등 분야를 막론하고 우리가 분석한 모든 상품 영역에서도 이 원칙이 작동하고 있음을 알게 되었다. 따라서 신규 시장에서는 외현적 목표에 집중하고 그것을 확보하는 것이 중요하다. 이후 시장 2위 기업이 되어 외현적 목표와 브랜드의 연관성을 시장 주도 기업만큼 끌어올리면 시장 침투력을 높이는 데 도움이 된다.

외현적인 기본 목표를 다룬 광고를 실행하려면 그에 어울리는 신호를 알아내야 한다. 〈그림 6-5〉의 레노Lenor 광고가 좋은 예이다. 이 광고에는 아침에 옷을 입는 가족이 등장한다. 이 장면은 섬유유연제라는 상품의 핵심적인 목표인 〈부드러움〉이라는 주제를 확고히 한다. 제품 시연에는 수건 2개가 등장하고 각 수건에 복숭아를 문지른다. 레노로 세탁한 수건에 문지른 복숭아는 껍질이 벗겨지지 않았다. 그만큼 수건이 부드럽다는 것이다.

수건에 복숭아를 문질러 보는 여성은 없기 때문에 이 광고가 비현실적이라고 주장할 수도 있을 것이다. 또한 광고가 창의적이거나 재미있지도 않으며 소비자들이 두 번 세 번까지 보려 하지는 않을 거라고 주장할 수도 있다. 하지만 이 광고는 대단히 성공적이었다. 뇌의 관점에서 보면 이 광고는 원래 해야 할 일을 효과적이고 효율적으로 해낸다. 즉 섬유유연제라는 상품의 외현적 목표인 부드러움과 상품 간의 연관성을 입증했기 때문이다. 소비자와의 효과적인 커뮤니케이션을 개발하려 한다면 바로 이렇게 해야 한다. 신호와 목표 간에 새로운 연관성을 수립하려 하지 말고 기존의 연관성을 이용하는 것이다. 기존의 연관성은 이미 수천 번 검증되었기 때문에 상당액의 미디어 지출로도 살 수 없는 설득력을 제공한다.

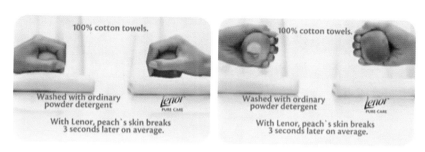

그림 6-5 레노 광고는 브랜드와 섬유유연제라는 상품의 외현적인 목표 간의 연관성을 입증한다.(영문 해석: 100퍼센트 면수건, 일반 가루세제로 세탁, 레노로 세탁하면 평균 3초 뒤에 복숭아 껍질이 벗겨진다.)

　레노 광고에 등장하는 신호는 부드러움을 전달하고 그렇게 하는 과정에서 브랜드와 소비자 목표 간의 연관성을 강화한다. 이 광고는 기존의 연관성을 이용했는데 복숭아 껍질이 민감하고 약하다는 사실은 이미 다들 알고 있기 때문이다. 따라서 부드러움의 개념이 작동되어 레노라는 브랜드와 연결된다. 민감한 피부의 상징으로 복숭아를 이용한 것은 그 상품 영역에서는 한 번도 사용된 적이 없었기 때문에 창의적이기도 하다. 그러면서도 복숭아 껍질과 부드러움 간에 이미 존재하는 연상 고리를 이용했다.

이전 광고는 성공했는데
후속 광고는 실패하는 데는 단 하나의 이유가 있다

마케팅 전략을 실행에 옮기다 보면 많은 논의가 필요해지고 불안감이 커지기 때문에 스타일 가이드나 키 비주얼, 형식주의적인 신호 체크리스트의 도움을 받아 실행 과정을 이끌어 나감으로써 일관성을 확보하고 시시비비를 가리는 게 낫다고들 생각한다. 하지만 우리는 3장에서 할리 베리 실험을 살펴보면서 인간의 뇌가 이보다 더 유연함을 알게 되었다. 뇌의 입장에서는 할리 베리라는 브랜드가 어떻게 암호화되었는지, 즉 할리 베리의 사진을 보여주었는지 아니면 단순히 할리 베리라고 적힌 종이를 보여주었는지는 중요하지 않다. 할리 베리의 의미를 알아보는 한 뉴런은 발화한다. 따라서 뇌에는 내용이 어떻게 포장되었는가는 관계없이, 내용의 유사성에 따라 브랜드를 해독하는 뉴런이 존재한다. 위의 경우에는 할리 베리를 알아보는 뉴런이 존재한다는 얘기다. 이제 일관성을 관리하는 방법과 형식주의적인 접근 방식을 따르는 함정에 빠지지 않는 방법을 더욱 자세히 살펴보도록 하자.

두 다르프스트Du Darfst는 독일의 유니레버 브랜드로 〈해도 좋다〉는 뜻으로 해석된다. 원래 이 브랜드는 저지방 스프레드로 출시되었지만 이제는 다양한 저칼로리 식품의 엄브렐러 브랜드(umbrella brand, 여러 브랜드를 우산처럼 포용하는 브랜드) 역할을 하고 있다. 성공적으로 두 다르프스트를 출시시킨 1990년대의 광고부터 살펴보자(그림 6-6).

광고에는 붉은색 원피스를 입고 걸어가는 30대 초반의 여성이 등장한다. 서류가방을 들고 있는 그녀의 모습은 출근 중임을 가리킨다. 그녀는 미소를 지으며 가볍게 걷고 있다. 식당 창문 옆을 지나던 그녀는 우연히 유리에 비친 자신의 모습을 잠시 감상하더니 가던 길을 계속 간다. 이 스토리라인은 어떤 목표를 알리고 있는가? 밖에서 몸에 딱붙는 붉은색 원피스를 입었다는 것은 자신을 알리는 행위이며 그러

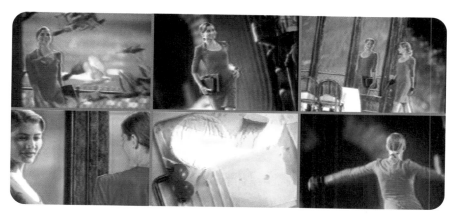

그림 6-6 두 다르프스트 브랜드의 탄생을 알린 광고

한 행동에는 자신감이 필요하기 때문에 이 경우에 표시된 그녀의 목표 영역은 주체성이다. 우연히 창문을 쳐다봤다는 사실은 그녀가 자기 자신을 살피고 있었던 것은 아님을 가리킨다. 그녀는 창문에 비친 자신의 모습에 만족했고 이 사실은 자부심을 가지려는 그녀의 내재적인 목표와 연결된다. 흥미롭게도 그녀는 주위에 아무도 없이 혼자였는데 이는 그녀의 자신감이 본인의 판단에 기초하며 따라서 다른 사람들의 판단으로부터 독립되어 있음을 의미한다. 이 또한 주체성의 영역에 도움을 준다. 그녀의 민첩한 걸음걸이는 활력에 도움이 되고 행복감을 주는 음악의 도움을 받는다.

두 다르프스트가 출시된 뒤 여기저기서 저칼로리 제품이 점점 더 많이 출시되면서 경쟁이 치열해졌다. 결국 두 다르프스트는 커뮤니케이션을 수정하기 시작했다. 후속 광고는 그렇게까지 성공적이지 못했고 시장 점유율도 떨어지면서 두 다르프스트는 다시 붉은색 원

그림 6-7 형식 면에서 비슷한데도 불구하고 이 광고는 다른 목표를 다루고 있다.

피스를 광고에 등장시켰다(그림 6-7).

처음 보면 새 광고도 좋은 결과를 낼 것처럼 보인다. 매력적인 여성이 출근 중이며 붉은색 원피스를 입고 있다. 그녀는 우연히 거울에 비친 자신의 모습을 보고 마음에 들어 한다. 보이스 오버(voice-over, 연기자나 해설자가 화면에 보이지 않는 상태에서 대사나 해설 등의 목소리가 들리는 것)가 "다시 당신 자신과 사랑에 빠지세요."라고 하면서 이 메시지를 지원한다. 하지만 겉으로 보기에는 비슷해 보이는데도 불구하고 내재적인 메시지 전체는 원래의 광고와 매우 다르다. 우선 광고 속에 등장하는 여성이 다르다. 그녀는 이전 광고에 등장하는 여성보다 더 어리다. 그녀의 머리 스타일은 나이 차는 물론 그녀가 이전 광고 속의 여성만큼 우아하지 않음을 나타낸다. 원피스 또한 다르다. 소매가 없고목이 깊게 파였을 뿐 아니라 치맛단에도 트임이 있다. 스타일이 고전적이지 않다. 또한 그녀는 일과 관련되지 않은 핸드백을 메고 있다. 자동 조종 장치가 1,100만 비트로 정보를 해석하듯 이 모든 것을 종합적으로 해석해 보면, 이 광고 속의 붉은색 원피스는 자신감을 상징하지 않는다. 또한 그녀가 거울을 보는 장면이 공공장소가 아니라 밀폐된 승강기에 혼자 있을 때 등장한다는 점도 주목할 만하다. 이 사실도 자신감이라는 목표에 역효과를 낸다. 그녀는 승강기에서 내리기전에 자신의 모습이 괜찮은지 확인하기 위해 머리를 다시 한 번 체크한다. 이러한 행동은 자연스러워 보이고 공감을 살 수 있지만 바라던목표를 전달하는 것과 관련해서는 도움이 되지 않는다. 그녀의 행동은 자신감의 목표에 부합하지 않는다. 승강기에서 내린 그녀는 남자접수원으로부터 칭찬을 받는데 그녀는 그 직원의 칭찬에 기분이 좋은 것처럼 보인다. 하지만 제3자의 인정은 그녀의 주체성과 독립성을해친다. 게다가 자신감 넘치는 여성이 접수원 같은 사람의 칭찬에 정말로 기뻐할까?

이 사례는 다루고 있는 외현적 목표(저칼로리 식품)가 같을 뿐 아니라형식적 차원(붉은색 원피스 같은 광고의 필수 요소)에서도 많은 것이 비슷한데도 두 TV 광고가 서로 다른 내재적 목표를 보여주고 있음을 드러낸다. 〈두 다르프스트로 자신감 넘치고, 독립적이며, 거울에 비친 자신의 모습을 자랑스러워함을 보여주어라〉라고 말함으로써 외현적 목표와 내재적 목표를 연결지은 목표 지향적인 제안을 사용했다면 두번째 광고는 절대로 제작되지 않았을 것이다. 이 두 번째 광고는 단기간 방송되다 사라졌다.

내재적인 목표가 하나의 광고 안에서 그리고 여러 캠페인에 걸쳐 일관성을 확보하는 데 어떻게 도움을 주는지 보여주는 또 다른 예는 캐드버리의 초콜릿 광고이다. 이 책 1장 도입 부분에서 우리는 고릴라 광고에 대해 이야기했다. 캐드버리는 후속 광고를(그림 6-8) 성공작이라고 생각하지 않았으며 그 광고는 금세 방송에서 사라졌다.

먼저 고릴라 광고를 보자. 사운드트랙인 「인 디 에어 투나잇」은 차분하고 부드러운 상황을 만든다. 그리고 실내는 기본적으로 여성의 영역으로 인식된다. 다음으로 고릴라를 근접 촬영한 장면이 등장한다. 이는 초콜릿과 음악이 있는 상황에는 어울리지 않는다. 고릴라는 위험하고 힘이 센 동물이기 때문이다. 하지만 지금은 눈을 감고 콧구멍을 벌렁거리며 음악을 듣고 있는 것처럼 보이기 때문에 당장은 위협이 되지 않는다. 마치 음악을 즐기고 있는 것처럼 보인다. 노래가 유명한 드럼 부분으로 향해가자 목과 어깨를 들썩인다. 이는 무언가를 기대하는 마음에 긴장을 풀고 있음을 의미한다. 고릴라는 혼자 있다. 이 사실은 여러 동작과 함께 개성과 나만의 순간을 가리킨다. 사운드트랙은 클라이맥스에 이르고 고릴라는 드럼 세트 앞에 앉아 영감을 받은 사람처럼 격정적으로 드럼을 친다. 그는 황홀감을 느끼는 듯 여러 차례 고개를 흔든다. 이러한 고릴라의 모습과 움직임은 특이하고 흥미롭고 재미있어 보인다. 노래가 끝나갈 때 고릴라는 〈한 컵 반의 기쁨A glass and a half full of joy〉이라는 훌륭한 문구와 함께 캐드버리 데어리 밀크 초콜릿으로 대체된다.

고릴라 광고로 야기된 열기와 입소문에 자극 받은 캐드버리는 트럭을 이용한 후속 광고를 준비했다. 〈기쁨을 되찾자〉라는 광고 콘셉트는 고릴라 광고를 만든 콘셉트와 동일했다. 트럭 광고는 활주로에서

그림 6-8 캐드버리의 고릴라 광고와 그 후속인 트럭 광고

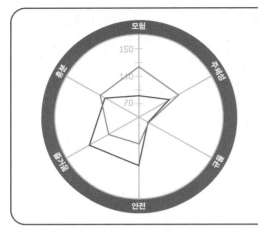

목표 영역	고릴라	트럭
주체성	100	114
모험	83	126
흥분	106	113
즐거움	131	97
안전	118	87
규율	62	63

—— 고릴라　　—— 트럭

그림 6-9　연구 결과는 두 광고의 목표 영역이 다름을 확인해 준다.

이륙하는 비행기의 모습으로 시작한다. 배경은 야외이고 밤인데 이는 남성의 영역을 의미하는 코드이다. 여러 대의 공항 트럭에 시동이 걸리고 무언가를 준비하는 모습 위로 퀸의 「돈 스탑 미 나우Don't stop me now」 사운드트랙이 흘러나오기 시작한다. 배기관과 자동차 레이서 제복 또한 남성의 코드를 나타낸다. 트럭들은 활주로 위에 나란히 선 다음 경주를 시작한다. 트럭들의 속도와 능숙한 조종술을 보여주기 위해 빠른 카메라 작동과 장면이 등장한다. 일부 장면은 액션 영화의 추격 장면을 생각나게 할 정도이다. 각각의 트럭은 다른 트럭을 앞지르며 자신을 추월하지 못하게 막는다.

〈그림 6-9〉는 두 광고에 의해 유발된 연상이 매우 다름을 확실하게 보여준다. 두 광고는 서로 다른 목표 영역을 다룬다. 트럭 광고는 남성다움, 경쟁, 공격성 같은 목표를 작동시키면서 주체성과 모험 부분에서 점수가 더 높다. 반면 고릴라 광고는 즐거움과 안전성을 더 강하

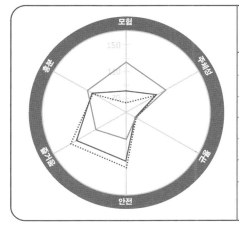

목표 영역	브랜드	고릴라	트럭
주체성	97	100	114
모험	65	83	126
흥분	105	106	113
즐거움	140	131	97
안전	129	118	87
규율	64	62	63

······ 브랜드 ── 고릴라 ── 트럭

그림 6-10 브랜드 영역과 두 광고 비교

게 유발한다. 광고 콘셉트가 같았다는 사실을 고려하면 어떻게 이러한 결과가 나올 수 있을까?〈기쁨을 되찾자〉는 희망 목표의 관점에서 보면 이는 아주 정확한 것은 아니다. 기쁨이라는 말이 여러 가지로 해석될 여지가 있기 때문에 마케팅의 실행 과정을 제대로 이끌어가지 못한다. 두 광고 모두 기쁨에 적합하기는 하지만 함축된 의미가 다른 기쁨을 전달한다. 내재적인 목표 지도를 이용하면 광고의 연관성을 아주 정확하게 측정할 수 있을 뿐 아니라 발견이나 모험, 경쟁의 기쁨 같이 함축된 의미가 다른 기쁨들을 구별할 수 있다.

캐드버리 브랜드에 어떤 내재적인 영역이 어울리는지는 어떻게 알까?(그림 6-10) 우선 상품 영역부터 살펴보자. 캐드버리 초콜릿은 블록 형태의 밀크 초콜릿이다. 이 초콜릿의 특징은 높은 유지방 성분이다. 그 덕에 크림이 많이 들어 있고 입에서 잘 녹는다. 사람들이 밀크 초콜릿을 언제 왜 먹는지 생각해 보면 이 초콜릿의 핵심 목표가 즐거움과 안전의 영역에 있다는 사실은 전혀 놀랍지 않다. 어쨌든 초콜릿은 기분을 좋게 해주는 것으로 언급되는 경우가 많다. 한 연구에서 우리는 캐드버리 데어리 밀크의 내재적인 브랜드 영역을 평가했다. 연구 결과에 따르면 캐드버리는 밀크 초콜릿의 기본적인 목표를 갖고 있으며 전통, 신뢰, 따뜻함, 휴식, 즐거움, 사교성 같은 주요한 내재적 연관성도 함께 갖고 있다. 캐드버리 데어리 밀크는 블록 초콜릿의 핵심적인 보상을 전달하며 바로 그 때문에 영국 시장에서 1위의 자리를 지키고 있다. 브랜드 영역을 두 광고와 비교해 보면 고릴라 광고가 트럭 광고보다 밀크 초콜릿의 핵심적인 보상과 공통 부분이 더 많다. 캐드버리 브랜드가 모험과 주체성의 영역으로 옮겨가기를 희망했다면 트럭 광고는 더욱 어울렸을 것이다. 브랜드가 나아가려는 영역을 갈고 닦기 위해 내재적인 목표를 기준점으로 이용하면 제안 단계에서의 일관성을 확보하는 데 도움이 될 수 있는 동시에 신호 단계에서도 유연성이 생기고 창의력을 발휘할 수 있는 기회 또한 확실히 잡을 수 있다.

검색은 야후보다 구글?
왜 이런 생각이 퍼지게 되었을까

마케팅의 임무는 단순히 지속적으로 끊임없이 TV 광고를 내보내는 일보다 복잡한 게 분명하다. 모든 마케팅 믹스(marketing mix, 마케팅 목표의 효과적인 달성을 위해 마케팅 활동에서 사용되는 여러 가지 방법을 전체적으로 균형이 잡히도록 조정·구성하는 일) 작업은 조율되어야 한다. 다품종 브랜

그림 6-11 뮐러 TV 광고와 상품 포장

드는 하나의 엄브렐러 브랜드 아래에서 각각의 SKU(상품 분류의 최하 단위)에 대해 따로따로 포지셔닝을 해야 하는 과제를 안고 있다. 뮐러Müller 브랜드를 살펴보고 그들이 어떻게 커뮤니케이션과 상품 포장을 조정했는지 알아보자(그림 6-11).

2011년에 소개된 TV 광고는 분명 흥분의 영역을 명확하게 다루었다. 광고는 요구르트가 위험하고 불쾌하고 부정적인 세상을 어떻게 즐거운 곳으로 바꿀 수 있는지를 보여주었다. 모든 압박과 진지함을 제거하자 세상은 다시 놀이터가 되었다. 이 의미는 상품에도 배어 있다. 상품은 위에서 보면 정사각형으로 생겼고 두 부분으로 나뉘어져 있다. 모서리에 있는 추가 내용물이 상품을 지배하는 게 아니라 보완하는 것으로 여겨지기 때문에 요구르트는 커다란 부분에, 추가 내용물은 작은 공간에 담겨 있다. 요구르트와 추가 내용물은 정사각형을 둘로 나누지만 대칭으로 나누지는 않는다. 뚜껑을 제거하여 상품을 열면 두 공간에 든 내용물이 보인다. 이 요구르트를 먹을 때는 먼저 작은 공간에 있는 내용물을 큰 공간에 쏟아부어 먹기 쉽다. 이 견고한 정사각형 모양은 모서리 부분을 접으면 깨진다. 금이 가는 것이다!

모서리 부분을 접으면 부서지는 소리가 들린다. 이제 삼각형의 분리된 부분과 그에 인접한 비대칭적인 모양이 남는다. 규칙적인 모양이 불안정한 모양으로 바뀌는 것이다. 이는 안정을 깬다는 비유적인 의미로 흥분의 목표 영역을 나타낸다.

전체적으로 이 경험은 TV 광고에서 전달된 제안과 일치한다. 그러나 포장의 2차원 디자인은 전혀 그렇지 않다. 뮐러 브랜드는 새로운 포장과 광고로 다시 상품을 선보였다. 포장은 〈그림 6-11〉에 나온 요구르트 용기와 제품 상자에 푸른색을 강하게 사용하여 모든 사람에게 뮐러 브랜드가 요구르트 영역에서 대세 상품이고 성공했고 우세한 위치를 차지했음을 알린다. 그러나 이는 뮐러의 내부적인 매출 목표로, 소비자의 목표가 충족될 것임을 표시하는 데는 도움이 되지 않는다. 이 2차원 디자인은 단순성을 전달한다. 그것은 평범하고 진지하다. 따라서 이 디자인은 규율의 영역과 관련이 있는데 이는 재미의 영역과는 정반대인 영역이다. 재미의 영역은 규칙과 진지함을 벗어나는 것이 전부이다.

누군가는 뮐러의 광고와 포장이 한 가지 대신 두 가지의 구분된 목표를 다루기 때문에 전체적인 목표 가치가 높아졌다고 주장할 수도 있다. 이는 타당한 주장이다. 그렇다면 과학은 이 가설을 시험하는 데 어떤 통찰력을 제공할 수 있을까? 과학이 제공해줄 수 있는 핵심적인 인식은 〈목표 약화〉이다. 소비자가 달성하려는 여러 관련없는 목표들에 맞춰 포지셔닝을 하면 브랜드나 상품의 가치가 가장 높아진다고 주장할 수 있지만 실제로는 그 반대임을 보여준다.

심리학자인 피시바흐와 크루글란스키에 따르면, 브랜드와 소비자 목표 간의 연관성은 그 목표가 독특한지에 따라 정도가 달라진다. 달리 말하면, 어떤 브랜드가 여러 가지 목표와 관련이 있으면 각각의 목표와의 연관성은 약해진다는 얘기다. 구글은 검색 목표를 대표하는 반면 야후는 검색 엔진을 더한 포털과 관련되어 있다. 그런데 사람들은 구글이 더 나은 검색 엔진이라고 생각한다. 야후가 충족시키려고 하는 추가적인 목표들 때문에 검색 목표가 약화되기 때문이다. 따라서 단 하나의 목표 가치 제안에 집중해야 한다. 그렇게 해야만 한 분야에서 최고로 보일 수 있는 유일한 기회를 얻을 수 있기 때문이다. 그러나 한 가지 목표만을 관리하면 가치 제안에 여러 가지 편익 목록을 포함시키지 못하기 때문에 무언가를 잃을 수 있다고 늘 두려워한다. 그래서 한 가지에 매달리기가 어렵다. 상품에 담고자 하는 기본적인 개념 여러 개를 공식적으로 제시하여 잠재 구매자들에게 테스트받은 결과는 확실히 이 방식을 지지한다. 상품 개념에 더 많은 편익이 포함될수록 테스트 결과가 더 좋기 때문이다. 하지만 별개의 목표에는 별개의 신호가 필요하기 때문에 그러한 방식은 효과 없는 실행으로 이어진다.

지금까지의 얘기는 한 가지 브랜드만 관리하는 경우에 해당한다. 그렇다면 엄브렐러 브랜드를 관리할 때는 어떻게 해야 할까? 다품종 브랜드의 경우 연관성이 큰 목표들을 사용해야 엄브렐러 브랜드와 개별 SKU의 목표 가치를 최대한으로 유지할 수 있다. 포트폴리오에 한계효용을 제공할 수 있으려면 그 목표들은 별개의 것이어야 한다. SKU가 별개의 목표를 다루지 않는다면 더 많은 진열대에 상품을 배치해야만 매출에 영향을 미칠 수 있을 것이다.

그림 6-12 이 광고는 모든 접점에서 안전의 목표를 꾸준히 실행하고 있다.

코카콜라의 〈그룹 허그Group Hug〉 캠페인은 고객과의 접점에 동일
한 목표를 일관되게 적용하는 과정을 보여주는 훌륭한 예이다(그림
6-12). 이 방식은 미디어 플래닝을 이끌어가고 다른 접점에도 출발점
을 제공하는 데 도움을 줄 수 있었다. 코카콜라 브랜드는 안전의 영역
과 강력하게 관련되어 있다. 따라서 그룹 허그의 실행은 이 영역과 완
벽히 조화를 이루었다.

〈그림 6-12〉를 보면 이 캠페인이 옥외 광고에 주로 기반을 두고 있음을 알 수 있다. 따라서 캠페인이 내보낸 신호들은 안전의 목표에 잘 들어맞았을 뿐 아니라 이 목표가 작동하는 상황, 즉 여기저기 돌아다니다가 모르는 사람들 속에 서 있는 상황에서 이 광고 캠페인을 떠올릴 수 있는 접촉점이 형성되기도 했다. 우리는 그 사람들과 아무런 관련이 없기 때문에 자기 옆에 그렇게 많은 사람들이 서 있어도 혼자라는 느낌을 받는다. 맨 위 오른쪽 사진은 이 느낌을 이용하기 위해 옥외 매체를 어떻게 배치했는지 보여준다. 자동판매기를 껴안아야만 콜라가 나오는 자판기를 만듦에 따라 누군가를 포용한다는 아이디어는 한 차원 더 발전했다. 목표를 갖고 작업하면 소비자에게 의미 있는 가치를 이용할 수 있다. 그 결과 마케팅 과정을 더욱 정확하게 이끌어갈 수 있는 중요한 이점을 얻는다. 그렇게 하는 과정에서 마케터들은 그 과정을 이끌어갈 수 있고 더 훌륭하게 옳고 그름을 판단해낼 수 있다.

연상 기억을 빌려오라!

따라서 목표는 더 높은 정확성을 더해줌으로써 마케팅을 이끌어가는 데 도움을 줄 수 있다. 하지만 아무리 심오한 전략적 기초가 있더라도 마케터는 여전히 문제에 직면한다. 어떤 신호가 의도한 제안을 제대로 전달하는지를 어떻게 판단하는가의 문제이다. 스토리보드든, 트리트먼트(treatment, 시놉시스에서 발전한 단계)든, 옥외 캠페인이든, 소셜 미디어든, 광고대행사가 어떤 제안서를 보여주면 그것을 평가하는 일과 관련하여 무수한 사람들의 주관적인 추측이나 견해, 취향, 생각 등이 제시된다. 이는 논쟁적인 토론으로 이어지기도 하지만 최악의 경우에는 제안서가 지닌 모든 가능성을 활용하지 못하는 타협으로 끝나기도 한다. 이럴 경우 의도한 가치 제안을 고려했을 때 이 신호가 옳은지 틀린지 판단하는 객관적인 방식마저 놓치게 된다.

대개 이 토론은 광고나 포장을 사전 테스트하는 방식으로 소비자에게 떠넘겨진다. 그러나 광고나 포장이 테스트에 통과하지 못하면 그것이 실패한 이유, 더 중요하게는 그것을 개선하는 방법이 명확히 밝혀지지 않는다. 종종 시장조사 대행기관으로부터 더욱 독특하게 혹은 인상적이게 감성적으로 만들라는 의견을 듣지만 이러한 요구들에 집중하다 보면 어떤 신호가 의도한 제안을 제대로 전달하는지를 어떻게 판단해야 하는지의 문제는 건드리지도 못하게 된다. 광고를 더욱 독특하게 인상적으로 만드는 것은 도대체 무엇인가? 전체적으로 마케팅팀과 광고대행사는 이러한 상황 때문에 배우지도 못하고 나아지지도 못한다. 배움에는 정확한 피드백과 지도가 필요하기 때문이다. 물론 성공적인 상품과 광고가 탄생하는 경우도 많은데 대개 그 성공은 관여한 전문가들의 직관력에 의지한다. 직관은 훌륭하지만 명확히 확인하기가 어렵고 따라서 다른 사람들과 공유하기도 어렵다. 또한 이의가 제기되었을 때 해명하기도 어렵다. 직관력은 그 과정에 참여한 특정 개인에 의해 좌우되는데, 이는 일관성을 방해하는 요인일 뿐 아니라 시간의 경과에 따라서도 (사람 교체로 인해) 문제를 일으킨다.

그렇다면 어떻게 해야 광고대행사의 제안과 일반적인 신호를 더욱 객관적으로 평가할 수 있을까? 뇌는 신호들을 정신적 개념으로 바꾸는데 우리는 이를 〈X＝Y〉 공식으로 요약했다. 모든 사람들이 각자의 등식을 갖고 있고 신호를 개념으로 바꾸는 작업과 자신에게 의미 있는 목표를 얼마나 잘 다루는가는 순전히 개인의 취향과 선호도에 근거한 주관적인 일이라고 주장할 수도 있다. 여기서 좋은 소식은 실제로는 그렇지 않다는 것이다. 신호를 개념으로 바꾸는 일은 규칙을 근거로 하며 조금도 자의적이거나 주관적이지 않다.

심리학자인 새뮤얼 고슬링은 이 사실을 흥미로운 방식으로 증명한다. 그는 성격의 주요 측면들을 담아낸 심리학의 표준화된 목록을 이용하여 피험자들에게 모르는 학생의 방사진을 보여준 뒤 방주인의 성격을 판단해 보라고 했다(그림 6-13). 피험자들이 완성한 목록은 방주인의 친구들뿐 아니라 주인이 직접 완성한 성격 목록과 비교되었다. 연구 결과는 놀라웠다. 피험자들은 방사진만을 보고도 그 주인의 성격을 정확하게 짚어냈다. 그리고 그들은 5가지 테스트 사항 중 3가지에서 주인의 친구들보다 훨씬 더 정확했다. 그들은 사진 속의 어떤 신호나 요인이 방주인에 대한 이미지를 형성했는지 정확히 표현하지는 못했지만 그럼에도 그 패턴을 해독할 수 있었다.

이 흥미로운 결과는 모든 사람들이 신호가 상징하는 바를 내재적이지만 깊이 이해하고 있음을 보여준다. 신호의 의미가 자의적이고 주관적이라면 이러한 결과는 발생할 수 없다. 그뿐 아니라 사람들은 서로 효과적으로 의사를 소통할 수도 없을 것이다. 누군가가 동료를 위해 문을 잡아준다면 이 행동이 우정과 친절함을 상징한다는 것을 알 수 있다. 심지어 우리는 몸짓이나 상징, 단어뿐만이 아니라 이전에 보

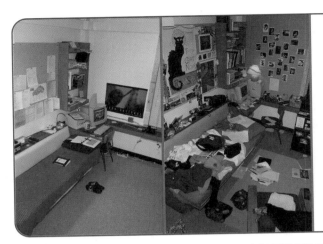

방주인의 성격을
묘사해 보세요.

그림 6-13 모르는 사람이라도 방사진을 근거로 그 주인의 성격을 정확히 알아낼 수 있다. 샘 고슬링의 허락 하에 재현됨. 출처: 샘 고슬링의 『스눕Snoop』

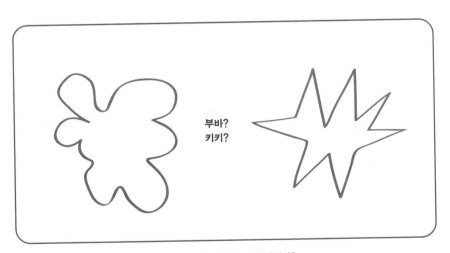

부바?
키키?

그림 6-14 두 모양 중에 어떤 것이 부바이고 어떤 것이 키키일까?

지 못했던 신호까지도 똑같이 이해한다. 〈그림 6-14〉를 보자. 어떤 모양이 부바buba이고, 어떤 모양이 키키kiki일까?

어느 누구도 이런 특이한 모양을 본 적이 없고 이런 단어도 들은 적이 없다(존재하지 않기 때문에). 그러나 그 누구도 곡선 모양의 부드러운 모양이 키키라고 짐작하지는 않는다. k와 키키의 짧고 날카로운 소리가 오른쪽의 뾰죽뾰죽하고 오려낸 듯한 모양과 비슷한 반면, b와 u 그리고 부바의 음이 왼쪽의 부드럽고 둥글납작한 모양과 더욱 어울리기 때문이다. 그렇기 때문에 거의 예외 없이 사람들은 부바를 왼쪽의 모양과 연결짓고 키키는 오른쪽의 모양과 연결짓는다. 당신도 똑같이 생각하지 않았나? 만약 그렇게 생각했다면 그것은 당신만의 주관적인 제멋대로의 생각인가? 물론 아니다. 그것은 당신의 뇌가 〈X=Y〉라는 규칙을 근거로 한 원칙을 따랐기 때문이다. 둥근 모양과 소리가 정신적 개념 차원에서 서로 어울렸다는 얘기다. 이 예는 유명한 독일의 심리학자 볼프강 쾰러가 1933년에 실시한 실험에 등장한다. 그의 연구도 동일한 결과를 보여주었다. 부바는 둥근 모양과 연결되었고, 키키는 뾰죽뾰죽한 모양과 연결되었다.

인간이 성장함에 따라 뇌는 주변 환경 및 경험에 대한 통계, 즉 〈환경 통계environmental statistics〉를 알게 된다. 이 과정을 통해 인간은 동시에 발화한 것은 함께 연결된다는 학습 규칙을 이용하는 연상 기억을 스스로 획득한다. 이러한 패턴을 익히는 과정은 전적으로 내재적으로 이루어진다. 예일 대학교의 스콧 카우프만 교수는 학술지인 《인지Cognition》에 발표한 개요에서 이 놀라운 능력을 다음과 같이 설명했다.

자신의 주위 환경에서 패턴과 규칙을 자동적으로, 내재적으로 알아내는 능력은 인간이 갖춘 인지 능력의 기본적인 일면이다.

마케터는 소비자의 목표와 자사의 브랜드를 연결짓는 데 이 연상 기억을 빌려옴으로써 효율적인 커뮤니케이션을 확보할 수 있다. 통계상 마케팅 커뮤니케이션이 소비자의 경험에서 지극히 일부분에 불과하고 소비자의 환경 통계에 영향을 미치기에는 충분하지 않을 것이기 때문에 완전히 새로운 관계를 구축하는 것은 매우 어렵다. 그것은 소비자로 하여금 기본부터 다시 배우게 하는 것과 비슷하다. 우리의 자동 조종 장치에게 장미가 사랑이 아니라 재미를 상징한다고 설득하려면 얼마나 많은 노력이 필요하겠는가.

성공적인 혁신에 〈빌려온 연상 기억〉을 어떻게 이용할 수 있는지를 보여주는 예로 사이오스Syoss 헤어케어 브랜드를 들 수 있다. 사이오스는 주로 미용실에서만 이용할 수 있던 전문 헤어케어 제품을 합리적인 가격에 일반 소비자들도 슈퍼마켓에서 손쉽게 구입할 수 있다는 것을 기초로 해서 신제품을 출시했고 커다란 성공을 거두었다. 우선 포장 디자인을 살펴보자(그림 6-15).

사이오스 제품의 포장 디자인은 미용실에서 보고 익힌 전문적인 헤어케어 제품의 개념과 강력히 연결되어 있는 진단 코드로 이루어져 있고 전문 제품의 원형 디자인과도 들어맞는다. 그리고 신호는 〈전문적인 케어〉라는 의도된 개념을 떠올리게 해주는 대중적인 방식을 이용한다. 목표 지향적인 이러한 제안은 관련성이 높고 독특했기 때문에 사이오스의 출시는 대성공을 거두었다.

그림 6-15 사이오스 제품은 미용실에서 많이 본 전문적인 헤어케어 제품의 원형을 차용했다.

신호를 통해 활성화된 정신적 개념과 그에 부합하는 소비자 목표를 평가의 기준점으로 삼으면 장황한 주관적인 논쟁을 객관적이고 전략적인 결정으로 대체할 수 있는 기회가 더욱 분명해진다. 그러고 나면 디자인이나 광고 같은 접점이 이전 것이나 대체물보다 의도한 목표, 즉 전략을 더 훌륭하게 전달해줄지 판단할 수 있는 명확하고 객관적인 원칙을 얻을 수 있다. 물론 이는 환경 통계 덕분에 가능하다. 이 모든 것은 신호의 의미가 개인적인 취향이나 선호에 좌우되거나 자의적이지 않음을 보여준다. 마케팅 업계 사람들이 "그녀가 XYZ하는 부분은 마음에 들지만 ABC는 마음에 안 들어요."라든지 "이러이러한 디자인은 정말 마음에 들지만 이 색은 마음에 들지 않아요."라고 지적한 대화를 기억하고 있는가? 하지만 사람들이 어떤 것을 〈좋아하는지 아닌지〉의 여부는 신호를 판단하는 객관적인 방식이 아니다. 좋아하는지는 틀린 질문이다. 어떤 신호가 우리 문화에서 의도된 가치 제안을 원형적으로 상징하는지가 핵심적인 질문이다. 여기서 〈원형적prototypical〉이라는 말이 중요한데, 신호와 제안 간의 미약한 연관성을 기초로 해서 광고를 만들면 그 유효성에 문제가 생기기 때문이다. 소비자가 그 메시지를 깊은 생각을 통해 처리하는 것이 아니라 자동 조종 장치에 의해 처리한다면 특히 더 그럴 것이다.

문화와 환경에 따라 신호는 다를 수 있다

기억은 사람들이 자라서 생활하는 문화에 기반을 두고 있기 때문에 마케팅 캠페인에서 활용하는 빌려온 연상 기억 또한 적어도 부분적으로는 문화 특유의 것일 수밖에 없다. 브랜드 관리 부문에서는 여러 국가에 걸쳐 매우 비슷하거나 똑같기까지 한 다국적 캠페인을 선보이는 경향이 있다. 우리의 자동 조종 장치는 일상생활의 경험에서 얻은 정신적 개념과 신호를 연결할 때 적용하는 규칙을 내재적으로 끌어낸다. 여기에는 우리가 성장한 환경과 문화 모두가 포함된다. 〈그림 6-16〉은 유명한 착시현상을 나타내는 것으로, 실제로 두 선의 길이가 똑같은데도 하나의 선이 다른 선보다 길게 느껴진다.

　여기서 흥미로운 점은 남아프리카의 줄루족 사람들은 이 착시에 속지 않는다는 사실이다. 그들은 왜 속지 않을까? 그들은 둥근 오두막에 살고 원을 그리며 밭을 경작한다. 그리고 그들의 소지품 중에는 모서리가 직선인 것이 거의 없다. 반면 서양의 방과 집은 각이 져 있다.

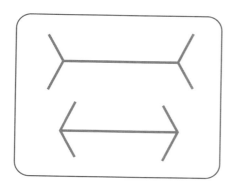

그림 6-16 유명한 뮐러-리어Muller-Lyer 착시

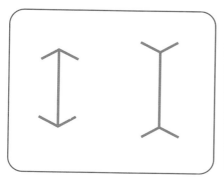 

그림 6-17 환경 통계는 신호 인지 방식을 형성한다. 출처: Shutterstock.com

따라서 서양 사람들은 관점에 따라 어떤 배열은 가까움을 나타내고 다른 배치는 먼 거리를 나타낸다는 사실을 내재적으로 알게 되었다.

우리의 자동 조종 장치가 신호 해독 규칙을 정하는 과정에서 자신이 성장한 문화와 환경이 결정적인 역할을 한다는 사실을 이해하면 일상적인 마케팅 활동의 의사결정 과정은 훨씬 자유로워질 수 있다. 하나의 국가나 문화에서 성장한 사람들은 모두 동일한 환경 통계를 갖고 있다. 따라서 사람들은 그 환경으로부터 연관성을 알게 된다. 그 연관성은 머릿속 자동 조종 장치를 통해 내재적으로 학습되는 것이다. 청년 문화나 외국 문화 같은 특정 환경에 접근할 수 없었다면 격차가 생길 것이다. 그 문화에 속한 사람들이 배운 〈X=Y〉라는 연관성을 배우지 않았기 때문이다. 이는 다국적 기업들에게 중요한 의미를 갖는다. 신호가 정신적 개념에 연결되는지에 대한 판단은 그 활동이 벌어질 환경에 대한 통계가 부족한 사람들이 내릴 수는 없기 때문이다.

브랜드가 전달하려는 개념과 연결하려면 각 문화별로 다른 신호가 필요하다. 문화에 따라 같은 신호가 완전히 다른 연관성을 갖고 있는 경우도 많다. 일례로 초콜릿 브랜드인 밀카Milka는 포장에 젖소를 사용하는데, 젖소/우유와 초콜릿/영양분의 연관성이 어떤 문화에서는 명백하고 완벽히 용인되지만, 소가 성스런 동물인 인도에서는 동일한 신호를 사용할 수 없다. 또 다른 예로는 초록색을 사용하는 경우로 이슬람 문화권은 초록색을 숭배한다. 또 영국이나 독일(레몬향)은 스페인(염소)과는 다른 향기로 청결함을 나타낸다.

그렇다고 해서 나라마다 각기 다른 광고가 필요하다는 의미는 아니다. 여러 환경들 간에 공통점이 충분히 많기 때문에 세계적으로 통하는 광고를 만들 수 있다. 다만 관련 있는 환경 통계들이 서로 비슷한지, 다시 말하면 신호와 정신적 개념 간에 동일한 연관성이 존재하는지를 조사해야 한다. 어떤 신호가 여러 문화에 걸쳐 다르게 혹은 동일하게 이해되는지의 여부를 판단하는 데 도움이 될 수 있는 경험 법칙은 신호가 명확할수록 그 신호가 여러 문화에서 일관된 의미를 가질 가능성이 높아진다는 것이다. 따라서 모양과 색은 냄새에 비해 의미가 달라질 가능성이 적다. 냄새는 명확하지 않기 때문에 여러 가지 것으로 쉽게 다시 암호화된다. 미군이 전 세계에서 사용 가능한 악취탄을 개발하지 못한 이유도 바로 이 때문이다. 어떤 냄새가 역겨운지 아닌지를 판단하는 것처럼 기본적인 일도 문화에 따라 다른 탓이다. 냄새처럼 신호가 명확하지 않다면 그 신호는 다른 신호에 의해 더욱 쉽게 뒤엎어질 수 있다. 냄새가 똑같은 제품을 다른 병에 담거나 다른 색이나 이름으로 테스트하면 그 냄새는 다르게 인식될 것이다. (음식 색깔이 음식의 맛에 영향을 미친 사례를 기억하는가?)

따라서 환경 통계와 학습 원칙을 이용하는 방식은 마케터와 광고 대행사들 내부에서 이루어지는 객관적인 평가와 논의에 기초를 놓는 데 도움을 준다. 인간으로서는 다를지라도 사람들, 적어도 동일한 문화권에 속한 사람들은 모두 동일한 법칙을 익혔다. 또한 신호와 정신적 개념 간의 동일한 연관성 또한 알게 되었다. 동일한 법칙을 알지 못한다면 공존하기가 훨씬 더 어려울 것이다. 하지만 약간의 의심이 가시지 않는다면 내재적인 점화 테스트로 연관성의 정도를 측정하여 어떤 핵심적인 시각 자료나 모양, 스토리, 추천이 관련 시장의 의도된 개념을 유발하는지 증명할 수도 있다. 지역별로 응용이 필요할 수도 있지만 핵심적인 전략 과제는 가치 제안을 바꾸는 과정에서 일관성을 확보하는 것이다. 브랜드는 목표 단계에서 접점이나 시장 모두에 걸쳐 일관되어야 한다. 지역별 응용이나 디자인 개선, 신제품 출시는 특정 시장에서 의도한 제안을 더 훌륭하게 전달할 수 있는 경우에만 효과를 거둘 수 있다.

쿠어스 라이트 맥주,
맛이 좋아서가 아니라 신호를 잘 사용해서 성공했다

더 많은 객관성을 확보한 상태에서 관리하고 논의할 수 있다면 내부 처리는 더욱 효율적으로 이루어지고 소비자와의 커뮤니케이션은 더욱 효과적이 된다. 어떠한 종류든 커뮤니케이션을 판단하는 데 필요한 객관적인 근거를 갖춘다면 관련성과 차별성 외에 제3의 요인이자 최종적인 성공 요인인 〈신뢰성〉을 달성할 수 있다.

제안과 실행이 설득력이 있으려면 믿을 수 있어야 한다. 마케팅에 종사하는 사람들은 어떤 메시지가 믿을 만한지 늘 물어보지만 더욱 자세히 살펴보면 각기 다른 차원의 신뢰성이 존재함을 알 수 있다. 첫 번째 차원은 "나는 그들이 하는 말을 믿어. 그 브랜드는 믿을 수 있으니까."라는 의미에서 소비자가 브랜드에 대해 품고 있는 신뢰와 긍정적인 태도를 기초로 한다. 이러한 신뢰성은 구체적인 제안이나 신호와 관련된 것이 아니라 전반적인 긍정적 태도에 더 가깝다. 두 번째 차원의 신뢰성은 논거의 논리이다. 어떤 제안의 논거가 충분히 직관적이라면 소비자는 그 개념을 믿을 만하다고 평가한다. 그러나 〈그 제안을 확실하게 만드는 인지 가능한 신호가 존재하는가?〉라는 의미에서 더욱 내재적인 세 번째 차원의 신뢰성 또한 존재한다.

사이오스의 경우는 전문 헤어케어 제품의 원형적인 신호를 이용하면 제안이 명확해지고 따라서 신뢰성을 얻을 수 있음을 보여준다. 제품의 제안을 명백하게 증명해 주는 신호가 없으면 어떠한 정신적 개념도 활성화되지 못하며 결과적으로 어떠한 목표도 처리되지 않는다. 이때의 제안은 단순한 주장에 불과하며 자동 조종 장치가 보기에 크게 신뢰성이 떨어진다. 실제로 이는 혁신을 막는 주요한 장애물 중의 하나이다. 제품 개선이 현저하게 다른 경험으로 이어지는가? 현재 해상도가 5메가픽셀인 카메라를 갖고 있는데 5.5메가픽셀의 새 카메라가 나왔다고 치자. 당신은 이 새 상품으로 다른 경험을 얻으리라고 기대하는가? 이 개선 때문에 그것을 구매할 마음이 생기는가? 만약 6메가픽셀, 아니 8메가픽셀이면 어떻겠는가? 문제는 제품이 개선되든 가격이 할인되든 가치-비용 관계를 감지할 수 있을 정도로 변화시키려면 그 차이가 얼마나 커야 하는가이다. 〈그림 6-18〉은 앞서 바로 이 문제를 놓고 측정한 결과를 보여준다.

그림을 보면 해상도가 7.5메가픽셀은 되야, 다시 말하면 출발점인 5메가픽셀에서 2.5 이상은 좋아져야 소비자가 느끼는 가치가 의미 있는 차이를 보인다. 그 중간의 점진적인 모든 단계는 없어도 된다. 고객 입장에서 카메라의 메가픽셀이 3, 4, 5일 때는 식별할 수 있을 정도의 차이가 전혀 없다. 차이는 오직 메가픽셀이 7.5가 될 경우에만 알아볼 수 있다. 이는 차이가 눈에 보이기 시작하는 지점이다. 과학에서 이 임계 차이를 가리키는 말로 사용하는 용어는 JND(Just Noticeable Difference, 최소 식별 차이)이다. 물컵에 손을 넣고 있는데 물의 온도가 점점 올라가면 갑자기 너무 뜨거워지는 순간까지 알아차리지 못한다. 이전에 조금씩 올라간 온도가 JND의 한계점에 미치지 못했기 때문이다.

이 사실은 마케팅에 지대한 영향을 미친다. 가격 책정을 예로 들자. 가격 차이는 어떤 시점에서 제대로 영향을 미칠까? 어떤 지점에

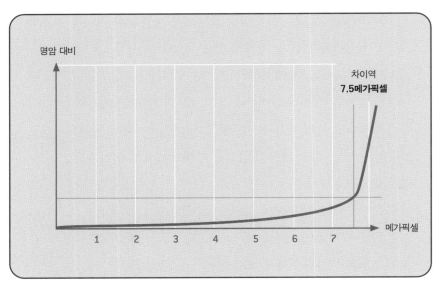

그림 6-18 JND: 변화는 언제 영향을 미치는가?

서 JND를 넘어설까? 목표는 JND 바로 아래까지 가격을 올리는 것임에 틀림없다. 그리고 제품 특성에 관해서는 다음의 문제가 중요하다. 어떤 시점에서 제품의 개선이 정말로 구매에 영향을 미치는지, 그리고 소비자의 목표를 추가로 만족시키거나 기존의 목표를 더 잘 충족시킴으로써 제품의 인지 가치를 높일 수 있는지가 관건이다. 펜 제조업체인 스타빌로 보스Stabilo Boss는 마커펜을 건조 현상 없이 열어둘 수 있는 시간을 의미하는 캡오프cap off 시간을 100시간에서 120시간으로 늘리기 위해 애썼다. 하지만 이 차이가 정말로 고객에게 중요할까? 캡오프 시간이 늘면 소비자들이 느끼는 가치가 높아질까?

제품의 개선을 인지할 수 없다면, 즉 명확한 제품 경험에 변화를 일으키지 못한다면 그 제품에 대한 소비자의 인지 가치는 커지지 못한다. 이는 다수의 혁신이 실패하는 이유 중 하나이기도 하다. 제품 개선의 JND를 측정할 수 있다면 색다르게 인지될 수 있고 또 그렇게 인지될 개선 사항에 집중함으로써 혁신 지출 비용을 더욱 효과적으로 배분할 수 있을 것이다. 가끔 제품 개선의 동인이 새로운 소식을 전하려는 경우처럼 다소 인위적일 때가 있지만 우리의 자동 조종 장치에게 유일하게 중요한 차이는 〈인지할 수 있고 경험할 수 있는 차이〉라는 점에 주목해야 한다. 포화시장에서는 더 좋아지는 것이 아니라 색달라야 혁신을 성취할 수 있다.

케이블 TV 방송은 이 점을 잘 보여준다. 케이블 TV 방송국들은 독점 콘텐츠 외에 더 좋은 TV 시청 방법이라는 자신들의 주장을 부각시키느라 힘든 시간을 보내고 있다. 소비자는 똑같은 일을 하고 수신기는 대부분이 비슷하게 생겼다. 그리고 수신기의 용도도 대체로 같다. 제품 경험이 독특하다는 주장을 돋보이게 만든 예는 프랑스 업체인 카날 플뤼스Canal+의 르 큐브Le Cube이다. 르 큐브의 수신기는 분명 달라 보인다. 그리고 이 수신기를 사용하는 경험은 매우 색다를 뿐 아니라 인간공학적이고 직관적이다(그림 6-19).

맥주 브랜드인 쿠어스 라이트Coors Light는 로키 산맥 같은 시원한 상쾌함을 제공한다고 주장한다. 이 포지셔닝은 소위 차가움에 반응하는 병을 통해 포장에 녹아들어 있다. 라벨에 그려진 산이 맥주가 일정 온도에 도달하면 파란색으로 변하면서 차갑고 신선하고 상쾌함을 나타낸다. 전체적으로 보면, 어떤 맥주도 시원하면 상쾌함을 주기 때문에 이 포지셔닝의 신뢰도를 책임지고 있는 것은 맥주 자체가 아니라 포장이다. 따라서 포장은 차별화된 신호를 전달하며 이 신호는 상쾌

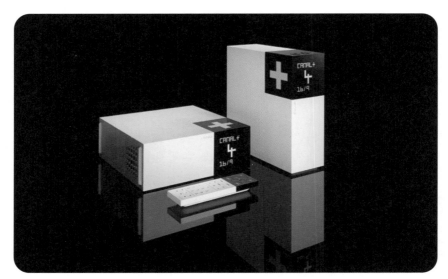

그림 6-19 카날 플뤼스의 르 큐브 수신기는 색다른 사용 경험을 돋보이게 한다.

그림 6-20 차가움에 반응하는 병은 소비자에게 인지 가능한 차별성을 더해주고 상쾌함이라는 제안을 뒷받침한다.

함이라는 목표와 직접적으로 결합된다.

이런 의미에서의 신뢰도는 무언가를 뚜렷하게 믿거나 신뢰하느냐의 문제가 아니라, 소비자가 감각을 통해 무언가를 경험하고 인지할 수 있느냐를 말한다. 쿠어스 라이트의 혁신은 객관적인 제품 개선이라기보다는 관련 있는 목표와 연결되는 정신적 개념을 활성화하거나 강화하는 명확한 신호를 이용한 상징적인 혁신이다.

이미 우리는 뇌에서 내려지는 지침과 환경 통계를 이용하는 이 새로운 방식이 창의성을 제한하지 않는다고 주장했다. 창의성은 중요하지만 믿을 만해야 한다. 창의성은 일상생활 경험의 기초가 되는 부분이며 신뢰성의 유일한 원천이기 때문에 환경 통계에 대한 인식으로부터 도움을 받는다. 환경 통계가 도움을 줄 수 있음을 보여주는 좋은 예는 네스카페 오스트레일리아의 쇼트 블랙Short Black 에스프레소이다(그림 6-21). 이 사례에서는 에스프레소와 일반 커피를 구별하는 핵심적인 속성이 묘사되고 있다.

에스프레소는 맛이 진하기에 조그만 잔에 담긴다. 쇼트 블랙 포장의 신호들은 검은색을 사용하고 문자 그대로 작은 용기를 택함으로써 사람들이 에스프레소에서 원하는 것을 정확히 전달한다(용기 높이가 줄었기 때문에 용량 인식에 문제가 생길 수는 있다. 소비자들이 커피양이 줄었다고 잘못 생각할 수 있기 때문이다).

그림 6-21 쇼트 블랙은 에스프레소의 원형적인 진단 코드를 전달하여 일반 커피와는 다른, 신뢰성 있는 차별성을 추구한다.

인스턴트커피 vs. 원두커피, 그 경험의 차이를 구별하라

마케터는 두 가지 방법으로 믿을 만한 제안을 도출할 수 있다. 목표 지향적인 가치 제안을 기초로 명확한 신호들로 구성된 제품 경험을 만들거나(하향식 방식), 제품 경험에 녹아든 정신적 개념을 확인하여 그것을 기초로 목표 지향적인 제안을 수립할 수 있다(상향식 방식). 두 방법 모두 신뢰성을 보장한다.

지금까지 우리는 하향식 방식에 초점을 맞춰왔다. 그러나 기존 제품에 차별성을 안겨주는 독특하고 믿을 만한 제안을 수립해야 하는 경우도 자주 있다. 다시 말하면, 제품을 출발점으로 삼아 상향식으로 일해야 한다. 인스턴트커피의 가치 제안을 만들어야 한다고 상상해 보자. 그러기 위해선 명확한 제품 경험과 그 경험이 어떤 목표에 연결되어 있는지 살펴야 한다. 독특함을 달성하기 위해서는 인스턴트커피의 주요 경쟁 상대인 원두커피와 비교해야 한다. 인간의 자동 조종 장치는 모든 감각으로부터 정보를 얻는다. 그 감각들이 제품 경험을 결정하기 때문에 먼저 감각을 자세히 살펴보자.

다른 무엇보다도 두 제품은 다르게 생겼다. 둘다 갈색이지만 인스턴트커피는 색이 더 흐리고 맛도 덜 풍부하고 덜 진하다. 이 차이는 정신적으로도 똑같은 특징을 갖는다. 따라서 이는 원두커피는 맛이 더 풍부하고 진하면서 더욱 강한 향기와 어울릴 거라는 기대에 대한 첫 번째 단서이다. 두 번째로, 촉각 경험이 다르다. 인스턴트커피는 알갱이가 있고 딱딱하고 각이 져 있고, 원두커피는 가는 모래처럼 부드럽고 매끄러운 느낌이 든다(그림 6-22). 이 같은 감각의 경험 외에 커피를 끓여서 제공하는 방법도 다르다. 원두커피는 커피포트에서 준비되고 모든 사람들이 똑같은 커피를 받는다. 그에 비해 인스턴트커피는 각자 컵에 따로 준비된 커피를 받는다.

커피를 제공하여 달성하는 핵심적인 목표는 화합과 모임으로 모두 안전의 영역에 위치하고 있다. 따라서 상품 영역을 살펴볼 때 인스턴트커피를 이 목표와 연결지으려는 생각은 훌륭하다. 그러나 이것만으로는 신뢰성이 떨어지는데 인스턴트커피의 제품 경험이 개성과 더 강하게 연결되어 있기 때문이다. 공식적인 가족 모임에 인스턴트커피를 내놓는 사람은 없을 것이다. 따라서 인스턴트커피와 화합의 연결은 믿을 만하지 않다. 화합이 제품 경험에 녹아 있지 않고 따라서

그림 6-22 제품 경험의 차이는 두 제품을 다른 목표에 연결짓는다.

제품에도 녹아 있지 않기 때문이다.

　제품 경험을 살펴볼 때 실제로 제품을 사용하거나 소비하는 과정에서 경험하는 세부 사항들을 과소평가하는 경우가 가끔 발생한다. 〈그림 6-23〉을 보면 감각이 신뢰를 막는 잠재적 요인뿐 아니라 반대로 신뢰할 수 있는 기회까지도 제공해 준다는 사실을 알 수 있다.

　구매 시점에서는 시각 경험이 중요하다. 그러나 다른 감각들도 온전한 제품 경험을 구성하고 있고 가치의 제안과 그 실행 과정을 신뢰하게 만드는 중요한 요인이기 때문에 무시해서는 안 된다. 또한 차별성과 관련성을 확보할 수 있는 기회를 찾아내려면 전체 사용 경험을 살펴보는 것도 중요하다.

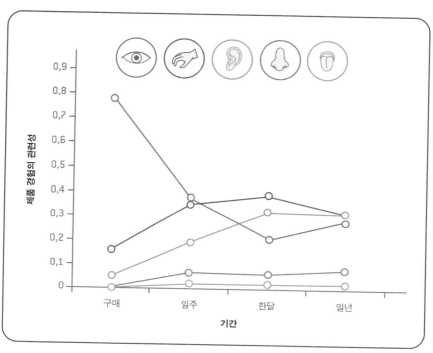

그림 6-23 감각의 영향은 사용 과정에 따라 달라진다.

아이폰과 둘째손가락

지금까지 우리는 감각, 특히 시각으로부터 얻은 정보가 제품의 신뢰도에 어떻게 기여하는지를 살펴보았다. 그리고 인스턴트커피의 경우 제품을 다루는 소비자의 행동도 이미 고려했다. 체화된 인지라는 흥미로운 분야에 따르면 사람들이 하는 일과 그 일을 하는 방식, 예를 들면 포장을 뜯거나 커피를 준비하거나 제품을 사용하는 방식 등도 정신적 개념을 활성화시킨다. 어떤 면에서 〈인간의 몸〉은 의미가 녹

그림 6-24 방취제를 여는 방식이 남성다움과 어울리는가?

아들어 있는 여섯 번째 감각이다.

예를 하나 살펴보자. 〈그림 6-24〉에는 방취 에어로졸 뚜껑이 등장한다. 이 방취제는 특별히 남자들을 위해 만들어졌다. 은빛으로 되어 있고 제품이 다루려는 정신적 개념인 파워와 다이내믹 같은 단어가 포장재에 들어 있다. 신경심리학자들은 이 제품의 손잡이와 관련되어 있는 개념을 연구했다.

〈그림 6-25〉는 손으로 무언가를 잡는 방식과 그것이 의미하고 자동 조종 장치에 전달하는 내용을 보여준다. 먼저, 잡는 방식은 꽉 잡는 방식과 섬세하게 잡는 방식으로 나눌 수 있다. 〈그림 6-24〉에 나온 방취제의 경우 뚜껑은 섬세하게 잡는 방식으로 열리는데 이는 남성다움이나 파워, 다이내믹의 원형과는 연결되지 않는다. 포장 용기가 남성다움의 개념을 전달하려면 꽉 잡는 방식이 필요하다. 그렇기 때문에 이 용기의 특징은 남성용 방취제에는 어울리지 않는다.

미국정신건강연구소의 학자들은 뇌 스캐너에 들어가 있는 피험자

318

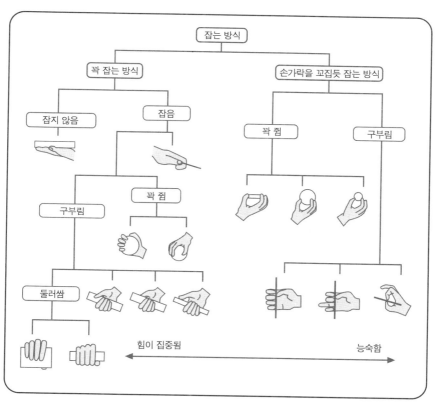

그림 6-25 여러 가지 잡는 방식이 전달하는 정신적 개념에 대한 개요

들에게 컵 사진을 보여주었다. 예상했던 대로, 이 사진은 시각 신호를 처리하는 뇌 부위인 시각피질을 활성화시켰다. 그런데 놀랍게도 운동피질 역시 컵 사진에 반응했다. 운동피질은 팔과 다리의 움직임을 책임지고 있는 뇌 영역이다. 학자들은 피험자들에게 컵이라는 단어만 적힌 사진을 비롯하여 여러 가지 컵 사진을 보여주면서 이 현상에 대해 더 알아보았다. 연구 결과에 따르면, 모든 사진이 컵을 만지

는 것을 맡고 있는 뇌 영역을 활성화시켰다. 단순히 컵을 보거나 컵이라는 단어만 봤는데도 실제로 컵을 들고 있는 경우와 동일한 신경 반응이 일어난 것이다.

따라서 어떤 제품을 볼 때마다 그 제품을 잡고 열거나 손으로 미는 등 그 제품을 다루는 동작과 관련 있는 뇌 영역이 활성화된다. 어떤 것을 안다는 것은 뇌에서 그것을 다루는 행동과 밀접하게 연관되어 있다. 〈그것은 무엇인가?〉라는 질문에 답하기 위해 인간의 뇌는 자신이 그것을 잡고 다루고 사용하는 과정, 다시 말하면 그것으로 할 수 있는 것을 흉내 낸다. 이 과정 역시 자동적으로 그리고 전적으로 내재적으로 발생한다. 사람들은 그 과정을 의식적으로는 인지하지 못하는데 과학자들은 이를 〈체화된 인지embodied cognition〉라 부른다.

이러한 관점을 염두에 두고 아이폰을 살펴보자(그림 6-26). 기술적으로 아이폰이 다른 대부분의 스마트폰보다 우수한 것은 아니다. 모든 스마트폰이 관련된 외현적 목표를 충족시킬 수 있다. 아이폰이 (창의성, 섬세함, 독점성 같은 내재적인 목표를 추가한) 애플 제품이라는 사실 외에 처음 출시되었을 때 나타난 주요한 차이는 작동 방식, 즉 아이폰의 터치스크린과 손가락에 의한 작동 방식이었다. 체화된 인지에 따르면 여기에는 단순히 편리성이나 직관적인 조작 방식 이상의 것이 존재한다. 블랙베리Blackberry를 조작하면서 엄지손가락을 사용하는 경우도 직관적이기 때문이다. 그렇다면 아이폰과의 상호작용으로 활성화되는 정신적 개념은 무엇일까?

아이폰을 조작하는 과정에서 맨 처음 일반적으로 나타나는 손가락 움직임은 가볍게 치는 동작이다. 둘째손가락은 테이블에 카드를 돌

그림 6-26 아이폰 작동 방식

릴 때처럼 움직인다. 적어도 대부분의 아이폰 사용자들은 그렇게 페이지를 넘긴다. 이는 어떤 종류의 동작일까? 이런 식으로 손가락을 움직이는 경우가 또 언제일까? 우리의 연상 기억은 어디에서 이 동작을 알게 되었을까? 이 손가락 움직임을 다시 보자. 손가락 움직임이 책을 넘기는 동작과 비슷한가, 잡지를 넘기는 동작과 비슷한가? 대부분의 사람들은 더 얇고 가볍고 쉽게 페이지를 넘기는 동작을 연상한다. 그런데 더 두꺼운 페이지를 넘길 때 사람들은 엄지손가락도 사용하는 경향이 있다. 따라서 이 동작은 잡지를 넘길 때의 방식과 더 비슷하다. 이는 잡지를 읽는 경우나 잡지를 읽을 때 작동하는 목표 등 잡지에 대해 알고 있는 모든 것을 활성화시킨다. 사람들은 《히트Heat》나 《OK》 같은 잡지를 언제 읽는가? 그리고 왜 읽는가? 잡지를 읽는 것은 여가나 오락 활동과 크게 연관되어 있다. 아이폰을 작동시킬 때의 손가락 움직임은 어떤 것과 관련이 있는가? 집중해서 일하는 것? 아니다. 그 움직임은 휴식이나 오락과 훨씬 더 많이 관련되어 있다.

아이폰을 사용할 때 나타나는 전형적인 두 번째 동작은 둘째손가락으로 스크롤하는 동작이다. 둘째손가락을 화면에 댄 다음 끌어내리고 잠시 뒤에 뗀다. 이 동작으로는 어떤 정신적 개념이 활성화될까? 암호를 풀기 위해서는 내 머릿속의 자동 조종 장치처럼 똑같은 질문을 스스로에게 던져야 한다. "내가 이걸 어디에서 알게 됐지?" 우리는 이 동작으로 연상되는 원형을 찾아야 한다. 사람들은 주로 손가락으로 작은 바퀴 같은 것을 돌릴 때 이렇게 한다. 바퀴가 돌아가는 과정을 살펴보면 자신이 의도한 것보다 약간 더 많이 돈다는 사실을 알 수 있다. 바퀴가 자신이 원하는 지점에서 정확히 멈추게 만들려면 둘째손가락을 멀리 떼지 않은 상태를 유지하다가 바퀴를 재빨리 잡아야 한다. 바퀴를 더 돌게 놔두면 어디서 멈출지 확신할 수 없기 때문이다. 따라서 여기에는 슬롯머신을 돌릴 때와 매우 흡사한 놀라움의 요소가 내재되어 있다. 아이들을 관찰하다 보면 장난감 자동차 바퀴를 갖고 놀 때 이런 동작이 나오는 것을 볼 수 있다. 아이들은 우선 손을 전부 쓰다가 나중에는 둘째손가락만 쓴다. 따라서 놀이와 놀라움의 개념이 함께 작동된다.

아이폰을 사용하는 더욱 원형적인 방식은 둘째손가락 끝으로 가볍게 두드리는 것이다. 화면에서 작동시키고 싶은 특정 부분을 터치하려면 손가락을 약간 들어올려 구부린다. 사람들은 이런 동작을 언제 할까? 뇌는 이 동작을 어디에서 인식하는가? 사람들은 무언가를 가리키거나 방향을 알려주거나 무언가를 틀 때 이런 동작을 한다. 컴퓨터 마우스를 사용할 때도 마찬가지이다. 두 경우 모두 방향이나 작동과 관련이 있다. 인터넷에서 마우스로 링크를 클릭하는 경우는 어떤 페이지에 접근하거나 무언가를 작동시키기를 원할 때이다. 따라서 방향이나 작동도 내재적으로 활성화된다. 아이폰 조작은 모든 기술적인 성능 외에 휴식과 가벼운 오락, 놀이, 놀라움, 작동, 방향을 의미하는 코드이다. 따라서 애플이 기본적인 손동작에 특허를 받은 사실은 전혀 놀랍지 않다. 그러한 동작들은 애플을 성공하게 한 중요한 원동력이다. 아이폰 사용자들을 관찰해 보면 바로 이러한 조작 모습을 볼 수 있다. 이는 일이 아니라 놀이를 의미하는 동작이다.

반면 블랙베리는 엄지손가락으로 작동된다. 엄지손가락은 언제 쓰는가? 숫자를 돌려 번호를 맞춰야 하는 자물쇠같이 힘이 필요하고 무언가를 아주 조심스럽거나 정확하게 돌리고 싶을 때이다. 여기서는 제어와 일이 최우선시되는 개념이다. 모양이나 색 같은 감각 신호의 경우처럼 암묵적인 실험을 이용하여 아이폰이나 블랙베리 같은 제품과의 상호작용을 통해 발생하는 개념을 객관적으로 평가할 수 있다. 〈그림 6-27〉은 두 제품을 다룰 때 발생하는 가장 강력한 연상을 보여준다. 그리고 이 결과가 놀랍지 않은 것은 신호와 동작의 의미가 자의

아이폰
여가, 놀이, 놀람, 작동, 방향

블랙베리
일, 통제, 안정성

그림 6-27 서로 다른 두 제품 경험은 서로 다른 목표를 다룬다.

적인 게 아니라 일상생활에서의 경험과 그에 해당하는 연상 기억 속의 흔적에 의해 결정된다는 사실을 알게 되었기 때문이다.

광고에 등장하는 아이폰 사용법 시연은 창의적일 뿐 아니라 아이폰이란 제품이 갖고 있는 실질적인 차별성을 명확하게 드러낸다. 광고는 손가락 움직임을 보여줌으로써 제품과 관련 있는 정신적 개념을 곧바로 활성화한다. 전화기를 다루는 방식을 바꾸어 놓은 아이폰은 스마트폰 시장에 새로운 목표를 소개한 결과 기술적 혁신뿐 아니라 소위 상징적인 혁신까지도 보여줄 수 있었다. 아이폰은 이러한 목표들을 소유하고 있고 이 목표들은 아이폰 브랜드를 블랙베리 같은 경쟁업체들과 구분짓는 데 도움을 준다.

이 장에서 알게 된 사실

- 먼저 관련 있고 차별성 있는 소비자 목표를 기초로 마케팅 전략을 세우고, 두 번째로는 이 전략을 지침으로 삼아 제품 경험과 소비자와의 소통을 형성하고, 어떤 실행이 전략에 확실히 부합하는지 판단함으로써 실행 과정에서 생기는 격차를 좁힐 수 있다.
- 감정의 개념은 너무 모호해서 마케팅의 실행을 이끌어가지 못한다. 감정은 또한 너무 포괄적이기 때문에 특정 시장에서 의미 있는 차별화를 이루어낼 수 없다.
- 가치 제안은 전체 제품 경험이 소비자의 목표와 연결되는 명확한 신호를 전달하는 경우에만 믿을 만하다.

이 사실이 마케터에게 의미하는 것

- 목표 지향적인 전략은 모든 접점에서의 실행을 확실하게 이끌 수 있게 해준다. 특히 내재적인 목표 차원은 가치 제안을 창의적이고 관련성 있고 차별화되게 만드는 기회를 제공한다.
- 전략이 목표를 기초로 하면 실행 과정에서의 평가는 〈목표가 마음에 드는가?〉에서 〈목표가 전략에 어울리는가?〉로 바뀐다. 빌린 연상 기억과 환경 통계에 근거하면 후자의 질문에 객관적으로 답할 수 있다.
- 제품 경험을 인지할 수 있는 실체들로 분석하면 관련성 있고 독특하고 신뢰할 수 있는 가치 제안을 수립하는 데 강력한 발판을 얻을 수 있다.

맺음말

무언가를 사기로 결정하기까지의
그 과정에 대하여

이제 여정을 접을 때가 되었다. 나는 이 책을 시작하면서 의사결정
학 분야에서 얻은 최신의 과학적 결과에 근거하여 마케팅과 소비자
의 의사결정에 대한 흥미롭고도 새로운 정신적 모델을 만났다고 이
야기했다. 이제 나는 과거에는 설명하지 못한 사람들의 행동을 지금
은 이해할 수 있다는 나의 견해에 독자 여러분도 동의할 거라고 확신
한다.

마케팅 종사자들 중에는 이 책에서 소개한 연구 결과 중 일부를 이
미 알고 있는 분들도 있다. 하지만 중요한 사실은 이제 우리가 소비
자의 의사결정 과정에 접근하는 데 이용할 수 있는 더욱 분석적이고
증거에 입각한 체계를 갖게 되었다는 점이다. 이 사실 뒤에 숨어 있
는 핵심적인 인식은 의사결정의 〈내재적 차원〉이 중요하다는 점이
다. 그것을 일상에서 이루어지는 마케팅 활동에 통합시킨다면 패러

다임이 전환될 것이고 전적으로 새로운 관점으로 상품과 서비스, 브랜드를 관리할 수 있을 것이다. 이 새로운 관점은 고객에게 더 높은 순가치를 안겨줄 것이고 그 결과로 매출까지 크게 올릴 수 있는 좋은 기회를 제공할 것이다. 또한 마케팅의 전략과 그 실행 간의 갭을 줄이는 데도 도움을 주며 그 과정에서 신제품 개발과 재출시의 실패 위험을 크게 줄이고 광고 예산도 더욱 효과적으로 운용할 수 있게 해줄 것이다.

이 책은 또한 마케터들이 마주한 어려운 문제로 시작했다. 부분적으로는 마케팅이 딱히 뭐라고 꼬집어 말할 수 없는 분야이기 때문에 최고경영자들이 마케팅을 중요시하지 않는다는 연구 결과를 소개하면서 그들이 마케팅을 몽상의 세계라고 부른다는 사실을 언급했다. 하지만 이 책은 마케터가 몽상의 세계에서 빠져나와 더 많이 이해받고 존경받을 수 있는 길을 제공해 주는 명확하고 객관적이며 과학에 기반을 둔 대안이 있음을 보여주었다.

이제 여러분은 왜 내가 티 모바일 브랜드의 수호자로서 그리고 여러 번 자리를 옮겨가면서 변화를 시도할 마음을 먹었는지 이해할 것이다. 내 생각에는 이 책에서 다룬 방식을 브랜드 관리에 이용하는 것은 어렵지 않다. 만약 손놓고 있다가 경쟁업체들이 이 방식을 이용하면 어쩌겠는가? 여러분이 각자의 사업체에서 이 방식을 이용할 만큼 내가 충분한 이유와 열정, 투지를 안겨주었기를 진심으로 바란다.

옮긴이 **이현주**

서울대학교 서양사학과를 졸업하고 매일경제신문사 편집국에서 근무했다. 옮긴 책으로는
『내 안에서 나를 만드는 것들』, 『당신은 전략가입니까』, 『매력 자본』, 『헨리 키신저의 세계
질서』, 『그림자 노동의 역습』, 『대중의 직관』, 『펭귄과 리바이어던』 등이 있다.

무엇을 놓친 걸까

1판 1쇄 펴냄 2020년 2월 20일
1판 2쇄 펴냄 2020년 5월 10일

지은이 필 바든
옮긴이 이현주
펴낸이 권선희

펴낸곳 **사이**
출판등록 제313-2004-00205호
주소 03993 서울시 마포구 동교로 215 재서빌딩 501호
전화 02-3143-3770
팩스 02-3143-3774
이메일 saibook@naver.com
트위터 https://twitter.com/saibook

ⓒ **사이**, 2020, Printed in Seoul, Korea

ISBN: 978-89-93178-90-6 03320

값 18,500원

● 잘못된 책은 구입하신 서점에서 교환해 드립니다.